资助项目

教育部人文社会科学研究一般项目资助（24YJC630245）
陕西省社会科学基金资助（2024R010）
陕西省教育厅专项科研计划项目资助（18JK0760）
西北大学“双一流”建设项目资助（Sponsored by First-class Universities and Academic Programs of Northwest University）

外部线索对奢侈品价格接受的影响研究

决策神经科学视角

谢 莹◎著

中国经济出版社
CHINA ECONOMIC PUBLISHING HOUSE
·北 京·

图书在版编目（CIP）数据

外部线索对奢侈品价格接受的影响研究 ：决策神经科学视角 / 谢莹著. -- 北京 ：中国经济出版社，2024. 4

ISBN 978 - 7 - 5136 - 7760 - 8

Ⅰ. ①外… Ⅱ. ①谢… Ⅲ. ①消费品 - 商品价格 - 影响 - 消费者 - 消费心理 - 研究 - 中国 Ⅳ. ① F713. 55

中国国家版本馆 CIP 数据核字（2024）第 093180 号

责任编辑　杨元丽
责任印制　李　伟
封面设计　任燕飞
出版发行　中国经济出版社
印 刷 者　北京艾普海德印刷有限公司
经 销 者　各地新华书店
开　　本　710mm × 1000mm　1/16
印　　张　12.5
字　　数　205 千字
版　　次　2024 年 4 月第 1 版
印　　次　2024 年 4 月第 1 次
定　　价　88.00 元

广告经营许可证　京西工商广字第 8179 号

中国经济出版社　**网址** http://epc.sinopec.com/epc/　**社址** 北京市东城区安定门外大街 58 号　**邮编** 100011
本版图书如存在印装质量问题，请与本社销售中心联系调换（联系电话：010–57512564）

前 言

PREFACE

在繁荣发展的中国奢侈品市场中，迅速膨胀的中产阶级新富消费者是奢侈品商家重要的目标销售群体之一。这部分消费者一方面由于消费能力有限，对价格比较敏感，另一方面由于品牌知识有限，常常依赖商品的外部线索进行价格合理性判断。但是，外部线索到底是如何影响中产阶级消费群体奢侈品价格接受的，仍然是一个没有打开的“黑箱”。本研究借助神经科学中的事件相关电位（Event Related Potential，ERP）实验技术，探索原产国和品牌标志（logo）两类基本外部线索对奢侈品价格接受影响的神经心理机制。

研究一围绕原产国线索展开两个实验，分别探讨单 / 双原产国和宏观 / 微观印象影响奢侈品价格接受的神经机制。研究二围绕品牌标志线索展开两个实验，分别探讨标志的有无和标志类型影响奢侈品价格接受的神经机制。

本研究的主要发现和创新点如下：

发现了原产国、标志两类外部线索影响奢侈品价格接受的“理想原产国追逐效应”和“白日衣绣效应”。原产国与公众刻板印象中的“最理想原产国”（如本实验中的手表“瑞士品牌瑞士生产”）越接近，则对价格接受的促进作用越强（理想原产国追逐效应）。标志易识别度越高，则对价格接受的促进作用越强（白日衣绣效应）。两者共同揭示了中产阶级消费群体希望通过购买行为将“财富”转换为“社会威望信号”的心理动机。

发现了外部线索对奢侈品价格接受的影响具有认知与情感协同驱动的规律，找到了衡量外部线索影响价格认知冲突和价格情感（price affect）的神经科学指标。原产国及标志线索使消费者获得了功能价值和炫耀价值的启发式判断，即在消费者的意识和潜意识里，原产国越接近公认的理想原产国，奢侈品的功能价值越高，品牌标志越容易被他人识别，则炫耀价值越大，两者使得其预期的商品价值与价格的匹配度越高，因而价格接受的认知冲突越低，价格接受的可能性越大。同时，高的价值预期，唤醒了消费者的愉悦感，进而强化其价格接受行为；反之则否。低价格认知冲突和高价格情感唤醒度共同驱动了消费者的价格接受行为。ERP 的 N2 振幅反映了价格认知冲突，N2 振幅越大表明价格认知冲突越大。ERP 的 LPP 振幅反映了价格情感的唤醒度，LPP 振幅越大表明价格情感唤醒度越强。

发现了外部线索的种类（原产国线索或标志线索）不影响消费者的价格认知和价格情感处理的速度。两类外部线索（原产国线索和标志线索）引发的价格认知冲突（体现在 N2 成分上）均发生在刺激出现后的 300 毫秒左右，两类外部线索引发的价格情感唤醒（体现在 LPP 成分上）均发生在刺激出现后的 500 毫秒左右。外部线索的种类没有影响消费者的价格认知和价格情感处理的速度，表明标志线索与原产国线索在商品评价中同样具有启动无意识性和处理快速性，有可能属于认知处理的自动化过程（automatic process）。

目录

CONTENTS

1 绪 论

1.1 研究背景

本书的研究背景可以分为实际背景和理论背景两个方面。

1.1.1 研究的实际背景

> “改革开放前，中国人的服装乏味单调，现在人们脱下了显不出形体的中山装，换上了剪裁得体的 Zegna 西装，单一色调的服装也开始被来自意大利的华丽的 Versace 服饰取代。女人们不曾化妆的脸上涂抹着 Estee Lauder 和 LANCÔME。用专利皮革制作的 CHANEL 包，闪闪发光的 Piaget 镶钻手表，以及 MaxMara 柔软的开司米外套。”
>
> ——摘自《名牌至上》(*THE CULT OF THE LUXURY BRAND*)
>
> Radha Chadha 和 Paul Husband 著

随着中国人民生活水平的提高以及国民购买力水平的迅速提升，越来越多的中国人加入奢侈品品牌的消费大军之中。尽管我国在 2006 年初就提高了奢侈品进口税 20% 之多，但当年中国奢侈品市场规模仍增长了 20% 以上。2009 年，中国超越美国成为世界第二大奢侈品消费国家。之后波士顿咨询公司预测，中国将在2015年取代日本成为世界上最大的奢侈品消费国家。然而，事实证明，中国奢侈品市场发展的速度远远超过了波士顿咨询公司的预期，世界奢侈品协会 2012 年 1 月 11 日公布的中国十年官方报告显示，截至 2011 年 12 月底，中国奢侈品市场的年消费总额已经达到 126 亿美元之多（不包括私人飞机、游艇与豪华车），占据全球份额的 28%，中国已经成为全球占有率最大的奢侈品消费国家。中国市场就像一个诱人的奶油蛋糕，每一个奢侈品品牌都希望在激烈的竞争中分到更大块。

迅速膨胀的中产阶级新富是中国社会经济大变革的特殊产物，也是奢侈品消费的重要群体。这些跃起的新富拥有较可观的收入，消费观念超前，工作环境和交往对象趋于国际化和高层次化，因此他们在商品的选择上讲求品牌。即便不能拥有跑车、别墅、游艇，他们至少可以存上几个月的薪水去买一件 GUCCI 风衣，或者 Louis Vuitton 手袋（李晓慧，2005）。中国的这部分消费者虽然消费能力有限，但其数量庞大惊人（Chadha and Husband，2010）。目前这些中产阶级新富已经成为奢侈品市场营销者眼中重要的目标消费群，同时各个奢侈品品牌都在不遗余力地争取和开发中国中产阶级新富消费者（Zhan and He，2012）。

如上所述，中国中产阶级新富消费者群体虽然数量庞大，但其消费能力有限，因此，价格是这些中产阶级消费者关注的敏感问题。有品牌提出了降低奢侈品价格以迎合广大中产阶级消费者的策略，但这样的策略受到了广泛的质疑，因为营销者和研究者认为一味地降低价格可能拉低奢侈品的档次，而把奢侈品变成大众消费品。所以，必须找到其他途径促进消费者价格接受。

市场分析发现，消费者购买奢侈品受很多因素影响，这些因素中包括与商品使用直接相关的商品内部线索，如质量、性能等，也包括很多与商品使用不直接相关的外部线索，如原产国、品牌、广告等。中国的中产阶级奢侈品消费者接受奢侈品比较晚，对奢侈品的了解还不够深入，因而经常在购买中依赖外部线索。例如，某商品源自法国，法国是奢侈品之乡，所以该商品貌似不错，值得买来试试；再如，某品牌是世界一线影星代言，该商品貌似比较高端，可以买个影星同款体验一下；又如，某品牌最近比较流行，公司的领导要员都背这个品牌的包包，看来我也应该买一个……从市场消费看，奢侈品虽贵，但只要商品受到消费者的认可，无论是几千元一个的 S.T.Dupont 打火机还是几万元一副的 Lotos 眼镜，都不乏中产阶级新富愿意为之节衣缩食、一掷千金。也就是说，只要能够理解消费者奢侈品消费行为背后的心理，找到外部线索影响消费者价格接受的规律，就能帮助奢侈品商家进一步在中产阶级群体中打开市场。

综上所述，在繁荣发展的中国奢侈品市场中，迅速膨胀的中产阶级新富消费者是奢侈品商家重要的营销目标。这些消费者数目庞大、经济能力有限、具备的奢侈品知识不充分、容易依赖外部线索进行判断，因而对奢侈品价格接受心理及影响消费者价格接受的外部线索的研究对打开中产阶级奢侈品市场具有重要的实践指导作用。

1.1.2 研究的理论背景

本研究的理论背景包括奢侈品价格接受理论的研究现状、线索利用理论和消费者神经科学研究三个方面，以下对这三个方面理论展开论述。

（1）奢侈品价格接受理论的研究现状。

初始的消费者价格接受研究提出了著名的内部参考价格理论，该理论将消费者可接受价格看作一个点，内部参考价格思想的建立为之后的研究奠定了基础。然而内部参考价格理论对现实的反映程度还不够高，比如消费者对略高于或低于内部参考价格的观测价格在一定程度上也能够接受。之后的价格阈限理论、适应水平理论、同化—对比理论和价格公平理论等无一例外地在内部参考价格理论的基础上将消费者价格接受扩展到一个区间。这个区间的产生，大大扩展了价格研究的实用性。然而价格阈限理论、适应水平理论和同化—对比理论还具有一定的局限性，因为它们都将消费者视为完全理性的“经济人”。价格公平理论在以前研究的成果之上，从实际出发，提出交易的“感知得失公平”是消费者价格接受的决定因素。将“人”的因素纳入价格研究和价格理论的框架之内，使价格研究理论上升到了新的高度。在奢侈品的价格接受研究方面，最著名的理论就是美国经济学家托斯丹·邦德·凡勃伦（Thorstein B. Veblen）提出的凡勃伦效应（Veblen effect）。凡勃伦效应指的是消费者将商品作为偏好倾向的函数，商品价格越高消费者越愿意购买的现象。

综上所述，已有的文献已经从消费者记忆、适应、感知等角度对价格接受现象提出了各种解释，并且奢侈品价格研究中也发现了一些独特的对昂贵价格具有更好接受水平的现象。然而，目前还未见研究探索商品线索对奢侈品价格接受的影响。前人通过问卷和市场研究已经发现了许多外部线索影响奢侈品消费行为的现象，如原产国线索和商品标志线索都能够显著影响奢侈品消费行为（1.2 小节中，我们将具体介绍外部线索及相关概念）。但外部线索对奢侈品价格接受影响的研究仍属空白。

（2）线索利用理论。

线索利用理论的研究始于 Cox 在 1962 年提出的“线索”的概念。学者们依据线索本身的属性将线索区分为内部线索（intrinsic cues）和外部线索（extrinsic cues）。内部线索指的是与商品使用价值相关联的一些信息线索，如食品的净含量、口味，手表的机芯、材质等。与之相对应，外部线索指的是与产品使用功能无直接关系的信息线索，如品牌名称（Milgrom and Roberts，1986）、商铺名称（Wheatley et al.，1981）、原产地（Bilkey and Nes，1982）等。

虽然在决策时消费者可以同时使用内部线索和外部线索，但研究表明，由于我们都是认知吝啬者，偏好利用简单有效的启发式的线索进行决策，所以在购买活动中消费者常常是依赖外部线索（如品牌、原产地等）进行决策的（Miyazaki et al.，2005）。从事线索研究的学者 Zeithaml（1988）还指出，消费者是否利用外部线索进行决策取决于内部线索的获取难度和评估难度。然而，对于我国中产阶级奢侈品消费群体来说，他们由于购买经验和奢侈品知识有限，所以很难通过对内部线索的深入分析和辨别进行决策。此时，启发式的外部线索就更容易影响消费者的认知和判断。

研究表明，原产国因素显著地影响着奢侈品消费者的行为（Godey et al.，2012）。"原产国"（Country of Origin，COO）是来自营销学的一个概念，在学术上被定义为某种产品、品牌或企业所属的国家（Schooler，1965）。在早期的市场中，商品的品牌和生产都属于同一国家，研究将其称为"单原产国商品"（uni-national product）（Han C. M. and V. Terpstra，1988）。然而随着贸易合作的增加和跨国公司、世界级品牌的产生，原产国的概念产生了进一步的分化，Thakor（1996）将其区分为两个维度：品牌国和生产国。品牌国指的是目标消费者认为的品牌所属的国家。生产国指的是对品牌商品进行制造生产、组装的国家（Insch and McBride，2004；Van Pham，2006）。研究者将品牌国与生产国分离的产品称为"双原产国商品"（bi-national product）（Han C. M. and V. Terpstra，1988）。有研究表明，单 / 双原产国线索会影响消费者的质量和价格感知（Han C. M. and V. Terpstra，1988），但单 / 双原产国线索会怎样影响奢侈品价格接受至今还未见研究。在双原产国商品的研究中，Keller（1993）发现品牌国具有比生产国更重要的影响，同时 Hamzaoui-Essoussi 等（2011）提出品牌国宏观 / 微观印象的概念并将其引入研究。品牌国宏观印象指的是消费者对某国所持有的整体印象和信念，如法国是浪漫、高雅、盛产各种奢侈品的国家。品牌国微观印象指的是消费者对某国特定产品所持有的印象和信念，如瑞士的手表是精准而考究的（Hamzaoui-

Essoussi et al., 2011)。而品牌国的宏观 / 微观印象线索会怎样影响消费者价格接受也是仍待探索的未知问题。

问卷和网络数据调研表明，奢侈品 logo 也能影响奢侈品消费行为（Han et al., 2010）。奢侈品 logo 的大小和多少是一些消费者判断是否购买的一个重要外部线索，因为拥有财富并且需要展示社会地位的消费者会通过购买标志更大或更多的奢侈品来引起他人的关注，向社会大众宣告“我是成功的”“我能买得起昂贵的商品”“我有很高的社会地位”等。但是已有的研究并未对奢侈品标志进行分类，目前已有的唯一一篇探究奢侈品 logo 的研究是根据以小规模问卷得到的主观“logo 显眼程度的打分”情况对奢侈品进行分类的。本研究将客观地研究标志符号的有无以及标志符号的类型（名称标志 vs. 图案标志）对奢侈品价格接受的神经心理影响情况。

综上，出于人类认知吝啬的本性和中产阶级奢侈品知识缺乏的现实，原产国线索和品牌标志线索都很可能影响中产阶级群体的价格接受。而外部线索影响奢侈品价格接受的规律和外部线索影响奢侈品价格接受的机理也没有完全搞清楚，仍存在很多“黑箱”。

（3）消费者神经科学研究。

对消费者决策心理的研究，常用的方法有访谈法、亲历法、问卷调查法等。这些方法无疑能从一定程度上反映消费者的心理状况，但是这种反映受到了一些因素的制约。首要的问题就是消费者是否了解自己在想什么。哈佛商学院教授杰拉尔德·萨尔特曼（Gerald Zaltman）曾指出，“人们经常不知道自己知道什么——消费者 95%的想法来自潜意识”。假使消费者知道自己在想什么，那么另一难题是他们能否用合适的词汇将自己的想法描述出来。如果他们既知道自己在想什么又能够正确地表达，那么他们是否愿意将自己的真实想法表达出来（比如在私人观点与社会价值观不符的时候）。脑神经科学实验技术的兴起为我们解决了这个难题。功能性核磁共振（fMRI）以及事件相关电位（Event Related Potential，ERP）等技术能够准确反映大脑思维过程中的脑区活跃状况以及认知过程中大脑的神经电生理改变，从而客观地反映刺激事件在大脑中引起的神经响应。

其中，ERP 的方法具有高时间分辨率、实验环境轻松无压力、实验设备相对廉价的优势，是研究大脑活动认知过程难得的技术方法。Jones 等用 ERP 的方法记录了 20 个高数学焦虑个体和 19 个低数学焦虑个体面对打折（或不打折）信息时的购买决策。在进行价格相关的商品考虑的时候，ERP 的高知觉流畅性与购买呈正相关关系（Jones et al.，2012）。研究发现，ERP 的 FN400 成分与增强的概念处理过程相关，而 P3 成分敏感于大脑中的结果响应。此结果说明了价格折扣的感知和概念处理过程受到数学焦虑和性别的影响而在消费者决策的大脑机制方面存在不同的调节机制。2015 年 8 月发表在 *JOURNAL OF MARKETING RESEARCH* 杂志上的一篇研究用 ERP 的方法探究了奢侈品消费中的社会助长（social facilitation）现象。实验结果发现，只要和别人一起观看奢侈品图片，被试者与情感唤醒相关的 LPP 波振幅就会变大。这一方面说明在有人陪伴时被试者对奢侈品的注意力和消费动机会变强，另一方面强调了神经科学方法是探索消费者动机摄入和情感的有力工具（Pozharliev et al.，2015）。

本研究将利用 ERP 的实验研究方法，通过模拟奢侈品选购情境并让消费者做出价格接受决策，探索外部线索在消费者奢侈品价格接受过程中引起的神经心理活动，探究消费者价格接受行为背后复杂的认知过程，得到消费者奢侈品价格感知的神经心理规律。并希望通过揭示这些规律，增进消费者对自我的认识，同时为奢侈品品牌设计和营销的实践提供有价值的参考依据。

1.2 研究问题

1.2.1 拟解决的关键问题

从认知神经科学的角度看，人们的所有思维和决策都是由大脑活动决定的。如上文所述，在购买决策的形成过程中，人类具有丰富的大脑活动，无论是价格接受或不接受，实质上都是由大脑活动引起的。那么，外部线索是怎样驱动消费者接受昂贵的奢侈品价格的呢？价格接受行为的背后又有着怎样的神经心理活动呢？

本研究围绕“原产国”和“logo”两个重要外部线索研究奢侈品价格接受问题，利用 ERP 的神经科学研究方法，探索外部线索对奢侈品价格接受的神经心理影响情况，主要聚焦于以下两个问题。

研究问题一：原产国线索怎样影响奢侈品价格接受，其神经心理机制如何？

全球化背景下，出现了越来越多的原产国与生产国不一致的“双原产国”商品（Han C. M. and V. Terpstra，1988）。而单 / 双原产国线索怎样影响奢侈品消费者价格接受仍然未见相关研究，因而本研究问题子问题一为：单 / 双原产国线索怎样影响奢侈品价格接受。在双原产国商品的研究中，又有学者提出品牌国的宏观 / 微观印象会影响消费者行为，而品牌国的宏观 / 微观印象线索怎样影响消费者价格接受也是仍待探索的问题，因而本研究问题子问题二为：双原产国奢侈品中品牌国宏观 / 微观印象怎样影响奢侈品价格接受。

研究问题二：logo（标志）线索怎样影响奢侈品价格接受，其神经心理机制如何?

如前所述，现实中奢侈品 logo 对消费者行为具有显著影响，尤其是对那些想要展示金钱、地位的中产阶级新贵（也是本研究的目标群体），他们拥有一定量的财富，处于社会“不上不下”的位置，一方面希望更高阶层的人接纳自己，另一方面也希望比自己更低阶层的人尊重和仰望自己。logo 到底是如何影响他们的价格接受行为的呢? 首先，按照奢侈品标志的有无可以将奢侈品分为两大类：一类是有标志的奢侈品商品；另一类是无标志的奢侈品商品。因此，我们得到本研究问题子问题一为：奢侈品 logo 的有无怎样影响奢侈品价格接受。经过我们对市场上奢侈品商品的调查，有 logo 商品又可以按照 logo 的类型被分为品牌名称 logo 和传承图案 logo 两大类，因而我们得到本研究问题的子问题二为：品牌名称 logo 和传承图案 logo 怎样影响奢侈品价格接受。

1.2.2 研究范围界定与研究对象选择

研究范围界定：影响价格接受的外部线索很多，如原产国线索、标志线索、外包装线索、店铺环境线索等，本研究只研究原产国线索和品牌标志线索两大类最重要也是最基本的外部线索。

研究对象选择：本研究是以中产阶级奢侈品消费者为研究对象而展开的外部线索对价格接受影响的研究。之所以选择中产阶级消费群体，首先是因为这部分群体在奢侈品市场上占有很大的比重，其次是因为中产阶级奢侈品消费者具有的财富有限，对价格问题具有更高的敏感性。本研究中招募的中产阶级被试均为 MBA 学生。一方面，以往的奢侈品研究中，经常选择具有奢侈品购买经验的 MBA 学生作为研究对象（朱晓辉，2006）。另一方面，MBA

学生通常是企业、政府或机构的中层工作人员，收入在中产阶级收入范围内，且比较稳定。

1.3 研究目的与意义

1.3.1 研究目的

本研究的目的在于围绕原产国和 logo 两个外部线索，揭开两大线索影响奢侈品价格接受的认知心理过程。具体包括以下四点：

（1）揭示原产国线索和 logo 线索怎样影响消费者价格接受行为，在价格接受率上有怎样的反映。

（2）揭示原产国线索和 logo 线索怎样影响消费者价值感知。

（3）揭示原产国线索和 logo 线索是否影响消费者价格接受的认知冲突，怎样影响。

（4）揭示原产国线索和 logo 线索是否影响消费者价格接受的情感，怎样影响。

1.3.2 研究意义

1.3.2.1 理论意义

在已有的研究中，学者们已经对价格接受问题进行了大量的探讨，这些研究取得了一系列丰硕的理论成果。然而，已有研究也存在一些不足。例如，已有的价格研究中以奢侈品为研究背景的十分有限，而以奢侈品为背景的研究又基本集中在对凡勃伦效应的探讨上，对影响奢侈品价格接受的因素的探讨以及对奢侈品价格接受心理过程的研究都寥寥无几。结合前人已有的相关研究和本研究拟解决的问题，本书的理论意义可以归结为以下三点：

（1）本研究选取奢侈品消费为价格研究的背景，能够在一定程度上填补价格研究在奢侈品领域的空白。

已有的价格研究大多以大众消费品为研究背景，虽然这些研究揭示了许多消费者价格接受方面的规律和特点，但奢侈品是不同于大众消费品的商品。前人的研究已经发现了许多奢侈品与大众消费品在消费行为上的差异（Hudders L. and Pandelaere M.，2012；Jiang L.，2009；Peng C. X.，2010）。

因此，我们的价格接受研究以奢侈品为对象，能够在一定程度上填补价格研究在奢侈品领域的空白。

（2）本研究结合管理学理论、奢侈品学理论和神经科学的方法，从神经心理过程层面加深我们对奢侈品消费心理的认识。

消费者价格接受行为很容易被观察，但奢侈品价格接受的心理过程仍是研究者未打开的“黑箱”。有研究指出，忽视奢侈品消费者心理研究是我国奢侈品品牌建设中存在的重要问题（刘向红，2013）。神经科学方法的兴起，为我们提供了了解消费者大脑神经活动的手段，能够帮助我们理解消费者的认知心理过程。本研究借助神经科学的技术和理论，结合营销学和管理学以及消费者行为学的知识，从神经科学层面加深我们对消费心理的认识。因而，本研究在研究方法上具有很好的前瞻性和创新意义。

（3）本研究从原产国线索的两个维度以及奢侈品标志线索的角度展开奢侈品价格接受研究，并采用单 / 双原产国、原产国宏观 / 微观印象、标志有无以及标志类型为研究分类依据，从而为奢侈品消费研究提供了新的思路。

以往的奢侈品原产国研究通常只涉及原产国的一个维度（品牌国或生产国），而本研究综合考察了原产国线索的品牌国和生产国维度，考察了单 / 双原产国及原产国宏观 / 微观印象对价格接受的影响。此外，已有的研究很少关注奢侈品标志问题，唯一的一篇奢侈品标志研究是根据以小规模问卷得到的“logo 显眼程度的打分”情况对奢侈品进行分类的（Han et al.，2010），这种分类具有很强的主观性。而本研究对品牌标志的分类采用有标志、无标志以及名称标志、图案标志作为分类依据，研究思路具有创新性。研究结果将帮助我们了解奢侈品标志对消费者价格接受的影响，丰富奢侈品消费理论，为奢侈品消费研究提供新的思路。

1.3.2.2　实践意义

总的来说，本研究的实践意义在于为奢侈品品牌企业在价格策略制定方面提供可以参考的理论基础，为奢侈品品牌的设计和奢侈品产品的营销提供新的思路，具体来说可以分为以下几点。

对于企业管理者而言，本研究关于单 / 双原产国及品牌国宏观 / 微观印象的研究成果可以为管理者制订品牌发展战略计划提供依据，使品牌在海外并购、结盟及合作伙伴的选择中做出明智的决策。

对于奢侈品设计和制造而言，本研究针对不同 logo 类型展开的消费者价格接受研究可以为奢侈品设计者在商品设计上提供实用意见，使奢侈品品牌在设计中能够巧用 logo 迎合目标消费群体。

对于消费者而言，本研究可以帮助消费者更好地了解自身、了解奢侈品消费行为，在奢侈品消费决策中克服刻板印象和炫耀攀比式的消费，形成良好的消费理念，为社会营造健康的奢侈品消费氛围。

1.4 本研究涉及的术语

本研究涉及若干重要专业术语，界定如下：

价格接受：以交易中收益和损失（成本）的衡量为基础产生的正性的价格评价结果。

外部线索：与产品使用功能无直接关系的信息线索，如原产国、品牌标志等。

原产国：某种产品、品牌或制造企业所属的国家。后随着经济和贸易发展，衍生出品牌国、生产国等维度。

品牌国：品牌所属的国家，是原产国的一个维度。

生产国：品牌商品生产制造、组装的国家，是原产国的一个维度。

单原产国奢侈品：商品品牌国和生产国一致（属于同一个国家）的奢侈品。

双原产国奢侈品：商品品牌国和生产国不一致（分属两个国家）的奢侈品。

品牌国宏观刻板印象：消费者对品牌国所持有的整体印象和信念，如法国是浪漫、高雅、盛产各种奢侈品的国家。

品牌国微观刻板印象：消费者对品牌国特定产品所持有的印象和信念，如瑞士的手表是精准而考究的。

1.5 研究方法与技术路线

1.5.1 研究方法

本研究的研究思路是根据本研究拟解决的问题和已有的研究成果对本研

究提出假设并进行检验，按照“梳理现实与理论背景→提出研究问题→提出研究假设→设计实验→预实验→正式实验→统计行为、问卷和脑电数据→阐述统计结果→结果讨论→结论提出”的过程逐步对两个研究展开探索。研究过程中，在借鉴前人的研究问题特征、研究总体需求和研究方法的基础上，选择了文献研究、问卷调查和神经科学实验三种研究方法。

（1）文献研究。

文献研究是指围绕着目标研究的研究问题和研究目的，检索、阅读并总结该研究领域的国内外相关研究成果，在吸收前人理论的基础上提出研究问题，构建研究模型，为下一步的实证或实验研究做好准备。

本书的文献研究中，利用浙江大学图书馆提供的文献数据库，如 ISI Web of Science、Springer、Science Direct、JSTOR 和中国知网（CNKI）等国内外文献数据库，以及公共搜索网站，如 Google 学术搜索、百度学术搜索，围绕着“奢侈品”“外部线索”“原产国效应”“奢侈品 logo”“事件相关电位”“认知冲突”“认知情感”等相关内容，进行文献的检索和收集。然后根据研究内容的不同对找到的文献进行分类、阅读、记录、归纳、整理和总结，以了解国内外相关研究的研究主题、研究范畴、研究对象、研究方法和研究结论。在文献研究过程中获得的有关已有研究成果和最新的研究进展的知识，为本研究的展开提供了坚实的理论基础。

（2）问卷调查。

问卷是社会科学研究中一种常用的收集资料的工具。在阅读奢侈品消费和商品价值感知相关研究文献的基础上，本书采用问卷调查方法，通过量表，在行为实验后要求被试者回忆实验过程中对刺激的认知判断并回答问卷上的相应问题。问卷研究主要是为了补充和支持脑神经科学数据结果，为心理活动的深入挖掘提供更多的可依靠的证据。

（3）神经科学实验。

自斯坦福商学院的 Shiv 等在 2005 年发表的 *Decision Neuroscience* 中首次提出“决策神经科学”（decision neuroscience）的概念以来，神经科学的研究方法被越来越多地应用在了管理科学以及营销学的决策研究中。常见的神经科学研究方法包括：功能性核磁共振成像（fMRI）、正电子发射成像（PET）、事件相关电位（ERP）、脑磁图描记术（MEG）、生物反馈仪、眼动仪等（马庆国、王小毅，2006）。表 1.1 列出了常用的决策神经科学研究技术及其特点。

这些技术的运用为我们了解和解释消费者选择行为背后的神经心理认知过程搭建起了有用的桥梁。

表 1.1　常用的决策神经科学研究技术及其特点

技术名称	技术特点
功能性核磁共振成像（fMRI）	高分辨率地记录大脑的各类认知活动中不同功能区的活跃情况
事件相关电位（ERP）	毫秒级的时间分辨率、设备较为简单、环境适应性强
正电子发射成像（PET）	做断层扫描，记录大脑活跃区
脑磁图描记术（MEG）	直接测量生物磁场信号，无须固定于头部，准备时间短，检测过程安全、简便
生物反馈仪	准确测定神经—肌肉和自主神经系统的活动，并把这些信息有选择地放大成视觉或听觉信号
眼动仪	记录人在处理视觉信息时的眼动轨迹特征

其中 fMRI 技术和 ERP 技术是目前应用最为广泛的脑活动测量技术。fMRI 技术通过监测脑部血流量及血红蛋白氧合的磁场变化记录脑活动。这种方法容易得到直观准确的脑区活动结果图像且分析较为简单，但是实验过程中被试者必须平躺在幽闭的狭小空间内，心理压力较大，加上仪器体积庞大不易移动、价格高昂，实验费用较高，这些都是实验的限制因素。ERP 技术通过监测大脑表面电信号来记录大脑活动，它具有很高的时间分辨率，实验的环境也相对轻松无压力，仪器体积也较小，便于携带，在价格上更是大大低于功能性核磁共振仪。这些优点解决了本实验中面临的很多问题，能够满足本实验的研究需求。因此，在本研究中我们应用 ERP 技术作为研究工具。

ERP 是基于脑电图（Electro Encephalo Gram，EEG）提取出来的，脑细胞无时无刻不在进行着自发的、有特定节律的、综合性的电活动。将电位作为纵坐标、时间作为横坐标，记录得到的能够表明电位与时间关系的波形图就是脑电图（EEG）。ERP 是用简单的叠加平均技术从脑电中提取出的与特异性感觉、认知以及运动事件相关的电活动。事件相关电位成分可以分为外源性（exogenous）成分和内源性（endogenous）成分。外源性成分指的是外界物理刺激（类型、频率、强度等）引发的早期成分，如听觉 P50、N1、视觉 C1 和 P1 等；内源性成分指的是与人们知觉或认知心理活动紧密联系的成分，这些成分与人们的注意、记忆、智能等加工过程有关，并不受刺激的物理属性的影响，如 P300、N400 等。内源性成分为研究人类认知过程的大脑神经系统活动机制提供了有效的理论依据，是本研究关注的重点。内源性成分通常具有以下特点：①不关联于诱发事件的物理属性，完全不同的刺激，即使感觉形式有差异，但若实验任务相同，也能够诱发相同的内源性事件相关电位成分；②不敏感与感觉的形式，依据实验任务不同，头皮分布有可能发生变化；③诱发反应不完全决定于刺激，相同的物理刺激，对特定被试者有时不一定能诱发出某一 ERP 成分，同时在刺激缺失的情况下，如果缺失对被试者有一致作用，也可诱发出 ERP 成分；④依赖于引导语、任务或任务设置诱发的心理反应和认知努力；⑤峰潜伏期变化大（100 毫秒左右至数秒）（赵仑，2010）。在本研究中，对内源性成分的电生理信号的采集和分析可以反映出大脑对价格接受的感知和加工过程，有助于深入了解消费者行为。

本研究中，我们采用国际 10–20 系统的 64 导电极帽监测和记录被试大脑皮层的脑电信号。电极帽用 Ag/AgCl 烧结的合金作为电极，以保证点位记录的准确性不被电极化电位影响，且这种 Ag/AgCl 电极的表面不易受损，不需要频繁地对电极进行氯化处理。采集到的脑电信号将通过放大器进行放大，转化为数字信号并在计算机内得到记录。得到的信号在降噪处理后成为有分析意义的 ERP 数据。

综上，ERP 能够在保证高时间分辨率的情况下监测记录脑活动引发的电生理变化，并且由于实验的环境相对轻松无压力、实验无创、价格低廉，ERP 成为本研究选取的神经心理研究方法。研究中通过成熟的 E–Prime 软件呈现刺激和收集行为数据并应用 Neuroscan 监测和收集脑电信号，最终将得到的行为和脑电数据整合分析得到研究结果。

1.5.2 技术路线

本书的技术路线如图 1.1 所示。

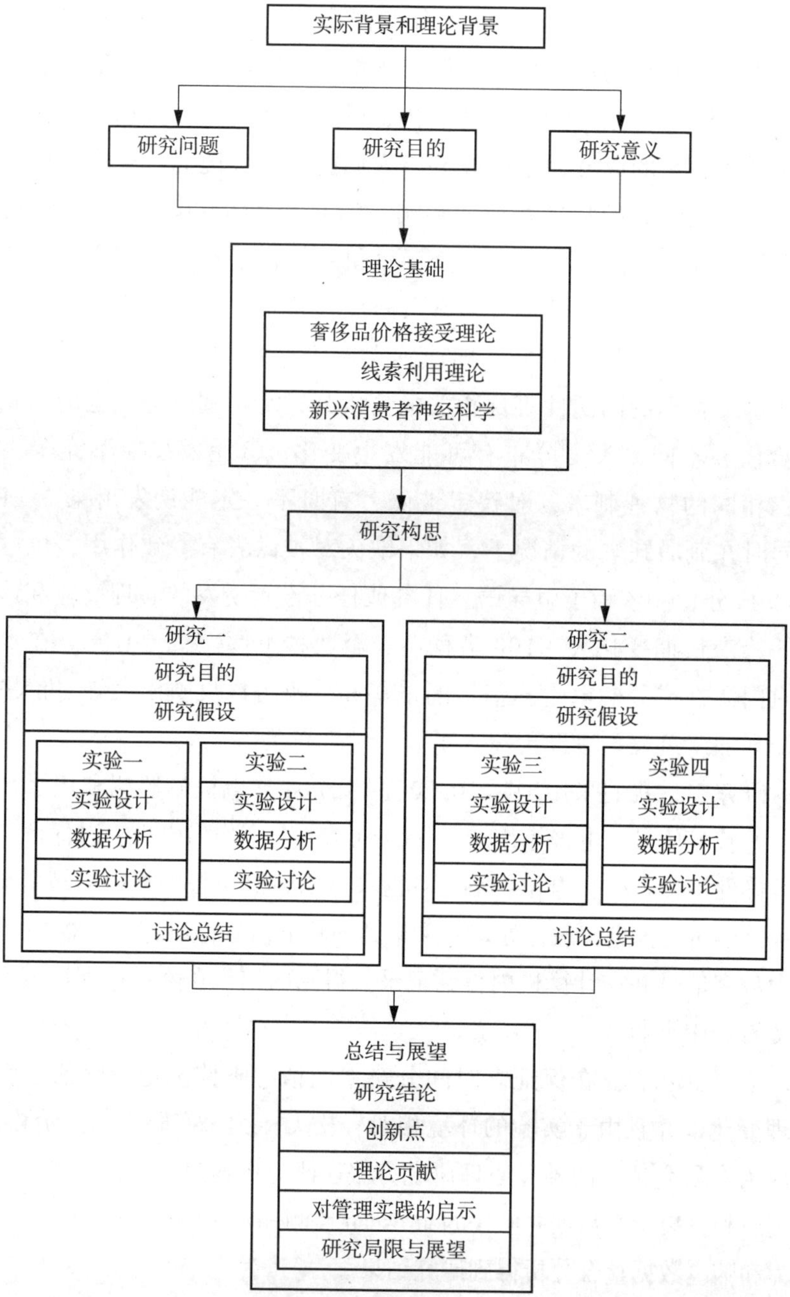

图 1.1　本书的技术路线

环节一：对奢侈品消费现状和目前国内外的奢侈品消费市场进行分析，得出本研究的实际背景。在实际背景的基础上，对相关国内外研究进行文献查阅和分析，整理所涉及的理论的研究现状，得出本研究的理论背景。在综合分析本研究的理论和实际背景后，提出本研究拟解决的关键问题，并确定研究的目的。

环节二：根据研究目的查阅相关中英文文献，整理已有研究得到的成果，梳理已有研究的知识脉络，掌握已有研究的研究进展，为本研究的展开奠定坚实的理论基础。

环节三：以研究问题为核心，在结合从已有文献中得到的启发和总结已有研究的局限的基础上，形成本研究的研究设计思路。构思本研究的各个子问题，并设计实验对研究问题进行探索。

环节四：按照环节三中形成的研究构思展开预实验，在预实验成功的基础上扩大被试者招募，展开正式实验。处理实验得到的行为、脑电及问卷数据，并得到每个子实验的研究结论。

环节五：最终梳理实验得到的研究成果，总结本研究得到的总体结论。与以往研究进行对比，得到本研究的理论贡献，结合实际奢侈品销售和营销情况为管理者和消费者分别提出管理建议。同时，对本研究仍存在的一些局限进行阐述，对后续研究中可以研究的问题提出展望。

1.6 本书框架与内容安排

本书共包括 6 章内容，具体内容和章节安排如下：

第 1 章，绪论。结合本研究的理论和实际背景，提出所要研究的问题，明确研究范围与对象，说明研究的目的和研究的意义，指出研究中所要采用的研究方法，最后给出本书的框架计划。

第 2 章，文献综述。首先，明确奢侈品的定义与研究现状，包括奢侈品的定义、特点、分类、消费动机和消费现状、消费者价格接受的认知冲突及消费者价格接受的一些影响因素；其次，介绍已有的奢侈品价格接受研究，包括经济学和管理学中已有的价格接受理论、奢侈品价格特征、已有的奢侈品价格研究、消费者价格接受情感；再次，阐述已有的商品线索研究，包括线索利用理论、外部线索的分类和利用以及影响奢侈品消费行为的外部线索；最后，介绍奢侈品消费决策相关的神经科学指标，包括奢侈品相关的决策神经科学研究、价格相关的决策神经科学研究以及事件相关电位中的决策相关成分。

第 3 章，研究的理论框架与研究构思。介绍本书的相关理论基础及已有研究的局限，并在此基础上提出本书的理论框架。之后，根据理论框架，详细阐述两个子研究中的四个实验的设计构思。

第 4 章，研究一：原产国线索对奢侈品价格接受的影响——神经机制视角。包括两个实验：实验一探索单 / 双原产国线索对奢侈品价格接受的影响；实验二探索品牌国宏观 / 微观刻板印象对奢侈品价格接受的影响。本章开篇即明确研究目的，之后提出研究假设，在研究假设的基础上介绍两个实验的实验设计、实验操作、数据分析、结果展示以及实验讨论。

第 5 章，研究二：标志线索对奢侈品价格接受的影响——神经机制视角。包括两个实验：实验三探索标志的有无对奢侈品价格接受的影响；实验四探索标志的类型（名称标志 vs. 图案标志）对奢侈品价格接受的影响。本章开篇即明确研究目的，之后提出研究假设，在研究假设的基础上介绍两个实验的实验设计、实验操作、数据分析、结果展示以及实验讨论。

第 6 章，总体结论与展望。本章对本研究中展开的四个实验进行总结，形成本书的总体结论，之后对本书的理论贡献进行分析并提出对管理实践的启示，最后分析本书的研究局限并对未来的研究进行展望。

1.7　本章小结

本章阐述了本研究的实际背景，即我国存在广大的中产阶级奢侈品消费者，这些消费者经济能力有限，敏感于价格，并且不具备充分的奢侈品消费经验和奢侈品消费知识，容易依赖外部线索进行判断。另外，已有的理论研究在外部线索对奢侈品价格接受的研究方面也存在空白。基于这样的实践和理论需求，提出本书所要研究的问题。为了明确研究的范畴，界定了研究范围与对象，说明了研究的目的和研究的意义，定义了本研究相关的术语，指出了研究中所要采用的研究方法，最后给出了本书的框架计划。

2 文献综述

本章首先从奢侈品的定义、特点、消费动机与价值感知和中国奢侈品消费现状入手综述了奢侈品消费；其次围绕奢侈品价格特征、价格接受机理、价格接受相关的心理因素等论述了奢侈品价格接受；再次基于线索利用理论、外部线索的分类和利用以及影响奢侈品消费行为的外部线索论述了奢侈品消费线索研究；最后在奢侈品决策神经科学研究进展一节中论述了已有的奢侈品与价格相关的神经科学研究以及本研究中可应用的决策相关的事件相关电位指标。

2.1 奢侈品消费

奢侈品的研究起源很早，然而学术界对奢侈品的定义仍存在一定的争论，以中国市场为背景的奢侈品研究也十分有限。为了明确本研究中奢侈品的定义和研究展开的背景，本节围绕奢侈品的定义、奢侈品的特点、奢侈品消费动机与价值感知，以及中国奢侈品消费现状展开论述。

2.1.1 奢侈品的定义

奢侈品的英文是Luxury，起源于拉丁语中的Lux，其本初的含义为“光”。早在工业革命前英国著名经济学家亚当·斯密就在他的论著《国富论》中，简单地将奢侈品归纳为“所有不属于必需品的物品”（亚当·斯密，2001）。后来有学者将奢侈品阐述为“能够展示消费者威望和地位的商品”（Grossman and Shapiro，1988）。随着时间的推移和社会的进步，人们对奢侈品的定义和看法也在不断进步。20世纪60年代，一颗大白兔奶糖也是奢侈品；70年代，手表、自行车、缝纫机是家家户户公认的奢侈品；80年代，收录机、电视机成为奢侈品；90年代，BP机、大哥大、汽车相继成为奢侈品。然而，在物质生活十分丰富的今天，很难再用具体的一种生活用品类别代表奢侈品，谈到奢侈品人们脑中首先浮现的是 LV、PRADA、卡地亚（Cartier）、百达翡丽（Patek Philippe）……

关于奢侈品的定义，目前学术界并没有统一的结论。Nueno 等（1998）认为奢侈品是超越功能性的可显示个人地位和形象的物品。McKinsey（1990）认为奢侈品是价格品质比在市场中处于最高水平的商品。Phau 和 Prendergast（2000）则将“奢侈”归结为主观概念，认为“奢侈品需要做到唤起人们对其独一无二的认识，并最终成为一个著名的品牌，这个品牌必须具有较高的品牌认知度和感知质量”。综合以上多种定义，本书认为：奢侈品是超越功能性的，非功能性价值（无形价值）远大于功能性价值（有形价值）的顶级消费品。

如果将同类行业的商品比作一座金字塔的话，名不见经传的“三无”品牌或小品牌商品就是金字塔的塔基，在部分地区或对于部分消费者略有名声的普通品牌商品就是金字塔的塔身，而享誉全球的美誉度极高的奢侈品品牌商品就是金字塔闪耀的塔顶。消费者对普通商品的评价往往关注其功能价值——该产品技术是否过关？该产品是否能满足我的使用需求？该产品是否能够经久耐用？而消费者对于奢侈品的追求往往不局限于其功能上的价值，以经典的奢侈品香水香奈儿五号（CHANEL No. 5）为例。香奈儿五号香水是一款人工合成香水，其香氛并不是来自自然界花香的萃取，然而在销售上，自其 1921 年诞生到现在一直受到消费者的广泛青睐，创造了香奈儿令人惊叹的销售神话。这并不仅仅是因为香奈儿五号芳香独特、留香持久，还因为它拥有玛丽莲·梦露的经典代言和梦露的那句“我只穿着香奈儿五号入眠”（I wear nothing but CHANEL No. 5）留下的无限遐想。后来的消费者将选择香奈儿五号香水不仅视为一种对香调的追求，更看作个人品位的表达、生活格调的标志和美好人生的永恒向往。许多奢侈品研究也曾指出，奢侈品是包含并超越功能价值的商品，能够为消费者提供质量价值（Wiedmann et al., 2009）、享乐价值（Dubois and Duquesne，1993；Stokburger-Sauer，2013）、独特价值（Shukla，2012）、炫耀价值（Lens et al.，2012；Vigneron and Johnson，2015）和物质主义价值（Anna and Wan，2014；Ye and Zeng，2015）。

2.1.2 奢侈品的特点

奢侈品自诞生以来就受到了广大消费者和研究者的关注，如今奢侈品已经升华为一种超越时代的经典，奢侈品的特点也在不断发展和讨论中越发清晰可见。目前得到普遍认可的奢侈品特点主要包括品质精良、价格高昂、工艺卓越、历史悠久、产品独特以及世界闻名（Nueno and Quelch，1998；Qin and Forsythe，2012）。

2.1.2.1 品质精良

奢侈品作为商品金字塔塔尖上的耀眼明星在对品质的追求上相比普通商品又增进了一步，达到了一种近乎严苛的品质要求（刘晓刚等，2009）。

奢侈品皮具箱包生产品牌罗意威（Loewe）在皮具的制作上严格选用0.7~0.9毫米厚度的顶级比利牛斯山优质山羊皮，该品牌皮具可以用熨斗熨烫而不用担心遭到破坏；以旅行箱制造起家的奢侈品品牌路易·威登（Louis Vuitton）的一个硬型皮箱在1912年泰坦尼克号触礁事故的打捞中被发现，令人惊讶的是打开皮箱后其内部竟然没有渗进半滴海水；奢侈品品牌手表制造商百达翡丽更是有一句令人瞠目的广告语“没有人能真正拥有百达翡丽，你只不过为后代保管”，充分体现了该品牌手表的优良品质能够经得起时间的考验。

正是由于许许多多奢侈品对品质一贯的高标准要求，现在“品质精良”已经成为奢侈品血液中流动的灵魂，被消费者和研究者共同视为奢侈品最基本最关键的特征（Wiedmann et al.，2009；Achabou and Dekhili，2013）。

2.1.2.2 价格高昂

对于广大消费者来说，令人咋舌的高昂价格是奢侈品的又一大特征。即便你没有体会过奢侈品精良的品质，你也一定有过为奢侈品高昂的价格发出惊叹的经历。

对于普通商品来说，制造商往往会尽量避免浪费，努力维持成本和售价低廉。而对于奢侈品商品来说，成本往往并不是被严格控制的，只要能获得更好的材质、更新的理念、更优的设计，更多的成本或者说更高的价格都是被允许的。一个普通的打火机只需要1元，然而售价几百元的Zippo打火机仍然受到广大消费者的追捧；一双普通的运动鞋只需要上百元，然而售价几千元的Nike运动鞋仍然风靡各大市场；一辆普通家用轿车只需要几万元，然而一辆劳斯莱斯（Rolls-Royce）售价上千万元仍是消费者求之不得的心中圣品。

如今，高昂的价格已经成为与精良品质并驾齐驱的奢侈品的重要特征（Keller，2009），在市场和消费者研究中受到了学者们的关注（Vigneron and

Johnson，1999；Beverland，2005）。

2.1.2.3　工艺卓越

为了获得优良的品质，奢侈品厂商在商品生产工艺的追求上可谓是不遗余力。许多奢侈品生产商在商品的制造上坚持了传统手工艺的比例，坚持在一些环节使用人工打造，使得宝贵优质的材料在工匠艺人精湛的技艺和丰富的经验下能够发挥最大的作用，展现最亮丽的风采（王迩淞，2011）。几乎全部的奢侈品商品生产商都不惜血本地在加工技术的革新和进步上投入资金（Lu，2011）。所有奢侈品都会在生产工序上严格控制，绝不偷懒，规定打磨100次的工序，绝不会在第99次时收手（刘晓刚等，2009）。

这里以奢侈品兰蔻香水的生产工艺为例，窥探奢侈品品牌高精生产工艺的一隅。生产兰蔻香水使用的玫瑰是兰蔻特有的，是由Delbard在1973年培育出的独特品种。要保存这种玫瑰最摄人心魄的香味须在5月玫瑰花盛放的时候在田间山坡进行采摘，采摘必须在36小时内完成，并且采摘的时候只能一朵一朵地采，绝不能造成花瓣破损。采摘下的玫瑰花不经过水洗而是直接在特殊的液化气容器中以一定的压力清"洗"，这种清洗进行4小时之后玫瑰花会变成深红色的蜡状物质。然后在酒精及其他催化剂的作用下，蜡被滤出，剩余的酒精则经过真空方法去除，剩下的便是珍贵的玫瑰香精。据说按这种方法加工，大约2吨新鲜的玫瑰花才能得到1000克玫瑰香精。最后以水和酒精等按配方比例混合上这种玫瑰精油后，才能制成隽永的兰蔻香水。

2.1.2.4　历史悠久

要打造出一个著名的奢侈品品牌并不是轻而易举就能办到的，综观国际知名奢侈品，它们的成名之路虽然各不相同，但无可非议都经过了漫长的时间考验，拥有着长期的历史积淀。

奢侈品品牌都有一本家谱，详细记录着奢侈品的发展、传承和变迁，不可复制的家族自豪感使得奢侈品品牌拥有着更为吸引人的魅力。产品可以模仿，历史却不可复制。一些奢侈品品牌中的佼佼者甚至拥有皇室的嘉奖背书：卡地亚、轩尼诗（Hennessy）均成为过法国皇室御用贡品；巴宝莉（Burberry）还曾受过英国皇室的嘉奖和勋章。表2.1展示了6个领域的12个代表性奢侈品品牌创立的时间，从表2.1中可以看出这些奢侈品品牌都具有悠久的历史传承。

表 2.1 部分代表性奢侈品品牌信息

序号	品牌	中文名	核心产品	所属国家	创始年份
1	Rémy Martin	人头马	酒	法国	1724
2	Moët & Chandon	酩悦香槟	酒	法国	1743
3	Tiffany	蒂芙尼	珠宝	美国	1837
4	Bvlgari	宝格丽	珠宝	意大利	1884
5	Louis Vuitton	路易·威登	皮具	法国	1854
6	Hermes	爱马仕	皮具	法国	1837
7	Vacheron Constantin	江诗丹顿	表	瑞士	1755
8	Patek Philippe	百达翡丽	表	瑞士	1839
9	Burberry	巴宝莉	服装	英国	1856
10	Givenchy	纪梵希	服装	法国	1952
11	Bentley	宾利	车	英国	1919
12	Mercedes-Benz	梅赛德斯-奔驰	车	德国	1886

2.1.2.5 产品独特

正如上文所谈到的，奢侈品往往经过了长时间的发展和成熟，在这个漫长的走向成熟的过程中，每个奢侈品都形成了一些固定的可识别元素，这些可识别元素交织在一起形成了奢侈品易辨识的独特风格，如 LV 的十字花、CHANEL 的山茶花和黑白相间主色调、Burberry 的格纹、Boss Selection 的棕色和白色主调，以及 Cristian Louboutin 女鞋的红色鞋底……这些个性元素虽然不是品牌标志，但都各具特色，令消费者能够在琳琅满目的商品中一眼认出。另外，奢侈品在生产材料的筛选、高科技生产技术的应用以及精湛手工艺的修饰上都倾注了大量的努力和心血（刘晓刚等，2009），也正因如此，奢侈品具有了另一个突出的特点——独特性。

奢侈品手表品牌法兰克穆勒（Franck Muller）推出的“疯狂的时间”系列腕表就是对奢侈品独特性的最好诠释之一。Franck Muller 起源于瑞士的日内瓦，是全球闻名的顶级的奢侈品腕表品牌之一。尽管已经处于品牌巅峰的行列，Franck Muller 却一直致力于工艺和创新。它们推出的独特的“Crazy

Hours”系列腕表赢得了世界的惊叹。这款腕表继承了品牌特色的酒桶形外形以及夸张的数字刻度，然而其表盘显示却完全打破了常规的表盘规律，1~12的数字刻度并不是依次顺时针排列，而是乱序地呈现在表盘上。这样惊人的创意如果不是亲眼所见，你一定以为 Franck Muller 是在开玩笑。不规律的表针跳动并不是所有腕表厂商都能够做到的，Franck Muller 凭借创造性的思维、过人的技术、精密准确的机芯创作出了震惊世界的作品。“Crazy Hours”无论是在创意、外形还是技术上都将奢侈品的独特性发挥得淋漓尽致（见图 2.1）。

图 2.1　Franck Muller 品牌腕表

2.1.2.6　世界闻名

奢侈品作为商品金字塔尖端的佼佼者，不仅具有其他商品望而兴叹的精良品质、高昂价格、卓越工艺，更有着其他商品无法企及的世界级的声誉（Wiedmann et al.，2007）。奢侈品往往是享誉全球的、得到全世界消费者共同认可的。无论你是腰缠万贯的富翁还是普通的工薪阶层，无论你是潮流尖端的弄潮儿还是流行时尚的跟随者，你都一定知道路易·威登（Louis Vuitton）、古奇（GUCCI）、香奈儿（CHANEL）这些顶级的奢侈品品牌。奢侈品品牌由于具有良好的品质、工艺和设计，业已成为各个行业的世界翘楚。如果你制造手表，那你一定知道劳力士；如果你制造珠宝，那你一定知道卡地亚；如果你制造水晶，那你一定知道施华洛世奇……

2.1.3　奢侈品消费动机与价值感知

自奢侈品诞生以来，奢侈品消费动机就成了理论研究者、市场研究者和企业营销人员共同关注的话题。面对日益繁荣的奢侈品市场现状，市场研究者们十分热切地希望了解消费者为什么购买奢侈品，怎样才能生产出迎合消费者需求的产品。在长期的理论和实践研究中，已经有许多学者研究了消费者的奢侈品消费动机，表 2.2 总结了国内外已有的一些奢侈品消费动机研究。

表 2.2　一些奢侈品消费动机研究

研究者	发表年份	主要结论
Veblen	1899	炫耀动机是奢侈品购买的主要驱动
Leibenstein H.	1950	消费者购买奢侈品不仅出于炫耀动机，对独特性的追求和从众心理也是重要的驱动因素
Dubois B. 和 Duquesne	1993	奢侈品消费动机主要体现在对实用价值（功能性、优越性）、享乐价值（美学享受、愉悦心情、经验）、符号价值（自我表现、社会）和经济价值的追求上
Vigneron F. 和 Johnson L. W.	1999	奢侈品购买动机包括炫耀性、独特性和从众心理组成的社会导向购买动机和追求完美以及享乐主义组成的个人导向购买动机
Tsai	2005	消费者购买奢侈品是因为奢侈品能够提供优良的品质保证并且能够满足消费者的自我享乐和表达自我的需求
Hennigs 等	2012	各国消费者都主要出于经济、功能、个人和社会四个层面的动机而购买奢侈品商品，但这些层面的重要性在各国有所不同
Ko E. 和 Megehee C. M.	2012	对社会规范敏感性高的消费者更多地出于社会动机购买奢侈品商品；对奢侈品品牌知识了解多的消费者在奢侈品品牌选购中更重视独特性
Zhan L. 和 He Y.	2012	中国中产阶级的奢侈品客户群体中，对价值的追求、对社会认可的追求和对独特性的追求都是奢侈品消费的主要驱动因素
Hudders L. 和 Pandelaere M.	2013	增加自尊是奢侈品消费的重要消费动机
王静	2007	中国新兴的中产阶层的消费动机主要出于对自己的关心及与人更好交往的需要

续表

研究者	发表年份	主要结论
廖成林、周婷婷	2009	结合女性消费者特有的消费动机，总结出虚荣因子、自我因子、人际因子和品质因子，以及投机因子和情感因子均是女性消费者奢侈品消费动机的重要因素
高萌萌	2009	中产阶级的消费动机包括社会和个人两方面：社会导向下的新奢侈品消费动机包括炫耀、领先、从众和社交；个人导向下的新奢侈品消费动机包括表现内在自我和自我享乐
张梦霞、王斯洋	2010	中国“80后”消费者群体奢侈品消费动机空间由四个维度构成，即品质卓越、炫耀富有、自我奖赏和驾驭他人。与对照组的比较研究显示，“80后”群体较之对照组在品质卓越和自我奖赏动机方面表现更强
郑喆	2010	中国消费者的服饰类奢侈品消费分为四大类：主动型社会性消费动机、被动型社会性消费动机、追求型个我性消费动机和享乐型个我性消费动机
张梦霞	2010	我国消费者奢侈品消费动机构架主要包括四个维度，即品质卓越、炫耀富有、自我奖赏和驾驭他人
付世平	2010	大、中学生的奢侈品消费动机由从众、炫耀、社交（社会性动机）和自我馈赠、自我个性一致性、追求品质（个人性动机）组成。除自我个性一致性和自我馈赠两个维度得分没有差异外，大、中学生在其他维度上的得分均有显著差异
周颖等	2010	根据消费者决策风格的不同将独生代消费者分为困惑冲动型、时尚享乐型和完美忠诚型。困惑冲动型消费者追求独特的动机更为明显；时尚享乐型消费者在自我愉悦以及自我赠礼的动机上表现得更加显著；完美忠诚型消费者在表现自我动机上相较困惑冲动型消费者更显著
刘昱涛	2011	中国的消费者进行奢侈品消费主要出于炫富、获得身份与社会认同、愉悦体验与品位象征、送礼、实用等消费动机
吴邦刚等	2011	大学生群体中，港澳地区奢侈品消费社会导向购买动机不显著；内陆地区个人导向购买动机不显著，主要出于社会导向购买动机

在这些研究中，学者们找到了许多导致奢侈品消费的因素，一些研究中更进一步地对这些动机进行了分类：Leibenstein（1950）将奢侈品消费的动机划分为炫耀、虚荣和从众三类。Vigneron 等（1999）进一步扩展了奢侈品消费动机的维度，认为奢侈品消费动机模型必须包含炫耀、虚荣、从众、享乐和完美主义。Hennigs 等通过问卷量表的形式展开研究并指出，全球化条件下的奢侈品市场中，各国消费者的奢侈品消费主要驱动力都来自经济、功能、个性和社会四个层面，只是在不同国家中这四个层面的重要性有所不同而已（Hennigs et al.，2012）。这些分类中没有哪种是绝对正确或绝对错误的，甚至很难说哪一种是更好的。本书结合已有的研究成果，根据消费者的需求层次，采用功能导向购买动机、个人导向购买动机和社会导向购买动机的三层次奢侈品消费动机模式展开综述。这种三层次的划分模式涵盖了之前研究中提出的大多数消费动机，并且能很好地对应已有研究中奢侈品价值的分类，下文中我们对社会导向购买动机、个人导向购买动机和功能导向购买动机的奢侈品价值追求倾向做具体论述（见图 2.2）。

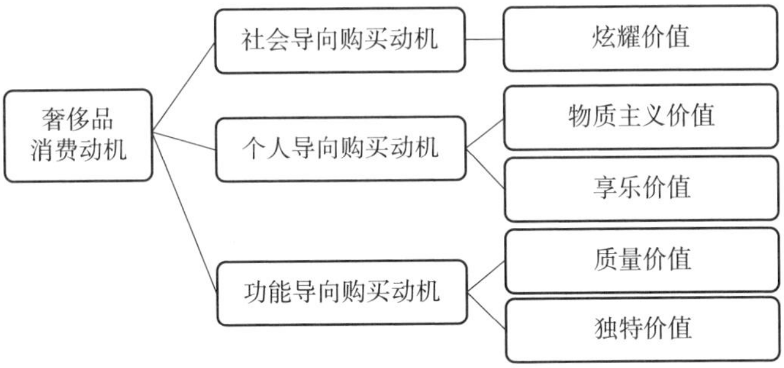

图 2.2　奢侈品消费动机

2.1.3.1　社会导向购买动机与炫耀价值

社会导向动机的购买者广泛存在于我们的身边，尤其在我国目前的奢侈品消费群体中社会导向购买是最主要的影响因素（朱晓辉，2006；颜爱民等，2009）。

追求炫耀价值的购买是最早被讨论的一种奢侈品购买动机（Veblen，1899）。这一类消费者希望通过购买行为向他人展示自己的财富和社会地位。他们通常并不在乎商品的实际使用价值是多少，他们更在乎的是购买这件产品能否显示自己的金钱财富和社会地位情况。奢侈品价格高昂的特点正好迎合了这部分消费者的炫耀心理，尤其是对于高度物质主义的消费者来说，价格昂贵且能够在公开场合展示的商品，能带给他们更大的价值，即帮助他们向公众展示个人成功（Kim et al.，2012）。虽然在一些研究中，有学者进一步将其分为地位炫耀购买和金钱炫耀购买，认为金钱炫耀购买追求的是财富炫耀价值（conspicuous value），而地位炫耀购买追求的是地位炫耀价值（status value）（Wiedmann et al.，2007）。但根据本研究的研究目的，我们不对炫耀价值做具体的区分。

2.1.3.2　个人导向购买动机与物质主义价值和享乐价值

个人导向动机的消费者更多地存在于奢侈品产业较为发达的西方繁荣市场中，这些消费者对奢侈品有较为广泛的品牌知识，对奢侈品购买也有相对于东方市场消费者更为冷静的购买态度（Tsai，2005；Wiedmann et al.，2007；Shukla，2012）。

对物质主义价值的追求是个人导向购买动机的一个方面。根据牛津词典的解释，物质主义为："全心沉迷于追求物质的需求与欲望，导致忽视精神层面的生活方式。" Fournier 和 Richins（1991）提出，物质主义者从消费行为中得到生活体验的满足，将物质获得看作人生的重心。物质主义的奢侈品消费者将奢侈品的购买视为能够提高生活满意度的方式。有研究发现，物质主义的消费者在购买奢侈品商品后会激发积极的情感，减少消极的情感，并且增加对生活的满意度，越物质主义的人购买奢侈品后对生活的满意度提高得越多（Hudders and Pandelaere，2012）。

对享乐价值的追求是另一种个人导向动机的来源。享乐主义又叫伊壁鸠鲁主义（epicureanism），是产生于古希腊的哲学思想。该思想理论认为享乐是人类最重要的追求，人类的一切行为都能被一个人产生的享乐与痛苦所决定，力求将享乐与痛苦的差距增至最大。学者 Berry 在著作 *The idea of luxury* 中指出，奢侈品是增加快乐而非仅仅减轻痛苦的商品（Berry，1994）。显而易见，奢侈品与主观的愉悦快乐紧密相连，其特性完美地契合了享乐主义者的需求。因此，奢侈品受到了许多享乐主义者的追捧。物质上富足充实的享乐主义消费者常常会进行自我赠礼或减压式的奢侈品购买，以奢侈品提供的高品质享受犒劳自己。目前，奢侈品往往还提供一些个性定制服务，消费者可以根据自己的喜好和偏爱定制商品。由于定制商品符合消费者的审美欣赏或生活习惯，所以能够给消费者提供更好的享乐体验。

2.1.3.3 功能导向购买动机与质量价值和独特价值

功能意义是奢侈品与普通商品共有的，作为商品中的顶尖类别，奢侈品的功能意义是其立足的基本。功能导向购买动机的奢侈品消费中消费者将关注点集中于商品本身。

追求极致的质量价值是功能导向购买动机的消费者普遍具有的。近期的研究发现，随着人们物质生活水平的提高和每个人掌握财富的增加，原始的炫耀模型对奢侈品消费的解释度逐渐降低，越来越多的奢侈品消费者放弃了选择标志明显的商品而倾向于购买带有微妙商标的物品（Williams，2008），消费者将原来分散在社会层面的关注更多地集中在对商品本身所具备的性能优势的关注上（Gentry，2001）。从前奢侈品商品大多以奢华夸张博得大众的眼球，如今已经涌现出了一批以“舒适”理念发家的奢侈品，以“舒适的奢侈品”著称的TOD’S鞋和以“四英寸高跟鞋”闻名的Jimmy Choo都是其中的典型代表。这些奢侈品的成功，充分证明了消费者对奢侈品性能的关注和肯定。

追求独特价值是功能导向购买动机的重要方面（Shukla，2012）。研究表明，消费者会因为追求与众不同的感觉而进行物质财产的购买和展示（Ruvio et al.，2008）。有经验的奢侈品消费者会在选购中选择独特的符合自我气质的商品。每一个奢侈品品牌都具有自己特有的个性基因：在顶级奢侈品汽车品牌中，劳斯莱斯由于造型经典大方、制造考究而受到英国皇室的青睐（女王伊丽莎白二世、爱德华八世、肯特公爵和玛格丽特公主等许多英皇室成员的座驾都是劳斯莱斯），从而成为人们心目中尊享、地位与荣耀的代表，人们心目中王者中的王者；宾利与劳斯莱斯具有同样的超豪华皇家风范，但是由于宾利汽车在设计上更注重运动性，追求高速驾驶带来的刺激，而成为消费者心中骄傲高贵的皇家运动员；兰博基尼诞生于“发动机之乡”的Sant’Agata Bolognese，它不仅能够满足高速驾驶的刺激，而且高速行驶的稳定性极好，更重要的是兰博基尼还具有超时代感引领潮流的外形，就像是兼具偶像气质和奔跑天赋的运动明星。建立在金钱充足并且品牌知识完善的基础上，消费者们会根据对自身的定位和认识选择与自己气质符合的奢侈品品牌。具有高层地位、沉稳气质的人更倾向于购买劳斯莱斯，有一定地位并且希望亲自体验驾驶乐趣的客户更喜欢宾利，而追求速度、喜欢个性的驾驶者则更青睐兰博基尼。

2.1.4 中国奢侈品消费现状

20 世纪 90 年代以来，世界奢侈品市场发展势头强劲，2008 年经济危机之后，西方市场的奢侈品产业遭到了重创，而中国的奢侈品消费却逆势上涨。世界奢侈品协会公布的数据显示，截至 2010 年底，中国（港澳台除外）奢侈品市场消费总额达到 107 亿美元（不包括豪华车、游艇和私人飞机），仅次于日本，居全球第二位。中国的奢侈品消费在 2011 年迅速膨胀，全年消费额已经达到 126 亿美元（不包括私人飞机、游艇和豪华车），占全球奢侈品消费总额的 28%，成为名副其实的奢侈品消费第一大国。

Lu（2011）将奢侈品消费群体统称为精英阶层，并且提出中国精英阶层分为上上等阶层、下上等阶层和上中等阶层（见图 2.3）。上上等阶层指的是那些巨额财富的拥有者，这些人通常是大型金融机构的首脑或者大集团公司的拥有者，他们具有普通人无法企及的财富并且受到社会的认可和尊重。因此，这些人对财富习以为常，也不需要通过炫耀性的购买来证明自己的经济能力和社会地位。仅次于这些巨富的是中国的下上等阶层，Lu 将这些人称为“新富”。新富们通常是在短期内新近拥有了大量的财富，但是他们并不被

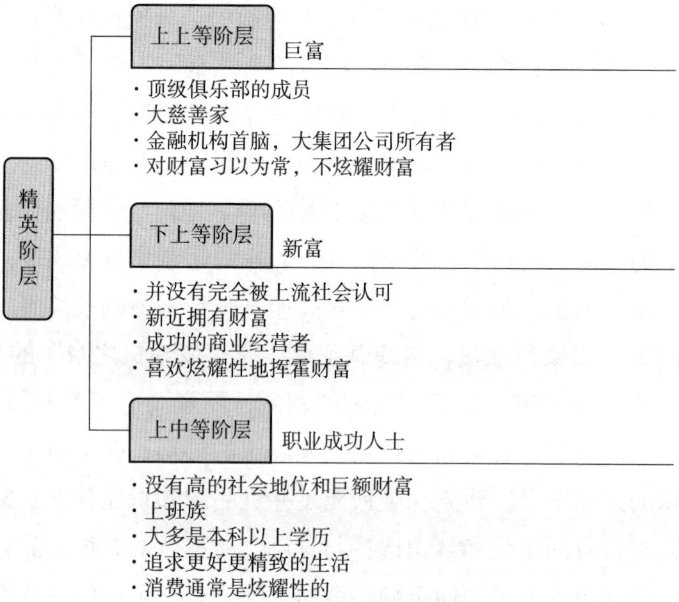

图 2.3 中国奢侈品消费的精英阶层

资料来源：参考 *Elite China*：*luxury consumer behavior in China*（Lu，2008）。

上流社会接纳，他们中很多是我们日常称作“暴发户”的人。这些人希望得到社会的认可，希望得到他人的尊重，因此，炫耀式地挥霍财富购买奢侈品就成了他们显示金钱和地位的方式。精英阶层的上中等阶层指的是社会上的职业成功人士，这些人生来不具有高的社会地位或巨额财富，大多是具有高学历的上班族。他们因为杰出的工作表现换得了丰厚的工资回报，会炫耀式地或自我奖励式地购买一些奢侈品。

奢侈品消费会受到社会政治、经济、文化等多方面现实条件的影响，中国的奢侈品消费现状具有如下特征。

2.1.4.1 奢侈品消费总体趋势仍处于上升期

商务部研究院消费经济研究部发布的《2015 年中国消费市场发展报告》指出，全年消费贡献率（消费增量占 GDP 增量的比重）延续“十二五”时期一直高于投资贡献率的态势，消费率（消费占 GDP 的比重）在近 10 年终于首次超过 50%，消费在国民经济中第一拉动力的地位基本坐稳。在高端消费方面，奢侈品降价刺激了消费，迎来新一轮的消费高潮。尽管中国政府的反腐措施会对奢侈品需求产生负面影响，但随着人们生活水平的提高，中国消费者对奢侈品认知和需求程度的加深，中国奢侈品市场仍具有相当的潜力。

2.1.4.2 与发达市场相比缺乏奢侈品知识，消费较为盲目

经济条件相对落后是造成我国与发达市场中消费者行为差异的重要原因。购买源自需求，马斯洛的需求层次理论讲到，人的需求分为生理需求、安全需求、归属需求、尊重需求和自我实现需求。只有在低层次的需求被满足后才会出现更高一层次的需求，并且只有最迫切的需求才是激励人行动的主要原因和动力。按照需求层次理论的划分，奢侈品消费应该属于归属需求、尊重需求以及自我实现需求层次。经济基础决定上层建筑，西方发达市场中人们拥有的平均财富远超过东方新兴市场，消费者们更是经常性地进行奢侈品消费，掌握的奢侈品知识和消费经验远超东方市场中的消费者，因此他们在奢侈品消费中往往表现得更为冷静理智和富有主见（Kim et al.，2012）。西方消费者能够根据商品的特点和自己的品位理智地选购合适的奢侈品，而东方消费者由于接触奢侈品的时间较短、经验不足，消费较为盲目。

2.1.4.3 消费群体的年龄结构趋于年轻

一项对中国城市青年的调查显示，超过 60% 的年轻人表示愿意购买高品质物品（陆文军、俞丽虹，2015）。奢侈品消费调查数据显示，40 岁以下的年

轻人成为中国奢侈品消费的主要对象，而在西方发达国家，主要消费人群则是40~60岁的中老年人。按照社会财富的占有规律，社会主要财富应该集中在40~60岁的中老年人手中，他们才是奢侈品消费的主体；而中国则呈现出消费主体的年轻化（李琴，2008）。研究认为，中国奢侈品消费群体呈现年轻化的特点主要是由于高速发展的中国经济涌现出了许多高收入新兴行业，如电脑、信息、股票证券、房地产、保险、娱乐、影视等。这些高收入人群具有较强的购买能力，同时对于生活方式和生活品位有着更高的要求，因而推动了奢侈品消费。

2.1.4.4 在消费群体上，中产阶级消费者不断增多，奢侈品消费行为不再是达官贵人的专属

与传统的奢侈品消费观不同的是，随着中产阶级的不断迅速发展庞大，奢侈品消费行为不再是达官贵人的专属。历史标杆开始发生向奢侈行为普及化的转移。传统奢侈品市场的持续萎缩和新兴奢侈品市场的巨大容量诱使各大奢侈品放低身价，大量新晋奢侈品为了与传统奢侈品争夺市场，其产品的价格和价值都进行了空前的释放和回归，一定程度上打乱了奢侈品原有的价格体系。先前的贵族般的极度奢侈消费转向“简易化奢侈消费”或称为“新型奢侈品消费”，这种在一定程度上模糊了奢侈品与高级品的界限，在市场实践中被大多数消费者所接受。同时，为了吸引更多的新富阶层消费者和随机消费者进入奢侈品消费行列，奢侈品纷纷开始生产价格较低的商品，诸如Tiffany的钥匙圈，BMW的标志挂件，抑或是PRADA推出的副线产品线MIUMIU等。这些产品有着卓越的品质，更关键的是它们相对较低的价位增加了产品的可接近性和随机消费的比例，很巧妙地应用了登门槛效应。综观整个奢侈品行业，这些相对低价奢侈品的出现，使行业纵向发展得到推动的同时，更是无形地促进着奢侈品行业的横向领域发展。

2.1.4.5 社会导向的奢侈品购买居多

国家文化会对市场中消费者的价值感知和购买行为产生非常大的影响（Sharma，2010；Shukla，2010）。具体在奢侈品购买方面，在东方文化熏陶下消费者出现了更多的“面子购买”（邢唯，2009），消费者在决策中更注重品牌的识别度，品牌识别度高的商品在东方市场中会受到更多消费者的欢迎。我国学者在传统价值观对奢侈品购买动机的影响研究中发现，传统价值观中的重财好名、尊重权威、宽容平和三类价值观倾向对社会导向的奢侈品购买

动机有显著的影响（颜爱民等，2009）。而在西方发达市场中，消费者往往更多地考虑商品本身和消费者个人的因素，他们成长在西方相对开放的文化下，鲜少活在他人的眼光中，通常会依据自己的喜好、偏爱进行品牌选择。此外，在东方集体社会制度的熏陶下，人们更注重集体意识，喜欢与他人一致的感觉，受到社会规范和社会认同的显著影响（姜凌等，2009）。而在西方，人们有很强的自我意识，喜欢张扬个性（Markus and Kitayama，1991；Shukla，2012），消费者的决策通常只取决于自己的观点态度和品位，很少受到社会规范和社会认同影响而扭转（Wong and Ahuvia，1998）。所以，中国奢侈品消费市场中社会导向的奢侈品购买居多。

2.1.5 简要评述

（1）奢侈品是超越功能性的，无形价值远大于有形价值的顶级消费品，具有六大特征和五大价值。奢侈品具有品质精良、价格高昂、历史悠久、风格易辨、产品独特以及世界闻名等特点。这些特点构成了奢侈品的质量价值、炫耀价值、独特价值、享乐价值和物质主义价值。

（2）中产阶级奢侈品消费不断增多是我国奢侈品市场的一大特点。我国的奢侈品消费总体处于上升期，具有消费群体的年龄结构趋于年轻、中产阶级消费者庞大、消费者缺乏奢侈品知识导致消费较为盲目等特点。

（3）在为数不多的以中国奢侈品市场为研究主体的奢侈品研究中，基于中产阶级奢侈品消费群体的研究就更加有限。本书以我国奢侈品市场中数目庞大的中产阶级奢侈品消费者为研究对象，抓住我国消费者缺乏奢侈品知识导致消费较为盲目（容易依赖外部线索）和中产阶级消费群体对价格相对敏感的特点展开研究，研究结果将扩展已有的奢侈品消费者心理研究理论。

2.2 奢侈品价格接受

价格接受是本研究聚焦的核心问题。消费者价格接受是价格感知和评估的结果，本章围绕奢侈品价格特征、价格接受机理和价格接受相关的心理因素三个方面展开综述。

2.2.1 奢侈品价格特征

价格昂贵是奢侈品的重要价格特征。奢侈品（luxury）源于拉丁文的“光”（lux），奢侈品并没有辜负这个本意，通常都像光一样耀眼和令人仰望，奢侈品的价格也一样。即便你没有亲身体会过奢侈品精良的品质，你也一定有过为奢侈品高昂的价格发出惊叹的经历。

奢侈品价格的昂贵是相对于能够提供相似功能的其他产品而言的，非同类商品之间不具有可比性。都彭（S.T.Dupont）是著名的奢侈品打火机品牌，几千元一个的 S.T.Dupont 打火机与上百万元一辆的兰博基尼（Lamborghini）跑车相比简直是“白菜价”，但显然这两种物品不具有可比性。在打火机商品范围内，普通品牌的打火机 1 元 1 个，而 S.T.Dupont 打火机最便宜的也接近千元。很明显，两种产品功能相似（都能点燃香烟、蜡烛……），S.T.Dupont 打火机的价格却是普通品牌打火机价格的上千倍，可谓是贵得令人咋舌。

对于普通商品来说，制造商往往会尽量避免浪费，努力维持成本和售价低廉。而对于奢侈品商品来说，成本往往并不是被严格控制的，只要能获得更好的材质、更新的理念、更优的设计，更高的成本或者说更高的价格都是被允许的。

我国学者赵忠秀在《奢侈品管理概论》中将奢侈品的价格模式分为两种，一种是基于成本的价格模式，另一种是基于消费者的价格模式。

2.2.1.1 基于成本的价格模式

基于成本的价格模式是一种比较原始的价格模式（见图 2.4），这种价格模式假设销售者决定价格的主导权，在成本的基础上叠加目标利润得到价格。在这种价格模式下，奢侈品经营者首先要对单位产品的直接工时数、直接材料消耗以及直接能源消耗进行计算，其次要对生产单位产品的固定资产折旧费、资产租赁费等固定成本进行估计，最后按照企业的目标利润确定产品价格。这种价格模式实质上是一种供给价格，完全从产品生产者的角度，从产品本身出发制定产品价格。以奢侈品 VERTU（纬图）的产品价格为例，VERTU 是诺基亚成立的全球第一家奢侈手机公司。在小小的 VERTU 手机中，不仅包括黄金、珠宝、法拉利材料，还包括钻石以及硬度相当于不锈钢 2 倍的太空金属。不仅选材精良，VERTU 手机中每一个部件都是纯手工加工组装，由打造劳斯莱斯汽车的同一批工匠负责，耗时超过 3 年之久。稀有名贵的材料费以及精湛工艺的制作费就是VERTU手机高昂价格的来源。这种价格方法以产品为出发点，通过成本核算得到产品价格，以价格向消费者传达商品价值信息，最终由消费者决定接受或不接受这个价格。

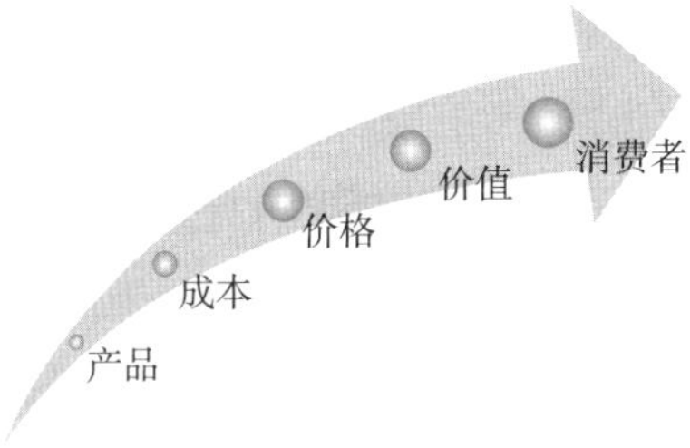

图2.4 基于成本的奢侈品价格模式

资料来源：参考赵忠秀《奢侈品管理概论》。

2.2.1.2 基于消费者的价格模式

基于消费者的价格模式认为，顾客的认知价值与企业索取的市场价格之间的差异会最大限度地影响消费者的购买决策。奢侈品企业的价格应该符合消费者的价值认知，让消费者觉得物有所值。这种价格模式下，企业首先要估测消费者对该产品可能的预期价值，其次根据该价值制定价格，然后再根据价格预测可能的销售情况，综合生产能力和生产成本推测有无利润或利润的大小，最终决定生产还是放弃。这种价格模式实质上是一种需求价格，完全从产品的消费者的角度，从消费者接受出发制定产品价格。目前，基于消费者的价格模式（见图2.5）更多地被奢侈品企业应用。以奢侈品流行服饰为例，Burberry是来自英国的时装品牌，仅仅是几块布料的简单拼接，该品牌风衣就可以卖出上万元。虽然售价远高于成本数倍，但Burberry风衣价格成功的秘诀就在于消费者接受。时尚行业本身就是带有艺术性的，审美判断并没有统一的标准，消费者接受就成了销售成功的核心。许多消费者其实不懂艺术也不懂流行，但是他们相信能够被英国女王选为御用风衣的品牌不会错，并且他们穿的不仅仅是流行，还是女王般的尊荣。极高的心理价值就是Burberry高昂价格的来源。总的来说，基于消费者的价格模式以消费者为出发点，通过对消费者预期价值的估计，得出可能的产品价格，通过成本核算，决定是否生产该产品。

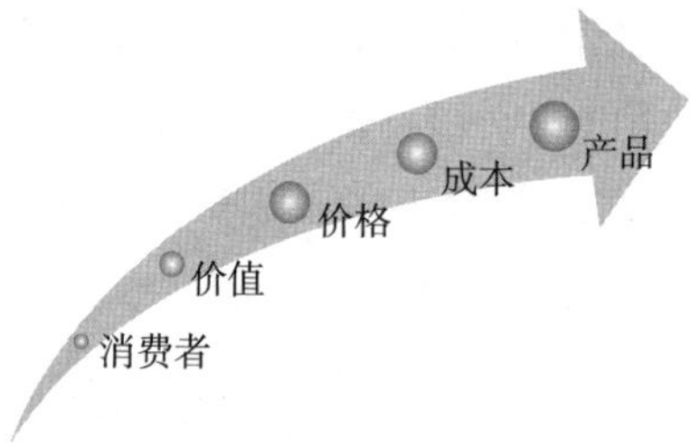

图 2.5　基于消费者的奢侈品价格模式

资料来源：参考赵忠秀《奢侈品管理概论》。

2.2.2　价格接受机理

价格是一个重要的商品线索和灵活的市场工具。学者和市场销售者们已经针对价格问题展开了一系列的研究并提出了一些具有一定解释力的价格接受理论。下文将详细论述这些经济学和管理学中已有的价格接受理论。

2.2.2.1　内部参考价格理论

内部参考价格被认为是人们在购买活动中评价商品价格的标尺（Monroe，1973）。关于内部参考价格，不同学者提出了不同的见解。最常见的一种认为，内部参考价格是由消费者先前购买经历和目前购买环境决定的一种可预测的价格期待（Kalyanaram and Winer，1995）。

有很多学者通过建立数学模型的方法研究了内部参考价格的构成，研究成果可谓硕果累累。但由于篇幅的限制，这里只对几个最经典的具有代表性的内部参考价格构成模型加以介绍，主要包括以先前经验为核心的内部参考价格构成以及以广告宣传参考价格为核心的内部参考价格构成。

（1）以先前经验为核心的内部参考价格构成。

最常用的内部参考价格模型是建立在认为先前购买经历为主要影响因素的基础上的。该模型将消费者 H 购买 i 品牌商品的内部参考价格（IRP）描述为：

$$IRP_{iHt}=\alpha \times Price_{iH(t-1)}+(1-\alpha)\times IRP_{iH(t-1)}+\beta_{Prom}Prom_{iH(t-1)} \quad (0 \leqslant \alpha \leqslant 1)$$

此模型中的内部参考价格完全是以先前购买经历为基础的，并且受到先前购买价格和促销活动的影响。模型的前两项反映了先前购买价格对期望价格的重要影响。参数 α 反映了近因效应对内部参考价格的影响。近因效应，指的是在人们识记一连串事物时对末尾部分事物的识记效果显著优于中间部分事物的现象。在价格研究的情境中，指的是消费者对于近期购买物品价格信息的记忆强度远高于对更早时期购买过的商品的价格记忆，也就是说近期购买价格对内部参考价格的形成具有更大的意义。模型第三项描述了促销对商品内部参考价格的影响。研究表明，消费者会因为先前遇到的促销活动而对将来该品牌的促销活动产生某种期待（Lattin et al.，1989）。总的来说，促销频率对价格的影响比促销力度大，消费者对促销活动的期待越高，品牌在消费者心中的内部参考价格越低（Kalwani et al.，1990）。

（2）以广告宣传参考价格为核心的内部参考价格构成。

许多产品生产者或经销商常常会提出一个广告建议参考价格。研究者们认为这个广告宣传参考价格就是消费者内部参考价格在形成过程中首要吸收的信息，这些信息会影响消费者的购买行为和消费评价（Lichtenstein and Bearden，1989）。广告宣传参考价格对消费者内部参考价格的影响可以表示为：

$$IRP_t=\omega \times ARP_t+(1-\omega)\times IRP_{t-1} \quad (0 \leqslant \omega \leqslant 1)$$

该模型认为，消费者的内部参考价格同时受到先前内部参考价格和广告宣传价格的影响。广告宣传参考价格本身的合理性（Urbany et al.，1988）以及广告宣传参考价格与实际销售价格的差异（Kopalle and Lindsey，2003）都会影响广告宣传参考价格对内部参考价格作用的程度。

（3）内部参考价格的记忆存储和检索。

消费者对价格的记忆存储存在多种形式（Mazumdar et al.，2005），可能是对价格排序的记忆，如橄榄油比大豆油贵；也可能是对价格信念的记忆，如大豆油经常打折。

我们通常认为内部参考价格的记忆存储是品牌水平的价格记忆，但对于一些产品内部参考价格的记忆编码是在产品类别水平上的（Urbany and Dickson，1991）。因为对于部分商品类别来说商品品牌差异极其微小，小到不足以使消费者调用认知载荷去对不同品牌的价格进行记忆。因此，综合以上分析，内部参考价格在消费者记忆中的存储通常是具有数字形式的品牌或商品类别条目，如 500 毫升装的可口可乐一般售价为 3 元左右，5 千克装的面粉一般售价为 20 元左右。

消费者是否调用内部参考价格来为决策提供帮助取决于内部参考价格在记忆中的可检索程度（Biehal and Chakravarti，1983）以及原内部参考价格对于新外部购买环境的匹配程度（Feldman and Lynch，1988）。消费主要集中在小范围的几个品牌的消费者更倾向于使用内部参考价格而非广告参考价格进行决策（Rajendran and Tellis，1994；Mazumdar and Papatla，2000）。研究发现，人们偶然获得的价格信息比刻意地直接学习来的价格信息在实际应用中更容易被唤醒（Mazumdar and Monroe，1990）。

2.2.2.2　价格阈限理论

（1）绝对价格阈限。

价格阈限理论源自心理学研究（Monroe，1973）。心理学认为，外界引起机体感觉的刺激存在一个最大值和一个最小值，介于这个最大值和最小值之间的刺激是有效的，而低于最小值和高于最大值的刺激是无效的，这个区间也被称为绝对阈限。

价格阈限理论主要被用于价格接受范围的研究中。根据 Weber-Feehner 理论，刺激强度与能引起反应的最小刺激可以表示为：

$$\Delta S/S=K$$

式中，ΔS 表示 S 的变化，S 表示刺激的强度，K 是常数。

Adam（1958）将这个理论应用于价格刺激，就得到了可接受的价格变动与内部参考价格的关系为：

$$\Delta P/P=K$$

式中，ΔP 表示可接受的价格变动，P 表示内部参考价格，K 是常数。K 的大小会受到个体差异、情境差异等因素的影响。对上式进行变形之后可以得到：

$$R=K\times \log P+a$$

式中，R 表示对刺激的反应强度，P 表示价格，K 仍然是常数。由上式我们可以看出消费者价格接受存在上限和下限，消费者的可接受价格是由许多价格组成的一个价格范围（Cummings and Ostrom，1982；Sirvanci，2011）。由于每个消费者具有个体差异，K 值不同，所以即便是对于数字意义上相同的价格，每个消费者也存在不同的感知和接受（Cummings and Ostrom，1982）。Monroe（1973）在一系列价格研究文章里讨论了价格阈限问题，并将消费者可接受的价格范围称为价格的绝对阈限。

（2）差别价格阈限。

差别阈限是指能引起有机体对两种刺激量差异所能感觉出来的最小刺激

量。刚刚能引起差别感觉的刺激之间的最低强度差叫作差别阈限，又称为最小可觉差（Just Noticeable Difference，JND）。

类似地，价格研究中将价格差别阈限定义为可以引起消费者价格感知差异的最小价格变动（Monroe，1973）。价格差别阈限理论主要被用于对价格变动的价格敏感性研究中，尤其是在对促销的研究中应用较集中。价格差别阈限研究发现，消费者对价格上涨的敏感性远高于对价格下跌的敏感性（Mayhew and Winer，1992）。我们可以用 Kahneman 和 Tversky（1979）提出的前景理论解释这种现象。价格上涨在消费者心理意义上被视为损失（perceived loss），反之，价格下降被视为收益（perceived gain）。根据前景理论，感知损失和感知收益对消费者行为的影响是不对称的，感知损失对消费者的负面影响明显大于同等的感知收益对消费者的正面影响。因此，在面对价格变动时，相对于价格下降，消费者对价格上涨更为敏感。

有学者将差别阈限理论应用于消费者品牌决策的研究中，并发现了一种价格促销中的品牌非对称效应（Han et al.，2001）。这种效应具体表现在高价格、高品质品牌在促销中比低价格、低品质品牌具有更好的表现。以前有学者认为这种现象只是市场份额比例隐藏在公式弹性范围内的一种伪迹（Sethuraman et al.，1999）。而 Han 等市场份额比例的影响用价格接受阈限理论很好地解释了品牌非对称效应现象并得到了广泛的认可。他在实证研究中发现，品牌高质量和高价格的属性减小了消费者对于收益的感知阈限，增大了消费者对于损失的感知阈限。因此，在促销中，高质量、高价格的品牌本身就具有较低的收益感知阈限，很小的降价幅度或者折扣就使消费者认为可以从交易中获益，进而，在促销中高价格、高品质品牌相较低价格、低品质品牌具有更好的表现。

2.2.2.3 适应水平理论

适应水平理论认为机体对刺激的反应取决于过去对刺激的适应，消费者对观测价格的评价是建立在适应水平的基础上的（Helson，1964）。这种适应是由三方面因素决定的，这三方面因素分别是有机体、关注焦点和情境。有机体指的是影响行为的生理和心理因素，关注焦点指的是消费者需要直接做出反应的目标物，情境指的是其他所有与目标物共同出现的刺激（Alford and Biswas，2002）。观测价格根据适应水平被评价为过高、过低或可接受（Monroe，1990）。

适应水平理论认为历史价格是消费者评价观测价格的重要依据（Rajendran and Tellis，1994；Bolton et al.，2003）。每一次出现的新的价格刺激都会对消费者内部参考价格产生影响，内部参考价格总是向着靠近新的价格刺激的方向发生变化：上调或下调。但任何情况下，新的价格刺激都不能完全替代原始的内部参考价格（Lee，2013）。

2.2.2.4　同化—对比理论

同化—对比理论（assimilation-contrast theory）认为消费者存在一个价格信念（price belief），这个价格信念有一定的可接受范围（Sherif and Hovland，1961）。商家定价在这个价格信念跨度内时，这个价格将被消费者吸收同化入新的价格信念；否则，当商家给出的价格超出了消费者的价格信念宽度时，价格将被排斥，不被消费者接纳同化。

有研究结合同化—对比理论提出了内部参考价格构成的新模型。该模型从同化—对比理论出发，研究消费者是怎样将外部信息整合入内部参考价格的。消费者在 t 时间对产品的内部参考价格可以表示为：

$$IRP_t = IRP_{(t-1)} + \beta_{AE}\left[P_{(t-1)} - IRP_{(t-1)}\right]$$

式中，β_{AE} 被称为同化参数（assimilation parameter），我们可以将它理解为适应性参数。当 β_{AE} 接近 0 时，消费者对价格的适应性极低，基本不受内部参考价格与实际观测价格之间差异的影响；反之，当 β_{AE} 的值较大时，表明消费者很好地适应了新的观测价格，实际观测价格被同化到新的内部参考价格中了。通过移项我们可以得到：

$$IRP_t = \beta_{AE} \times P_{(t-1)} + (1-\beta_{AE})\, IRP_{(t-1)}$$

因此，可以看出消费者的内部参考价格是前次内部参考价格与实际观测价格的加权平均值。该模型在价格的建模研究和行为研究中都得到了广泛的应用（Mazumdar et al.，2005）。

2.2.2.5　价格公平理论

价格公平理论认为消费者购买行为是建立在感知公平的基础上的。公平指的是个体对结果的合理性和公正性的判断（Bolton et al.，2003）。微观经济学理论告诉我们，人们在消费中用支付的商品价格来对比所能带来的潜在收益（Deaton et al.，1980）。神经经济学研究发现当消费者感知预期收益大于预期损失，即感知“利得”大于感知“利失”时，更倾向于接受商家的价格，做出购买决策（Knutson et al.，2007）。

从消费者角度出发，卖方的价格与消费者愿意为商品付出的金钱支出间差异的合理性、可接受性、正当性的评价可能影响价格公平感知（Xia et al.，2004）。消费者在接受商品刺激后会根据得到的信息对商品的价值做出估计，并根据这个估计价值形成一个心理价格，这个价格就是消费者愿意为商品支付的金钱支出。商品的价格符合消费者心理的预期价格时，消费者就会认为交易是公平的，就会接受这个价格并购买商品。而当价格高于消费者预期价格时，消费者就会产生认知冲突，并且卖方的价格与消费者自我心理价格间差异越大时，消费者就会认为价格越不合理，接受定价并购买商品的可能性就越小。因此消费者价格公平感知包含经济和心理两个层面的因素（Maxwell，1995；Campbell，1999）。经济因素主要指的是商品的经济价值，而心理因素就相对复杂。有一些学者提出消费者的价格公平感知会受到参照群体的其他成员购买价格的影响（Xia and Monroe，2010），例如朋友或同事购买该商品的价格。当其他参考群体购买的价格低于个体本身购买到的价格时，价格不公平感知就会产生，并且当参照群体与个体本身相似度越高的时候，这种效应越明显（Wood，1989；Bolton et al.，2003）。而另一些人认为，价格公平感知主要受到同时期其他商场店铺售价的影响，当其他店铺的售价低于消费者观测价格的时候，消费者就会产生价格不公平感知（Hamilton and Chernev，2013），并由此引发拒绝商品、负面口碑等行为（Piron and Fernandez，1995；Campbell，1999）。还有一种观点认为，价格公平感知主要受到个人先前购买价格的影响，先前购买经历会使消费者对商品产生某一水平的价格期待（Briesch et al.，1997），当观测价格高于先前形成的价格期待时，价格不公平感就会产生。

因此，在商品市场中，价格通常会保持在一个相对稳定的水平，因为在没有正当理由的情况下打破已经存在的参考利润而违反参考价格在消费者看来是不公平的。原因不明的任何试图提高价格的行为都会引起消费者价格不公平感知并最终可能导致消费者的背叛（Lichtenstein and Bearden，1989；Frey and Pommerehne 1993）。对于商家的涨价行为，商家利润变化与否就成了影响消费者感知公平的重要因素。研究发现，消费者普遍认为成本上升导致的涨价是公平的，商家利润不变的涨价行为是可接受的，并愿意为此支付更高的价格（Kahneman et al.，1986）。总的来讲，消费者价格公平感知是一个既在总体上遵循人类感知的一般规律，又受到知识、能力、购买经验和环境条件等个体因素影响的十分复杂的心理过程。

2.2.3 价格接受相关的心理因素

虽然研究价格接受机理的学者们已经提出了许多解释价格接受的理论，也找到了一些价格接受相关的个体水平的因素，如知识水平、购买经验、购买能力等，同时越来越多的研究将“人”的因素纳入价格接受框架内，强调个体心理层面上价格感知对价格接受的影响，但是，目前还没有学者系统地阐述价格接受相关的心理因素。本书在阅读和梳理已有文献的基础上整理出两个价格接受相关的心理因素：价格认知冲突和价格情感，下文将对这两个因素进行详细的论述。

2.2.3.1 价格认知冲突

消费者价格接受是建立在价格感知基础上的。价格感知是消费者将价格信息转换为有意义的价格认知的过程（Lichtenstein et al.，1988）。Jacoby 和 Olson 将这个过程定义为 Stimulus–Organism–Response 模型。在 Stimulus–Organism–Response 模型中，价格可以被看作一种刺激（stimulus）或者引发认知过程的线索，机体（organism）指的是价格线索所引发的心理过程，这个过程包括价格信息的获取、编码和存储，价格态度的产生和价格与其他信息的整合。response 反映在消费者行为结果上，表现为购买或不购买（Jacoby and Olson，1977）。

价格感知的认知过程是一个主观的心理过程，难以用客观价格的高低进行衡量。因为消费者感知价格的高低取决于消费者对价格进行的主观解释和评价（Berkowitz E. N. and Walton J. R.，1980）。即便消费者暴露在同样的价格刺激下，客观价格被赋值并转化为心理价格后就存在心理感知价格的差异。比如，一些消费者可能认为价格高，另一些消费者可能认为价格低。然而，并不一定需要在极低或极高的价格时消费者才会接受或拒绝价格。例如，几百元一个的 BMW 钥匙扣虽然总体来说比较昂贵，但不乏一些消费者认为这样的钥匙扣具有他们追求的设计感，或者能体现他们的身份，抑或能显示他们的独特，而在主观衡量中将其视为价有所值的“可接受的高”，进而接受价格。

虽然价格认知过程难以用客观的价格高或低进行推测，但神经心理学研究表明，人类对一切事物的认知过程都受到大脑的监控，而且认知冲突是能够通过神经心理科学研究方法监测的。大脑会在人类决策过程中检测信息处理中出现的认知冲突，这就是大脑的冲突检测（conflict monitoring）功能。冲突检测系统的重要任务是评估冲突的程度，冲突程度的大小将决定这些信息传递给负责控制的中枢后，对大脑加工处理进行的影响和调整，也就是进行认知控制（cognitive control）。例如，在品牌感知的神经科学实验中，品牌与商品关联性越大，脑电监测到的认知冲突越小，品牌延伸接受度越高；在在线购物的神经科学实验中，评价越好的商品引发的脑电认知冲突越小，商品的选择率越低。研究表明，人类负责冲突监控的前扣带回（Anterior Cingulate Cortex，ACC）在价值和评价相关的认知过程中发挥着重要作用（Kennerley et al.，2011；Walton et al.，2007），认知冲突的产生能够抑制不利的行为，帮助我们做出更好的决策。因而，在价格接受的认知活动中，认知冲突的产生和认知冲突的监控在很大程度上影响着价格接受的认知结果：价格接受或价格不接受。

2.2.3.2 价格情感（price affect）

O'Neill 在价格研究中提出了价格情感（price affect）的概念，价格情感指的是与价格刺激有关的感觉状态（feeling state）（O'Neill et al.，2001；Peine et al.，2009）。情感是与特定实践紧密相关的情感状态，是对外界刺激的快速反应（Winkielman et al.，2007）。情感的产生能够影响认知的结果，但情感研究在市场研究中出现得相对较晚（Havlena and Holbrook，1986；Cohen and Areni，1991；Pham，1998）。直到 Hirschman 和 Holbrook（1982）纳入情感因素来解释和研究市场现象之后，情感才越来越多地受到学者们的关注并被用来解释消费者购买心理和购买决策（Erevelles，1998）。缺乏情感相关的消费者研究主要原因在于，之前的研究主要依赖于消费者自报告的信息，而消费者往往不能够正确识别自己的情感，或者即便能够正确识别但在表达和理解上又存在一定的误差（Ravaja et al.，2013）。神经心理研究方法技术在社会心理研究领域中的应用为消费者价格情感研究提供了可靠的方法。

有价格研究发现，感知公平与情感的产生紧密相关，而情感的产生影响着消费者的行为结果（Lii and Sy，2009）。在另一项研究中，研究者发现愉悦的情感是与积极的购买行为相联系的（如高的购买意愿和高的口碑传播意愿），并且研究者认为价格认知和价格情感都会介导消费者行为，价格情感对价格认知与消费行为起到中介作用。更重要的是价格情感是价格认知以外能够对消费行为起到预测作用的重要因素。由于价格引发的情感对于消费者行为具有潜在的影响，所以价格情感研究就显得尤为重要（Peine et al.，2009）。

Russell 等提出了著名的 PAD 模型，将情感分为三个维度：唤醒度（arousal–nonarousal），表示个体的神经生理激活水平；愉悦度（pleasure–displeasure），表示个体情感状态的正负特性；优势度（dominance–submissiveness），表示个体对情境和他人的控制状态。Izard 等（1977）将情感分为 10 个维度并且开发了 DES（Different Emotion Scale）情感量表。Plutchik 等（1980）又提出了情感的 8 种基本分类，Shaver 等（1987）认为情感用 6 种基本类型就可以概括。

尽管情感分类的争论在学术界一直持续着，但唤醒度（arousal）是已经受到普遍认可的情感度量指标。唤醒度指的是情感激活的程度，从平静到兴奋（LaBar et al.，2006）。已经有一些研究发现了价格感知会引发相应的情感唤醒（O'Neill et al.，2001；Lii and Sy，2009；Peine et al.，2009），如消费者感知价格公平时会引发喜悦、愉快、惊讶等情感（Lii and Sy，2009）。最近的一项研究表明，价格变动对知名品牌和不知名品牌都存在情感唤醒作用，但相对于不知名品牌来说，降价事件会更大限度地影响知名品牌的情感唤醒，降价的情感唤醒作用对知名品牌的影响更大（Ravaja et al.，2013）。

2.2.4 简要评述

奢侈品具有价格昂贵的特点，从消费者价格接受角度出发制定和研究价格具有重要意义。基于消费者的价格模式认为顾客的认知价值与企业索取的市场价格之间的差异会最大限度地影响消费者的购买决策。因而，以消费者为中心的奢侈品价值感知和价格接受研究具有重要意义。

价格公平理论强调"个体感知对价格接受的影响"，使价格接受机理研究上升到了新的高度。在价格接受机理方面，已有的大多数理论都将消费者视为完全理性的"经济人"。价格公平理论在前人研究的成果之上，从实际出发，提出交易的"感知得失公平"是消费者价格接受的决定因素，将"人"的因素纳入价格研究和价格理论的框架之内。

价格认知冲突和价格情感（price affect）可以从个体感知层面反映价格接受决策背后的认知心理过程。虽然越来越多的研究将"人"的因素纳入价格接受框架内，强调个体感知对价格接受的影响，但目前还没有学者系统地阐述影响价格接受的心理层面因素。本研究在阅读和梳理已有文献的基础上整理出两个与价格接受相关的心理因素：价格认知冲突和价格情感。本研究将利用神经科学的研究方法，探究奢侈品价格接受行为背后的认知冲突和价格情感（在 2.4 节中我们将具体论述认知冲突和价格情感的神经科学指标）。

2.3 奢侈品消费线索研究

消费者在购买前会利用各种信息进行商品感知，进而形成认知和态度。目前对于商品感知的研究可以分为两类：一类从信号传递者的角度进行研究，其经典理论为信号理论（Kirmani and Rao，2000）；另一类从信号接收者的视角展开研究，其经典理论就是著名的线索利用理论（Cox，1962）。

2.3.1 线索利用理论（cue utilization theory）

线索利用理论的研究始于 Cox 在 1962 年提出“线索”的概念。他认为，价格、颜色、味道、朋友意见等都是商品线索，同时他根据线索的价值进一步将线索分为线索预期价值（predictive value）和线索信心价值（confidence value）。线索预期价值指的是商品线索的可靠性，即依赖该线索进行感知判断的准确度。线索信心价值指的是消费者对自己能否正确使用某线索的信心程度。Olson 等（1972）在之前理论的基础上，提出根据线索本身的属性将线索区分为内部线索（intrinsic cues）和外部线索（extrinsic cues）。内部线索指的是与商品使用价值相关联的一些属性，如食品的净含量、口味；手表的机芯、材质等。因此内部线索是商品内在的、固有的，不能被改变或实验控制的属性。与之相对应，外部线索指的是与产品使用功能无关的信息线索，如品牌名称（Milgrom and Roberts，1986）、商铺名称（Wheatley et al.，1981）、原产地（Bilkey and Nes，1982）等线索。

在线索的应用方面，Fiske 和 Taylor 提出了著名的认知吝啬理论。认知吝啬理论认为，人们都是认知吝啬者，偏好利用简单有效的启发式的外部线索进行决策，也就是最小努力原则（Fiske and Taylor，1978）。从进化角度来讲，相对于外界海量的信息而言，人类的认知资源是十分有限的，在人类认知系统长期进化的过程中形成了用最经济、吝啬的方式处理信息的运作方式

（李小平等，2009）。因此，虽然消费者在决策时可以同时使用内部和外部线索，但由于人们都是认知吝啬者，消费者在购买活动中常常是依赖外部线索（如品牌、原产地等）进行决策的（Miyazaki et al.，2005）。

2.3.2 外部线索的分类和利用

外部线索指的是与产品使用功能无关的信息线索，如品牌名称（Milgrom and Roberts，1986）、原产地（Bilkey and Nes，1982）等。外部线索又可以进一步区分为有形外部线索（tangible extrinsic cues）和无形外部线索（intangible extrinsic cues）。有形外部线索指的是能够通过实质的物质形态表现出来的外部线索，如产品包装、设计、品牌等；无形外部线索指的是不能通过实质的物质形态表现出来的外部线索，如店铺形象、产品与零售商关联程度等（Bao et al.，2011）。

从事线索研究的学者 Zeithaml（1988）认为，消费者是否利用外部线索进行决策取决于内部线索的获取难度和评估难度。在内部线索获取难度和评估难度高的时候消费者会采用外部线索进行决策。正如认知吝啬理论所指出的，人们具有认知吝啬的特点，简单有效的启发式信息往往更容易被人们在实际决策中采用。与内部线索相比，外部线索获取和评估的难度都非常低（Miyazaki et al.，2005）。更重要的是，东方新兴奢侈品市场中的消费者，尤其是中产阶级白领以及新贵群体的消费者们对奢侈品的文化内涵及产品知识了解得还十分有限（Shukla，2012）。有研究指出，东西方奢侈品市场中的消费者在购买行为上存在非常大的差异。在西方发达奢侈品市场中，消费者具有奢侈品购买知识和经验，能够依据商品固有属性或基本特征带来的使用和物理的感知有用性进行商品判断。根据已有的线索理论，这部分消费者更倾向于依赖内部线索，通过分析与商品使用价值直接相关联的一些属性做出决策。而东方新兴市场中，消费者们对奢侈品的了解有限，不具备丰富的奢侈品购买经验，也不具备丰富的奢侈品知识。同时，东方消费者的自我意识多是以他们的人际关系为中心建立起来的（Shukla，2012）。因此，这些消费者更倾向于利用简单有效的启发式的外部线索进行决策，更容易受到他人的影响，从众现象、炫耀购买、地位购买在市场中都十分常见（Ko and Megehee，2012）。中国中产阶级消费者是东方奢侈品市场中初级的奢侈品消费者，消费经验和奢侈品知识的有限在他们身上体现得尤为突出。因此，中国中产阶级消费者对外部线索的依赖程度很高。

综上所述，外部线索在很大程度上影响着中国中产阶级消费者的奢侈品消费判断。奢侈品消费中消费者外部线索的利用程度取决于内部线索获取和评估的难度。一方面，人类都具有认知吝啬的本性，更愿意用简单有效的启发信息帮助决策。另一方面，发展中国家市场发达程度不高，消费者缺少奢侈品相关的专业知识。因此，中国中产阶级的奢侈品消费决策在很大程度上依赖外部线索。

2.3.3 影响奢侈品消费行为的外部线索

Godey 等（2012）研究了影响奢侈品消费者决策的多个因素，并对比了这些信息线索对奢侈品和非奢侈品购买的影响（见表 2.3）。

表 2.3 影响奢侈品消费行为的外部线索

排名	奢侈品		非奢侈品	
	因素	均值	因素	均值
1	设计（design）	4.33	价格（price）	4.07
2	品牌（brand）	4.26	设计（design）	3.62
3	保证（guarantee）	3.99	保证（guarantee）	3.37
4	价格（price）	3.91	品牌（brand）	3.11
5	原产国（COO）	3.68	生产国（COM）	3.03
6	生产国（COM）	3.59	原产国（COO）	2.99

资料来源：参考 Godey 等 *Brand and country-of-origin effect on consumers' decision to purchase luxury products*。

可以看出，消费者在进行购买决策时，根据商品类型不同受到各类信息线索的影响程度也不相同。其中，对奢侈品消费影响最大的几个信息线索包括设计因素、品牌因素、保证因素、价格因素、原产国因素和广告因素。当然，影响奢侈品消费决策的外部线索远不止表 2.3 中列出的那些。例如，一些学者发现，即便是奢侈品的购物袋也可能影响奢侈品的消费行为。因为购物袋是他人容易看到和觉察的商品信息。购物袋的好坏在很大程度上影响他人对个体消费的第一印象（Willems et al.，2012）。

2.3.3.1　影响奢侈品价格接受的原产国线索

（1）原产国的概念和作用机制。

原产国（Country of Origin，COO）是来自营销学的一个概念，在学术上被定义为某种产品、品牌或企业所属的国家（Schooler，1965）。已经有很多国内外学者对原产国效应展开了研究。这些研究对原产国效应的作用机制提出了各种可能的解释。

罗震雷等（2005）提出原产国效应的刻板印象（country of origin stereotype）假说。刻板印象是一种类属性思维，是一种涉及了知识、预期、观念等多种因素的内在的、复杂的、不断调整的认知结构。该假说认为原产国是作为一种已经形成的刻板印象或图示来影响消费者对产品的评价（Meyers–Levy and Tybout，1989）。例如，德国的汽车是高质量的，而大众品牌是德国的汽车品牌，因而大众轿车也是高品质的。

原产国效应的光环汇总假说和独立属性假说具有互补性。光环汇总假说是在综合前人研究提出的光环效应和汇总效应的基础上提出的。该假说（见图 2.6）认为，原产国是通过光环效应和汇总效应来影响消费者的。具体的影响机制（光环效应还是汇总效应）取决于消费者对商品的涉入度（Han，1989）。当消费者对商品不熟悉、商品涉入度低的时候，消费者对商品缺乏了解，此时原产国效应（包括品牌国效应和生产国效应）具体表现为光环效应。光环效应具体指的是消费者通过对原产国形象的提取产生对产品的信念，进而这种信念会影响到消费者态度。当消费者对商品熟悉、商品涉入度高的时

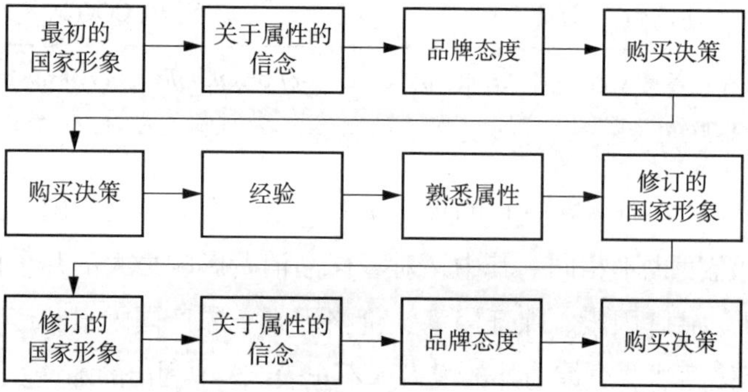

图 2.6　光环汇总假说模型

候，消费者对产品具有深入的了解。此时原产国效应具体表现为汇总效应。汇总效应具体指的是消费者通过对已有商品体验的回忆和概括产生产品或品牌信念，进而这种品牌信念会影响消费者。

原产国效应的独立性假说支持者认为，原产国应该被当作一个产品的属性，并且这个属性与其他属性一起影响商品评价（Johansson et al.，1985；Hong and Toner，1989）。例如电视机，有韩国生产的三星、日本生产的索尼，还有中国生产的TCL等，消费者可能根据对不同国家的偏好选择自己想要购买的电视机。

（2）原产国的两个维度。

在早期的市场中，商品的设计生产都属于同一个国家。然而随着贸易合作的增加和跨国公司、世界级品牌的产生，商品很难做到在同一地区设计、生产和销售。因而，原产国的概念就产生了进一步的分化，学者们将其主要分为两个维度，即品牌国和生产国。

品牌国（brand origin）：目标消费者认为的品牌所属的国家（Thakor，1996）。

生产国（Country of Manufacture，COM）：对品牌商品进行制造生产、组装的国家（Insch and McBride，2004；Van Pham，2006）。

早期的原产国效应研究大多只考虑了单一线索，然而随着研究的深入，我们对不同维度的原产国效应的分析越来越深入，Chao（1993）认为通过多重线索研究得出的管理结论更为准确。Bilkey和Nes（1982）研究发现，消费者持有的国家偏见层级（hicrachy of bias）可能进一步影响其态度，而这种品牌国形象的偏差可以依赖价格线索来纠正。Han（1988）认为，对于不同组合的混合产品，商品制造国对产品评价的影响大于商品品牌国对产品评价的影响。Eroglu和Machleit（1989）则认为商品品牌国的产品评价所产生的影响与商品制造国的相当；Leclerc和Dubé（1994）通过研究指出，“相对制造国效应，消费者们更注重品牌的品牌国”。Usunier等（2006）在总结大量前人研究的基础上，指出商品的品牌国和品牌制造国都会影响顾客对商品的评价。PHAU等（2000）认为随着贴牌生产现象的普及和跨国公司将产品生产线转移（通常是转移到制造成本较低的发展中国家生产），消费者日益习惯和接受了生产国和原产国不一致的同一品牌商品。甚至一些消费者认为，随着市场的发展和技术的进步，不同国家已经在制造能力和加工技术上日趋接近原产国，产地或制造国对消费者在产品评价和选择方面已不具有先前的优势，而品牌国所激发的消费者情感和联想却仍然存在。因此，品牌国仍然是消费者认识和评价产品的有效工具。Hamzaoui-Essoussi 等（2011）研究发现，品牌形象与品牌质量和品牌印象都有正相关关系；而生产国形象只影响品牌质量，不影响品牌印象。

（3）品牌国宏观印象与微观印象。

从前文的论述中我们可以看出，原产国效应的品牌国维度和生产国维度都在营销中发挥着重要的作用，然而从市场和研究数据上看，奢侈品的品牌国对消费者产生着更为重要的影响。例如奢侈品品牌 PRADA，1913 年诞生于意大利米兰，一直以超凡脱俗、风格简约、制造精美的意大利皮具的印象影响着消费者，因此 PRADA 的品牌国就是意大利。而根据品牌发展和战略部署情况看，PRADA 品牌已经将一部分生产线设置在中国等发展中国家，也就是说品牌的制造国是中国或其他发展中国家，品牌国和制造国产生了分离。可以看出品牌国是存在于消费者长期记忆中的一种强大而稳定的国家—品牌联系（Keller，1993）。相较而言，生产国是一种更灵活的，可以根据时间、空间变化的信息。根据生产成本的变化，品牌可能转换生产基地到其他国家，或者在多国同时进行生产。

近期的品牌国研究中，Hamzaoui-Essoussi（2011）提出，品牌国印象包括宏观印象（macro image）和微观印象（micro image）两个层次。品牌国宏观印象指的是消费者对某国产品所持有的整体印象和信念，如法国是浪漫、高雅、盛产各种奢侈品的国家。品牌国微观印象指的是消费者对某国特定品类产品所持有的印象和信念，如瑞士的手表是精准而考究的。品牌国宏观印象主要受到国家政治、经济、文化背景的影响，而品牌国微观印象主要受到该国在特定产品领域的声望的影响。Hamzaoui-Essoussi 进一步对比了宏观印象和微观印象对商品的作用，研究发现，汽车类商品受到品牌国宏观印象的影响大于受微观印象的影响。

2.3.3.2 影响奢侈品消费的标志线索

标志线索是外部设计线索之一。奢侈品的设计是消费中重要的信息线索，从线索利用的角度来看，具体可以分为两类：影响商品使用价值的设计线索属于内部设计线索，如手提包的皮质、跑车的马力、手表是否带日历功能等；不影响商品使用价值的设计线索属于外部设计线索，如品牌标志（brand logo）的设计、产品是否有精美的礼盒包装、食品商品的餐具容器等。

标志（logo）线索指的是商品上可以被识别而不能用语言表达的特定的品牌视觉标志，包括专门设计的符号、图案、文字等。“品牌”这个词起源于古挪威单词“brandr”，brandr 原义为“烙印”。在早期，人们利用这种方法来标记各自的家禽家畜，后来这种“烙印”的方法逐渐被运用到手工业中。古代手工艺人在制作手工艺品时，在手工艺品上打上某种标记以利于顾客识别产品。这种标记主要采用抽象的符号，可以说“符号是品牌的最原始的形式”，其目的也仅仅是起到“区分辨认”的作用。除符号之外，随后还有手工匠人将自己的名字或签字印刷在商品上，作为识别标识，这是最初的为品牌命名的方式——同时也构成了现今品牌化的雏形。今天我们在奢侈品市场中可以看到很多以这种方式产生的品牌，如香奈儿、菲拉格慕、阿玛尼等。

图 2.7　部分奢侈品品牌标志

注：(a) CHANEL 名称标志商品；(b) CHANEL 双 C 标志；(c) CHANEL 山茶花标志；(d) 兰蔻名称及玫瑰花标志；(e) 劳斯莱斯名称、双 R 标志及飞天女神标志；(f) 爱马仕名称及车童马车标志。

对于奢侈品本身来说，品牌标志不仅仅是将品牌与其他品牌区分开来的工具。大多数奢侈品品牌都有不止一种识别标志（见图 2.7），例如，香奈儿品牌的品牌识别性标志有 CHANEL 名称、双 C 标志，还有著名的山茶花印花。然而无论哪种标志方式，标志的设计都是在传达深层次的品牌精神和文化意义。兰蔻（LANCÔME）品牌的名称源自建立在法国中部地区的一座名为 LANCÔSME 的城堡。“兰蔻城堡”的周围种植了许多玫瑰，兰蔻的创始人 Armand 酷爱玫瑰花，并且认为每个女人就像玫瑰，各有其特色与姿态。因此风姿绰约的长梗短叶玫瑰便成为这个品牌的象征图腾，诠释着充满浪漫情调的法兰西风情。劳斯莱斯（Rolls-Royce）的两个创始人 Charles Stewart Rolles 和 Henry Royce 于 1904 年开始合作并签订协议，Royce 先生负责造车，而 Rolles 先生则负责卖车。两年之后二人的公司正式合并为劳斯莱斯，并立志生产“世界上最好的汽车”。继 Rolls-Royce 品牌名称敲定之后，著名的双 R 标志也诞生了，该标志图案采用两个重叠在一起的“R”，象征你中有我、我中有你，体现了一种融洽、和谐的精神。而著名的“飞天女神”标志则源于劳斯莱斯车标设计师查尔斯·赛克斯的一个美丽的爱情故事。法国时尚奢侈品牌爱马仕（Hermes）公司最早是 1837 年由 Thierry HERMÈS 在巴黎创立的马具制造公司。爱马仕的马车与马童标志的设计灵感源自 Hermes 第三代传人埃米尔·爱马仕保存的一张由阿尔弗雷得·多尔所创作的画——“四轮马车与马童”。画作中双人座的四轮马车由主人亲自驾驭，马童随侍于驾侧，但主人座却虚席以待。Hermes 标志既传达了 Hermes 继承人不忘初心的信息，又是在告诉消费者 Hermes 提供的虽然是顶级的商品，但展现出的商品气质和特点因主人而异，需要消费者自己的理解和驾驭。

关于奢侈品的符号象征性意义可以追溯到1899年凡勃伦在《有闲阶级论》中提出的“炫耀性消费”思想。凡勃伦认为“有闲阶级”也就是富裕的上层阶级消费者，会通过对商品的奢侈性、铺张性消费来向他人炫耀自己雄厚的金钱实力和尊贵的社会地位。我国学者从符号价值角度对炫耀性消费进行了解析，并提出炫耀性消费可以理解为阶层希望以消费所传递的符号价值达成现代意义的社会交流，通过这种形式更能在现代社会回答“我是谁”的命题。例如，汽车的拥有在当今社会并不仅仅是代步的工具，更在一定程度上为大家传达了汽车主人的社会地位和财富拥有情况：如果一个人开着价值 10 万元的福克斯，大家可能猜测这个车主家庭宽裕、生活富足；如果一个人开着价值千万元的劳斯莱斯，那么大家难免对他另眼相看，觉得车主多半是个头面人物，拥有着令人咋舌的巨额财富。

由于奢侈品 logo 传达了奢侈品品牌信息，增加了商品的社会符号价值，在近年来尤其受到了市场专家和消费研究者的关注。正如法国哲学家和社会理论家鲍德里亚（Jean Baudrillard）在消费社会理论中提及的，随着生产力的发展，消费者从稀缺型社会步入了丰盛型社会，社会出现了大量剩余的“物”，当人们被富足的“物”包围时，当今社会已然不可阻挡地进入了“消费社会时代”。消费已从原本的纯经济概念转变到深层的文化概念。对消费者来说，现代消费不再仅仅是对生理需求的满足，更是表现在对生活方式的追求和对某种特定社会身份地位的确定上。奢侈品由于具有品质精良、价格高昂、工艺卓越、历史悠久、产品独特以及世界闻名等特点，已经成为高雅生活方式的代表、高贵身份地位的彰显。而奢侈品品牌标志也就因此成为现代社会中关于社会属性、金钱地位的象征符号（杨先顺、郝晟，2014）。

有研究证实了这种奢侈品符号标志对消费者社会地位和金钱财富的象征作用。研究中穿着有 / 无奢侈品品牌标志衣服的工作人员（实验主试的助手）在商场现场邀请购物者做问卷。经过观察和统计，穿着有奢侈品品牌标志服装的人得到了更多被邀请者的配合。为了进一步验证这种奢侈品品牌的符号标志作用，研究者采集了同一模特穿着设计相同、品牌 logo 不同的衣服拍下的照片，之后请随机挑选的被试者对图片中人的吸引力、亲和力、可信度和身份地位进行打分。统计结果显示，在吸引力、亲和力和可信度三个维度上，实验组间得分无差异；而在身份地位的评分中，服装上带有奢侈品品牌标志的模特照片获得了较无标志组显著更高的分数（Nelissen and Meijers，2011）。

还有一些学者探索了奢侈品标记或标志的显眼程度（logo 大小及 logo 的重复印刷）对购买行为的影响（Han et al.，2010）。研究者将消费者通过财富拥有情况和对地位展示的需求情况进行分类，并研究每类群体对于标志显著的奢侈品和标志不显著的奢侈品的购买情况，以及与所属群体求同或求异的需求。研究发现，拥有大量财富而不需要展示地位的消费者首先会考虑符合他们自己需求的低显著性标记的商品。拥有财富并且需要展示社会地位的消费者，通过购买标志显著的大牌奢侈品来宣告我是“大富”而非微富阶层中的一员。而那些想要显示身份却没有足够金钱购买的人们通常会选择购买奢侈品品牌赝品以伪装成富有阶层中的一员。

2.3.4 简要评述

（1）消费者购买商品时会利用内部线索和外部线索进行商品感知、形成认知态度并做出最终决策。内部线索是与商品使用功能有直接关系的需要专业知识和认知能力进行判断的专业性信息。外部线索是与商品使用功能没有直接关系的简单有效的启发式信息。

（2）中产阶级奢侈品消费很大程度上依赖外部线索。一方面由于人类的认知吝啬本性，另一方面由于我国中产阶级消费者不具备丰富的奢侈品购买经验和奢侈品知识的现实，外部线索的使用在中产阶级奢侈品购买中发挥着重要的作用。

（3）原产国线索和标志线索是影响奢侈品消费行为的重要外部线索。原产国线索指的是某种产品、品牌或企业所属的国家，随着跨国贸易的展开衍生出品牌国和生产国两个维度。标志线索指的是商品上能够被识别而不能够用语言表达的特定的品牌视觉标志，包括专门设计的文字、图案、符号等。

（4）然而，已有的奢侈品原产国研究大多还只涉及一个维度，奢侈品标志线索的研究文献十分少见。因而，本研究选取原产国线索（包括两个维度）和标志线索展开奢侈品价格接受的研究。

2.4 奢侈品决策神经科学研究进展

在2.2和2.3两小节中，综述了奢侈品价格接受和奢侈品消费线索，现有研究存在在消费心理层面研究不足和奢侈品价格接受衡量指标单一的问题。神经科学研究的兴起和神经心理研究方法的普及为我们解决现有问题提供了有效的方法。本节将从奢侈品相关的决策神经科学研究、价格相关的决策神经科学研究以及事件相关电位中的决策相关成分三个方面论述奢侈品决策神经科学研究进展。

2.4.1 奢侈品相关的决策神经科学研究

通过文献检索我们发现，现阶段奢侈品品牌研究还主要集中在问卷研究和案例研究方面。应用神经科学方法进行的奢侈品品牌研究还非常有限。

有一篇关于奢侈品的决策神经科学研究于2015年8月发表在*JOURNAL OF MARKETING RESEARCH*杂志上，其用事件相关电位（ERP）的方法探究奢侈品消费中的社会助长（social facilitation）现象。奢侈品大多时候会激发消费者的正面情感，这种效应在女性消费者中尤为突出。研究者们让女大学生观看一系列奢侈品图片，其中一次一个人单独看，另一次两个人一起看。结果发现，只要和别人一起看，被试的与情感唤醒相关的 LPP 波振幅就会变大（见图 2.8）。研究结果一方面说明了有人陪伴时被试对奢侈品的注意力和消费动机变强，另一方面强调了神经科学方法是探索消费者动机摄入和情感的有力工具（Pozharliev et al.，2015）。

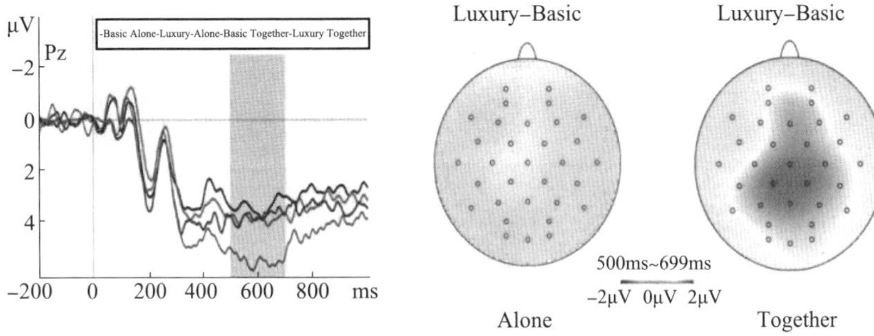

图 2.8 品牌类型的情感唤醒效应

资料来源：参考 *Merely being with you increases my attention to luxury products*：*Using EEG to understand consumers' emotional experience of luxury branded products*。

另一篇关于奢侈品的决策神经科学研究是 Schaefer 和 Rotte（2007）通过 fMRI 的方法展开的奢侈品品牌车标引发的消费者脑神经响应研究。他们的研究选择了 21 个汽车制造品牌的品牌商标（trademark–logos）作为视觉刺激材料，每个商标刺激图片包含品牌名称。实验前要求被试填写问卷，问卷内容询问被试者认为每个品牌是运动品牌汽车、奢侈品品牌汽车还是普通品牌汽车。之后，实验向被试展示汽车标志并且要求被试在看到标志的时候想象驾驶该汽车的感觉，同时实验通过 fMRI 的方法记录被试的脑血流含氧量情况。

实验结果如图 2.9 所示，图 2.9（a）是两个公共认可度高的奢侈品品牌汽车的车标，图 2.9（b）展示了奢侈品品牌车标引发的被试脑区活跃状况。可以看出，被试在观察到奢侈品品牌汽车标志并想象驾驶该汽车的时候，大脑的内侧前额叶皮质（medial prefrontal cortex，mPFC）以及楔前叶（precuneus）区域出现了明显的活跃。之前 Schaefer 等已经在研究中证实了 mPFC 的活跃情况与品牌社会交往价值的大小存在正相关（Schaefer et al.，2006）。另外，许多功能性核磁共振研究发现，mPFC 的活跃是与自我展示、自相关事件相联系的（Ochsner et al.，2004；Zhu et al.，2007）。而对于楔前叶的研究也显示楔前叶对情境记忆检索和自相关过程具有调节作用（Cavanna and Trimble，

2006）。因此我们可以很合理地推断，奢侈品品牌刺激以及拥有使用奢侈品品牌商品的想法，增强了消费者的自我认识，尤其是社会价值方面的自我认识。

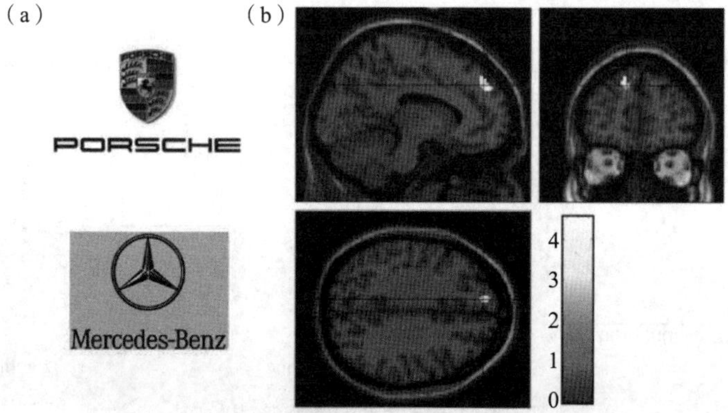

图 2.9　奢侈品品牌车标及其引发的脑活动

资料来源：参考 *Thinking on luxury or pragmatic brand products：Brain responses to different categories of culturally based brands*。

图 2.10（a）是两个普通品牌汽车的车标，图 2.10（b）展示了普通品牌车标引发的被试脑区活跃状况。与奢侈品品牌刺激相对应，普通品牌刺激

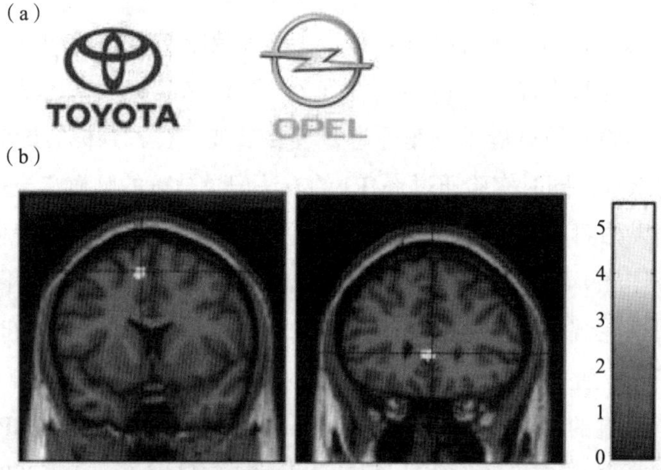

图 2.10　普通品牌车标及其引发的脑活动

资料来源：参考 *Thinking on luxury or pragmatic brand products：Brain responses to different categories of culturally based brands*。

引发了更强的额上回以及前扣带回（Anterior Cingulate Cortex，ACC）的活跃。额上回是决策与判断中的认知控制脑区（Borg et al.，2006），前扣带回与认知控制以及奖赏期望抑制相关（Isomura and Takada，2004；Hon et al.，2006）。因此，相比奢侈品品牌，普通品牌刺激引发的脑活动可能受到了更多认知控制的影响。

2.4.2 价格相关的决策神经科学研究

相较于之前介绍的内部参考价格研究、消费者价格接受区间研究等，购买决策是对消费者价格感知的更好反映（Monroe，1973）。神经科学的实验方法不仅能够收集传统的消费者行为数据，更能够捕捉决策过程中被试的大脑活动情况，成为我们分析和解释消费者行为的有利工具（Venkatraman et al.，2012；Khushaba et al.，2013）。

（1）价格及偏好相关的购买决策研究。

目前，影响最大的涉及价格的消费者决策实验是由 Knutson 等完成的（Knutson et al.，2007）。微观经济学观点认为，购买行为是偏好和价格共同决定的，Knutson等通过功能性核磁共振（fMRI）实验探索了人们在购买时是怎样对这两种因素进行权衡的。其实验过程如图2.11所示，实验先向被试展示产品刺激（4秒），之后出现产品的价格刺激（4秒），再之后要求被试做出购买或不购买的消费决策，无论被试做出怎样的决策或者即便没有做出决策，4秒后都将进入凝视阶段（2秒），一个试次完成［见图2.11（a）］。

研究结果发现，消费者对收益和损失是通过两种不同的回路反馈的，在消费者决策之前，对产品的喜好就会激活伏隔核（NAcc）的活动，而当价格过高的时候，脑岛（Insula）就会产生强烈活跃，同时出现 mPFC 的活动被抑制的现象［见图 2.11（b）］。

根据已有的研究，伏隔核活动与自报告的正性唤醒高度相关（Knutson et al.，2001），并且会被预期收益激活，而 mPFC 的活动与收益预期错误紧密相连（Knutson et al.，2003）。脑岛是目前受到广泛认可的负性情感中心，许多自报告的负性情感唤醒都激活了脑岛区域（Buchel and Dolan，2000；Paulus et al.，2003）；除此之外，还有研究发现脑岛活动在损失预期中扮演了重要的角色（Paulus and Stein，2006）。因此，Knutson 等得出神经科学研究结果支持获益和损失是通过两种不同回路进行反馈的猜测，并且与正性唤醒和预期收益相关的伏隔核活跃对购买行为有预测作用，负性情感中心脑岛的活跃与不购买行为显著相关。

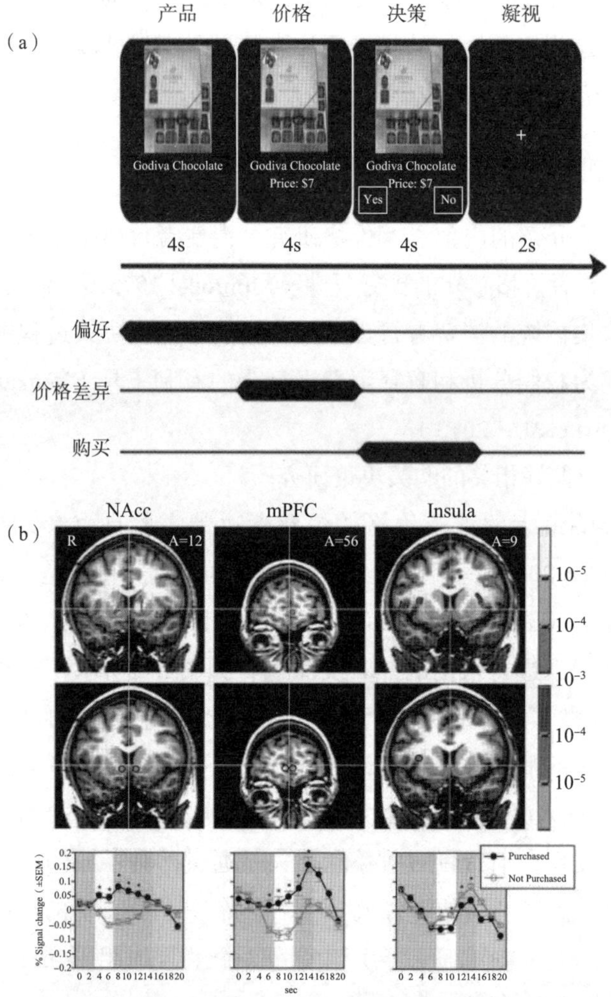

图 2.11　Knutson 等涉及价格的购买决策实验流程及结果

资料来源：参考 Knutson 等 *Neural predictors of purchases*。

（2）由竞价问题展开的价值编码研究。

Jenison 等（2011）通过神经科学的实验方法对消费者决策过程中的价值编码展开了研究。其实验范式如图 2.12 所示，每一个试次都包含三个主要的事件。首先实验会向被试展示一张甜或咸的垃圾食品（如巧克力或薯条）的图片，图片中包括商品的包装和食品的外观。刺激图片呈现 1 秒之后，进入竞价阶段。在竞价阶段，被试在每个试次都有 3 美元的投注资金可以为商品出价，出价范围为 0~3 美元。当被试做出选择后，会出现 1 秒的实验间歇，一个试次结束。在被试进行决策的全过程中通过 fMRI 技术记录被试的脑区活动情况。研究结果发现，被试大脑杏仁核区域的活动与竞价行为呈线性关系，暗示了杏仁核可能在决策的价值编码和价值的计算中发挥了重要作用。

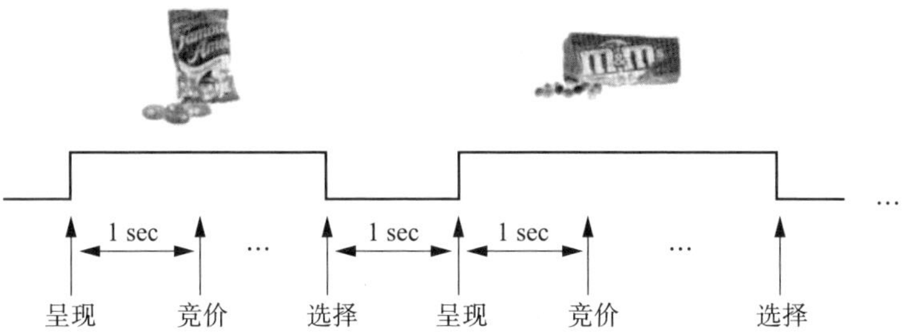

图 2.12　Jenison 等的竞价决策实验流程

资料来源：参考 Jenison 等 *Value encoding in single neurons in the human amygdala during decision making*。

（3）考虑数学焦虑的价格折扣研究。

元认知理论认为，人们在做出购买决策的时候是跟随流畅的感觉进行的，这可能受到生物学基础的影响。Jones 等用事件相关电位（ERP）的方法记录了 20 个高数学焦虑个体和 19 个低数学焦虑个体面对打折（或不打折）信息时的购买决策实验流程，如图 2.13 所示。在进行价格相关的商品考虑的时候，ERP 的高知觉流畅性与购买呈正相关关系。相对来说，面对促销价格时，高数学焦虑女性和低数学焦虑男性在购买时（相比不购买）出现了更高的 FN400（与增强的概念处理过程相关）。在做出购买或者不购买决策的时候，P3 敏感于大脑中的结果响应，P3 振幅与高数学焦虑女性和低数学焦虑男性在促销中的购买行为呈正相关关系。因此，P3 对于促销中购买决策的标志作用是因个体数学焦虑情况而异的。此结果说明了价格折扣的感知和概念处理过程受到数学焦虑和性别的影响，而在消费者决策的大脑机制方面存在不同的调节机制（Jones et al.，2012）。

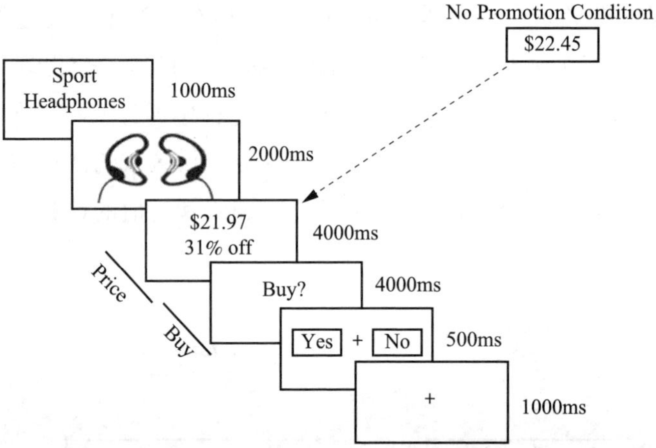

图 2.13 Jones 等考虑数学焦虑的价格折扣实验流程

资料来源：参考 Jones 等 *The shopping brain*：*Math anxiety modulates brain responses to buying decisions*。

2.4.3 事件相关电位中的决策相关成分

ERP 是一项高时间分辨率、无创伤的脑扫描技术。它能够通过叠加平均技术从脑电图（EEG）中提取出与特异认知事件相关的生物电活动。ERP 成分粗略地可以分成外源性成分和内源性成分。外源性成分受物理刺激特性影响较强，是人脑对刺激产生的早期成分，如听觉 P50、视觉 C1 等；内源性成分与人们的注意、记忆等的加工过程有着密切的关系，反映了知觉或认知心理加工过程，不会受到刺激的物理属性的影响，如 P3、N400 等。内源性成分是人们进行认知过程大脑神经活动机制研究的焦点。采用 ERP 记录决策过程诱发的多个脑成分，对研究被试者的心理认知过程具有重要意义。

已经有很多研究发现了脑电活动与消费者行为的联系。Ambler 等（2004）发现顶叶皮层的脑电活动与产品的熟悉度评级结果密切相关。一些研究也表明，实时测量分析的脑电活动，与选择行为存在强相关关系。例如，在 Braeutigam 等（2004）的研究中，特殊脑区的特殊时间窗中 γ 带（20~45 赫兹）和 α 带（8~13 赫兹）的脑电振幅都与参与者的消费选择表现出密切相关关系。Chen 等（2010）发现，在线购物情境中反从众决策会引发消费者认知和情感的冲突并在 ERP 上反映为显著的 N500 负向振幅。Telpaz 等（2015）发现 N200 成分和 theta 频带能量与消费者的产品偏好存在一定联系，并且证明了脑电的方法可以用来预测消费者的选择。

（1）N2 成分。

N2 成分是 ERP 波形中潜伏期为 200~350 毫秒的一个负向成分（Folstein and Van Petten，2008）。研究表明，N2 成分主要分布在大脑前部的额区、额中央联合区、中央区（Nagy et al.，2003；Luck，2009）。GO/NO–GO 任务（Bekker et al.，2005）、侧抑制任务（Clayson and Larson，2011）、简单响应干扰任务（Van Veen and Carter，2002）和停止信号范式（De Jong et al.，1990）的研究成果证明，N2 能够反映错配和认知冲突的监测。

N2 成分的早期经典研究范式是 GO/NO–GO 范式。该实验范式中，刺激材料包括靶刺激和非靶刺激两类。主试会在实验前告知被试他们需要对特定的靶刺激（GO）做出按键反应，而对另外的非靶刺激（NO–GO）不做任何反应。Pfefferbaum 较早地用这种实验范式对 N2 成分展开了研究。实验中，他控制靶刺激（GO）和非靶刺激（NO–GO）的出现概率。通过 ERP 数据的记录和分析，研究人员发现非靶刺激（NO–GO）引发了比靶刺激更大的 N2 振幅（Pfefferbaum et al.，1985）。类似地，Eimer 以字母作为刺激，要求被试对靶刺激做出反应，也得到了相同的结果：不需要做出按键反应的非靶刺激（NO–GO）引发了比需要做出按键反应的靶刺激（GO）更大的 N2 振幅。并且他们对这个结果做出了相似的解释，归结起来他们都认为当被试需要对靶刺激做出反应的情况下，被试搜索的是靶刺激，当实际出现的刺激是非靶刺激时，与被试的搜索目标不匹配，造成了响应失匹配（response mismatch），因此诱发了一个更大的负向 N2 振幅。并且学者们认为 N2 的这种效应反映了人类的行为抑制过程（Pfefferbaum et al.，1985；Eimer，1993；Falkenstein et al.，1999；Bokura et al.，2001）。这些理论后来被学者们称为抑制假说（inhibition hypothesis）（Donkers and Van Boxtel，2004）。

之后，有许多研究对 GO/NO–GO 实验做出了改进，还有一些学者利用其他的研究范式对 N2 进行了研究，他们的研究成果为解读 N2 成分做出了进一步的贡献，并形成了现在比较公认的冲突监控假说（conflict monitoring hypothesis）。该假说认为 N2 成分反映的是认知的监视（monitoring）和控制（control），刺激材料失匹配或认知失调都会引发认知冲突并在 ERP 上表现为显著的 N2 振幅，而这种冲突监控效应反映在行为上不一定是行为抑制，还可能是行为调节等其他行为形式。 在一个赌博游戏的实验范式中，Mennes 要求被试根据给定的信息做出赌博决策并尽量在赌博中获得更高的分数。实验流程及结果如图 2.14 所示，在这个赌博游戏中，被试需要赌隐藏令牌的位置。隐藏令牌隐藏在水平的颜色条带下，每轮的颜色条带都被黄色和蓝色两种颜色覆盖，被试可以赌令牌在黄色条带部分或在蓝色条带部分。每次正确的赌博可以获得条带上侧标注的分数，每次错误的赌博会损失条带下侧标注的分数。被试在不确定的时候可以选择“PASS”，选择“PASS”的轮次被试只能获得激励性的 20 分。通过控制奖励惩罚分数，实验人员将刺激材料分为 GO 组和 NO-GO 组。GO 组指的是那些奖励较高值得一搏的试次；NO-GO 组指的是那些奖励只有 10 分或 20 分的试次，因为在这些试次中被试即便猜对获得的奖励也顶多和选择“PASS”一样，更何况他们还要冒着答错扣分的风险。根据被试最终的选择，所有试次又可被分为 GAMBLE 组和 PASS 组。实验发现，与 GO 组相比，所有隐含着冲突的实验组：NO-GO 组（与占主要地位的赌博响应的冲突）、GAMBLE 组（不确定性的冲突）和 PASS 组（包含了以上两种冲突）都引发了更显著的 N2 振幅。由于 GAMBLE 组和 NO-GO 组都引发了同样增强的 N2 振幅，我们可以认为具体的冲突形式不影响 N2 的效应。此外，GAMBLE 组的认知冲突引发了更大的 N2 但并没有最终导致行为的抑制，而是引发被试做出了赌博行为，说明 N2 在这里只是反映了冲突的监控，对行为进行调节而非行为抑制（Mennes et al.，2008）。另一个在吸烟成瘾者与不吸烟者之中展开的实验也同样证明了 N2 的冲突监控和行为调节作用。实验挑选了吸烟成瘾者与不吸烟者同时进行 GO/NO-GO 实验，实验发现，行为控制能力强的不吸烟者的 NO-GO N2 振幅显著大于行为控制能力弱的吸烟者。这个结果提示我们 N2 可能是行为控制力的反映指标。

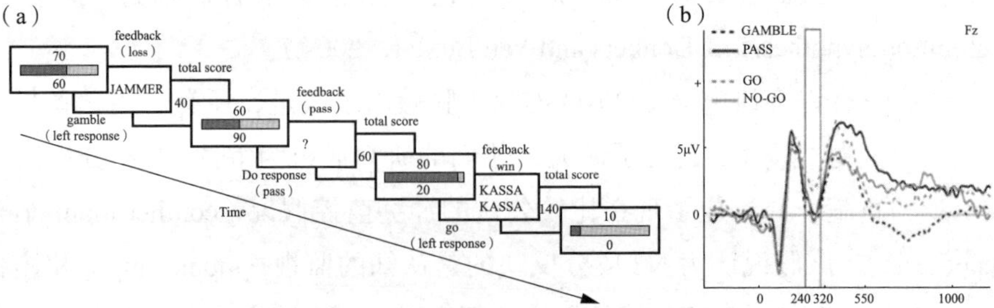

图 2.14　Mennes 等赌博实验的流程及结果

资料来源：参考 Mennes 等 *ERP correlates of complex human decision making in a gambling paradigm：Detection & resolution of conflict*。

以上两种假说虽然对N2效应反映的是行为抑制过程还是行为控制过程有一定的争论，但二者都是建立在N2反映认知冲突的共识之上的。对N2的溯源研究结果表明，N2成分的发生源主要分布在前扣带皮层（Anterior Cingulate Cortex，ACC）（Botvinick et al.，2004）。fMRI相关研究已经证明了大脑ACC区域可以监控正在进行的目标指向行为，并在出现反应冲突或错误时，将信号传达给具体负责控制的脑区（Xiangru et al.，2005）。Nieuwenhuis等（2003）在对N2的综述中指出，N2敏感于错配，是冲突的反映，随着冲突程度的变大振幅变大。

（2）LPP成分。

LPP成分是波峰位于350~650毫秒的晚期正电位。该成分分布于脑中线上，并且在中央顶区达到最大（Hanlon et al.，2012）。已有的研究证明，LPP与情感加工过程特别是动机性的情感唤醒（motivational emotion arousal）有关（Leite et al.，2012）。

Lifshitz较早地发现了LPP的情感唤醒效应，在实验中他观察到当被试观看包含情感内容的图片时，能够诱发ERP的LPP成分，正性和负性图片引发的LPP振幅大于中性图片引发的LPP振幅（Lifshitz，1966）。之后有很多研究证明了LPP对情感相关任务的敏感性：Nelson和DeHaan（1996）发现即便是对于7个月大的婴儿，高兴和恐惧的面孔表情也会引发显著的LPP振幅；Flykt和Caldara（2006）通过实验记录观察到，与不令人害怕的动物相比，令人害怕的动物能引发更大的LPP振幅；Yen等（2010）发现情感图片能诱发ERP的LPP波，并且LPP的波幅与被试对刺激的唤醒度打分情况相关，唤醒度越高的刺激引发的LPP波幅越大；Schacht和Sommer（2009）发现，情感词汇与情感面孔都能引发LPP成分。

另一些学者指出，LPP还敏感于内部动机相关的唤醒。Van Hooff等记录了20位男性被试和20位女性被试在观看异性面孔时的脑反应（见图2.15）。研究发现，吸引力（attractiveness）高的面孔图片引发了更大的晚期正成分，并且研究者认为这种效应是被试情感动机性注意关注相关的唤醒的脑电反应（Van Hooff et al.，2011）。Hanlon等（2012）检验了一次中度到重度运动对被试观看食物图片时神经响应的影响，结果发现，中度到重度运动后被试摄食的动机降低，被试观看食物图片时的LPP成分振幅变小。Krug等（1999）用ERP的方法研究了女性生理周期对生殖意义相关刺激的反应，实验中当女性

处于适于交配的排卵期时会对性刺激（sexual stimuli）产生更大的内部动机

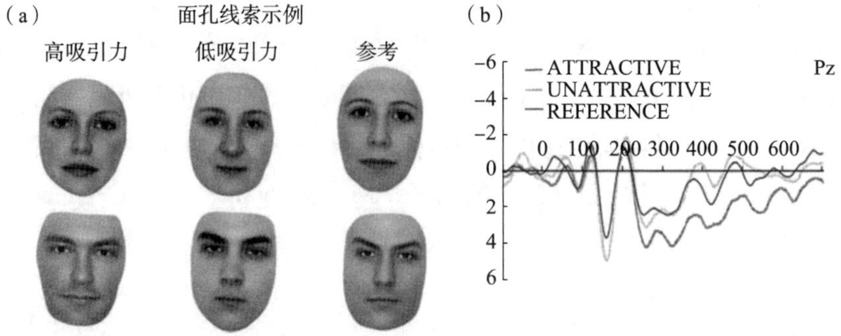

图 2.15　Van Hooff 等实验中面孔刺激示例及实验结果

资料来源：参考 Van Hooff 等 *The wandering mind of men*：*ERP evidence for gender differences in attention bias towards attractive opposite sex faces*。

LPP（500~700 ms）MEAN AREA MEASURES FOR BASIC VERSUS LUXURY BRANDED PRODUCTS AS A FUNCTION OF CONDITION（ALONE，TOGETHER）AND LATERALITY（LEFT，MIDLINE，AND RIGHT）

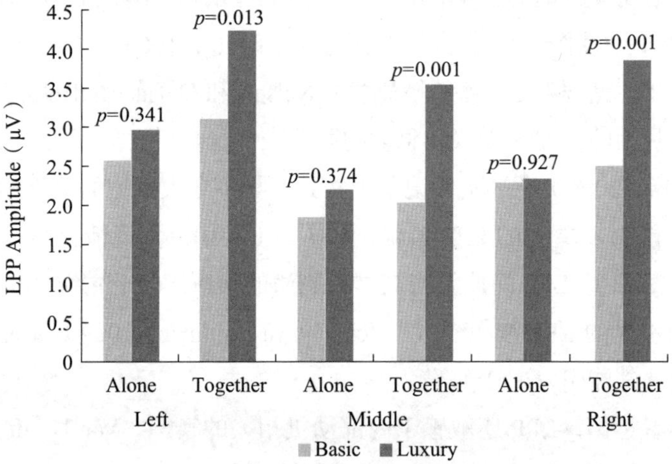

Notes：The LPP mean amplitude was significant different between luxury and basic branded product pictures only in Together for all three posterior laterality areas. There was no significant difference between luxury and basic branded product pictures in the Alone condition.

图 2.16　Pozharliev 等的品牌情感唤醒研究结果

资料来源：参考 Pozharliev 等 *Merely being with you increases my attention to luxury products*：*Using EEG to understand consumers' emotional experience of luxury branded products*。

性反应，相较于其他类型刺激，性刺激会引发更显著的晚期正成分振幅。

在一项用神经科学方法展开的奢侈品研究中，研究者让被试观看奢侈品和大众品牌商品刺激，并记录了情感唤醒相关的 LPP 振幅因他人陪伴引发的变化。实验发现，有人陪伴时，奢侈品引发的 LPP 振幅显著增大，呈现出比大众消费品牌更明显的 LPP 波形。该研究结果证明，主动观看高唤醒度的市场营销图片（marketing image）时出现的 LPP 振幅能够反映唤醒引发的关注和动机（Pozharliev et al.，2015）（见图 2.16）。

2.4.4 简要评述

（1）决策神经科学的方法已经被应用在了奢侈品研究和价格研究之中。虽然这两类研究起步较晚，研究成果也不够丰富，但是我们从已有的相关研究成果中可以看出，决策神经科学的方法能够准确记录认知活动过程中大脑的神经电生理改变，从而客观地反映消费行为背后的神经心理机制，帮助我们更好地了解奢侈品消费和价格接受行为。

（2）ERP 中的 N2 成分敏感于认知冲突的发生，在价格接受研究中可能作为反映价格认知冲突的电生理指标。N2 成分的发生源主要分布在大脑负责监控目标指向行为的前扣带皮层区域，研究表明 N2 敏感于错配，是冲突的反映，随着冲突程度的变大，振幅亦变大。

（3）ERP 中的 LPP 成分敏感于动机性情感唤醒，在价格接受研究中可能作为反映价格情感唤醒的电生理指标。研究表明，LPP 的振幅大小可以反映实验刺激的情感内容，唤醒度较高的图片、文字及表情刺激比中性刺激引发的 LPP 振幅更大。异性图片以及饥饿后观察食物图片的实验表明，内部动机性越大，LPP 振幅越大。因而，LPP 敏感于动机性情感唤醒，唤醒度越高，LPP 振幅越大。

2.5 总体评述

（1）已有的奢侈品研究理论为奢侈品价格接受研究打下了良好基础。在奢侈品定义、奢侈品特点、奢侈品价值感知以及奢侈品消费动机方面前人已经做了深入的研究。虽然迅速膨胀的中国中产阶级奢侈品消费群体具有其特有的消费特点，还未见聚焦于中国中产阶级奢侈品消费群体的研究，但已有的奢侈品研究理论仍为我们进行奢侈品价格接受研究奠定了坚实基础。

（2）价格接受机理研究取得了重要进展，但感知心理层面的研究亟待深入。奢侈品具有价格昂贵的特点，从消费者感知角度进行价格接受研究具有重要意义。然而已有的参考价格理论、价格阈限理论等将消费者看作完全的“理性人”，直到价格公平理论将“人”的因素纳入价格研究框架。但感知心理层面的价格接受研究仍十分少见，本研究在综合相关研究的基础上提出从价格认知冲突和价格情感的角度出发研究奢侈品价格接受。

（3）现有研究已经找到了一些可能影响奢侈品价格接受的外部线索，然而外部线索影响价格接受的规律仍有待探索，规律背后的认知心理过程也不清楚。中产阶级奢侈品消费很大程度上依赖外部线索。研究已经发现了原产国线索和标志线索会对奢侈品消费行为产生影响，但具体在奢侈品价格接受问题上，还未见相关研究，外部线索影响奢侈品价格接受的神经心理机制也仍不清楚。

（4）神经科学研究方法在奢侈品价格接受研究中的应用有助于打开奢侈品价格接受行为背后的决策“黑箱”。决策神经科学的方法已经被应用在了奢侈品研究和价格研究之中，并取得了一些成果。事件相关电位的研究方法能够准确记录认知活动过程中大脑的神经电生理改变，从而客观地反映消费行为背后的神经心理机制，帮助我们更好地解读奢侈品价格接受行为。

3 研究的理论框架与研究构思

3.1 理论框架

正如我们在第 2 章中论述过的，消费者价格接受在很早的时期就受到了研究者的广泛关注。在经济学和管理学研究过程中，有许多学者对消费者价格接受提出了理论解释。最早的内部参考价格理论认为消费者内心存在一个可接受的内部参考价格（Monroe，1973），之后的价格阈限理论（Cummings and Ostrom，1982）、适应水平理论（Monroe，1990；Rajendran and Tellis，1994）、同化—对比理论（Mazumdar et al.，2005）将消费者价格接受的研究扩展到一个区间。这个区间的产生大大增加了价格研究的实用性。之后，又有学者考虑到消费者并不全都是经济学理论中标准的"经济人"，继而提出了感知公平理论（Xia et al.，2004）。感知公平理论将"人"的因素纳入了价格研究的理论框架之内，使价格研究上升到了新的高度。在考虑"人"的因素的启发下，神经经济学研究者进一步通过实验研究和客观的神经科学证据，证明了在消费者价格接受过程中存在一个内部的得失权衡过程。

在神经经济学研究中，学者通过功能性核磁共振（fMRI）的方法采集被试在根据产品刺激和价格刺激做出决策的过程中的脑活动信号并提出了得失权衡理论。研究结果发现，消费者对收益和损失是通过两种不同的回路反馈的，在消费者做出最后决策之前，对产品的喜好（"得"）激活了大脑伏隔核的活动，而当价格（"失"）过高的时候，脑岛就会产生强烈活跃，同时出现 mPFC 的活动被抑制的现象（ Knutson et al.，2007）。最终，大脑综合"得"和"失"的信息做出购买或不购买的决策。神经科学技术用大量神经科学观测数据向我们证明了"得""失"权衡模式的存在并帮助我们了解了"得""失"反馈的路径和方式，为我们在消费者价格接受研究中应用得失权衡理论提供了理论基础，更重要的是，为我们进一步在管理科学研究中应用神经科学技术提供了信心。

如前所述，消费者购买奢侈品主要动机包括对奢侈品炫耀价值（Veblen，1899）、物质主义价值（Hudders and Pandelaere，2012）、享乐价值（Berry，1994）、独特价值（Zhan and He，2012）和质量价值（Hennigs et al.，2012）的追求。结合上述得失权衡理论，在奢侈品购买的交易中，奢侈品感知价值就是潜在的“得”，而消费者需要为商品支付的价格就是潜在的“失”。消费者在商品考虑阶段，需要综合考虑得失进而做出消费决策。

商品感知价值是十分主观的，受到外部线索影响的认知判断。Olson 等在（1972）提出商品“外部线索”的概念之后大量研究表明，商品的外部线索会影响商品的感知价值。例如，Shukla（2012）发现奢侈品牌线索会使消费者将商品与高质量价值相联系产生更高的心理价值；Kirmani 和 Baumgartner（2000）研究发现，消费者会通过广告的重复水平判断产品质量，广告重复水平高的商品被认为具有更高的质量价值；Schaefer 等（2006）发现与普通轿车品牌相比，奢侈品品牌轿车标志会引发消费者更多的社会价值联想。

以往的价格接受研究较多地使用实证分析、调查问卷或行为实验的方法。这些研究在一定程度上揭示了消费者价格接受行为中的一些现象，帮助我们了解了消费者价格接受行为上的一些规律。但这些研究方法也受到了很多质疑，如主观性太强，有些实验对象刻意做出迎合主试的行为，或者在问卷中调查对象并不能找到合适的选项，又或者有一些消费者并不是完全了解或者不能清晰表述自己内心的想法。尤其对于奢侈品这类心理价值远大于功能价值的商品，对其价格接受问题的研究更是受到了方法上的很大制约。神经科学方法的出现为我们解决这些问题提供了有利的方法和工具。Knutson 等（2007）已经利用神经科学的方法研究了涉及价格的消费者决策问题，并且借助这项高空间敏感性的技术找到了大脑处理价格信息时激活的一些脑区。然而，我们对消费者价格接受行为背后的神经心理过程仍知之甚少，尤其在奢侈品价格研究领域还有很多未解决的问题，如外部线索在认知的早、中、晚阶段分别是怎样影响奢侈品价格接受的。

本书在神经经济学关于购买决策的得失权衡理论的基础上，结合已有的以价值为基础的奢侈品购买动机研究，探索奢侈品外部线索对奢侈品价格接受的影响。图 3.1 展示了对本书具有概括性的外部线索影响奢侈品价格接受的理论框架。如图 3.1 所示，决策过程分为信息提取、得失权衡和决策结果三个阶段。首先，在信息提取阶段，消费者对奢侈品的外部线索和价格信息进行提取。虽然价格也是商品的外部线索之一，但此处我们没有将价格与其他外部信息放在一起，主要是基于以下两点考虑：第一，本书的研究目的是探索外部线索对价格接受的影响，价格接受是本研究的核心，研究的是其他外部线索对价格感知的作用，因此价格需要与其他外部信息线索区别开来；第二，如本书之前所提到的，在进行得失权衡的时候，价格是不同于其他信息线索的、在得失权衡中被当作“失”进行处理的信息线索，因而有充分的理由将其在理论框架图中与外部线索分开。其次，在得失权衡阶段，消费者会根据前一阶段获得的信息，综合考量感知价值带来的感知利得和价格带来的感知利失。最后，在决策结果阶段，之前的大脑处理结果会进行输出，并表现为消费者行为上的购买或不购买。

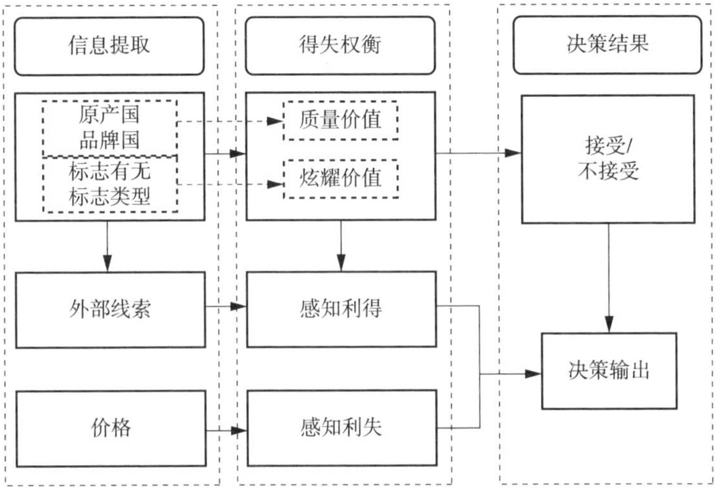

图 3.1 研究的理论框架

本书将设计实验一、实验二、实验三和实验四，分别研究单 / 双原产国线索、双原产国商品的品牌国线索（品牌国宏观 / 微观刻板印象）、标志线索的有无以及标志线索的类型对奢侈品价格接受的影响。实验以消费者奢侈品选购为背景，通过实验模拟奢侈品购物情景，在被试决策过程中应用事件相关电位（ERP）的方法采集记录被试脑电活动情况。实验采用控制变量的方法：控制被试的性别、年龄、消费能力、购买经验等；每个实验中只有一个变量，实验一的变量是单 / 双原产国信息，实验二的变量是原产国类型，实验三的变量是商品品牌标志的有无，实验四的变量是商品品牌标志类型。在每一个实验之后，通过问卷采集被试对实验中出现的商品的价值评价。最终，我们结合脑电数据、行为数据和问卷数据探讨外部线索对奢侈品价格接受的影响并进一步挖掘其背后的神经心理过程。

3.2 研究构思

3.2.1 实验一：单 / 双原产国线索对奢侈品价格接受的影响——神经机制视角研究构思

3.2.1.1 设置实验一的理由及目的

实验一的设置理由和主要目的包括以下两个层面：

第一，单 / 双原产国线索在奢侈品消费者行为的影响层面可能存在差异，不过目前我们还未见到相关研究。从原产国的概念产生以来原产国效应就受到了广泛的关注，在奢侈品研究领域也不乏相关的研究，然而已有的奢侈品原产国研究大多仅局限在单原产国商品中。而随着奢侈品跨国合作和外包生产的增多，越来越多的双原产国奢侈品涌入市场。目前未见从单 / 双原产国的角度研究原产国对消费者行为的影响，尤其是消费者价格接受方面的消费者行为和心理研究仍属空白。因此，本书的实验一将扩展已有的奢侈品和原产国研究，探索单 / 双原产国对奢侈品价格接受的影响。

第二，探究单 / 双原产国效应影响奢侈品价格接受的神经心理机制，弥补已有的奢侈品原产国研究和价格研究在心理研究层面的薄弱环节。目前，已经存在的奢侈品原产国研究无论是揭示市场现象的还是对原产国效应进行理论机制探讨的，基本都是以问卷调查的实证研究方法为基础展开的。原产国效应背后的决策“黑箱”还没有被打开。本书将利用 ERP 的神经科学方法，从消费者价格接受的神经心理机制的角度研究单 / 双原产国对奢侈品决策的作用。

3.2.1.2 实验一的方法选择

根据实验一设置的理由和研究目的，本书在研究方法的选择上需要满足以下三个条件：①能够有效地反映单 / 双原产国对奢侈品价格接受造成的行为影响；②能够有效地观察和采集消费者决策过程中的脑神经活动，提供神经科学层面的有效证据；③结合已有研究对奢侈品消费价值追求动机的分类，

了解本书中单 / 双原产国对感知价值的影响。

综上，本书采用 ERP 实验与调查问卷相结合的方式展开研究。在我们常用的认知神经科学技术中，ERP 方法能够准确地反映和记录个体对外界刺激的认知加工过程和行为选择结果，能够在大脑神经活动层面客观地反映被试个体的心理活动，并可以实现对脑活动的强度进行定量化的测量和分析，因而运用该技术从神经科学层面了解单 / 双原产国线索影响奢侈品价格接受的心理过程是一种较为合理的研究方法。此外，ERP 技术有很高的时间分辨率，能够有效地记录被试决策过程的大脑活动，而且具有无创伤、便捷、易操作等特征，因此为研究的展开提供了有利的技术手段。为了全面地剖析消费者的决策心理，本书借鉴已有研究中比较成熟的奢侈品感知价值量表，进一步补充和印证 ERP 实验采集到的数据。

3.2.1.3　实验一的主要内容

根据实验一的研究目的，本节可将具体的研究内容分为以下两个方面：

（1）单 / 双原产国线索是否会影响消费者价格接受。

（2）消费者是如何感知评估单 / 双原产国线索和商品价格的。

3.2.2　实验二：品牌国宏观 / 微观刻板印象对奢侈品价格接受的影响——神经机制视角研究构思

3.2.2.1　设置实验二的理由及目的

实验二的设置理由和研究目的可以概括为以下两个层面：

第一，品牌国是原产国的重要维度。原产国效应本质上是一种刻板印象，然而研究表明，宏观和微观层面的刻板印象是有差异的，在奢侈品研究领域目前还未见以宏观 / 微观刻板印象为切入点的相关研究出现。

随着奢侈品市场中越来越多的“混合商品”（hybrid product）的出现，对双原产国奢侈品的研究愈显重要。品牌国是原产国线索的重要基因，有研究表明，品牌国在商品评价中发挥着比生产国更重要的作用。在最近的品牌国研究中，学者们提出了品牌国宏观印象和品牌国微观印象的概念。目前我们还未见以品牌国宏观 / 微观印象为切入点而展开的奢侈品研究，因此本书从品牌国宏观 / 微观印象的角度展开奢侈品价格接受研究具有重要的创新和开拓意义。

第二，从神经心理学视角挖掘原产国线索影响奢侈品价格接受的心理过程。

目前已经存在的原产国研究大多以问卷或行为实验的方法收集消费者信息并推测消费者心理。然而这些方法在一定程度上受到了消费者想不想透露内心真实想法以及消费者能不能描述清楚的限制。甚至有些时候消费者自己也不知道自己的心理过程，如潜意识处理过程。本书将利用 ERP 的神经科学方法，从消费者价格接受的神经心理机制的角度研究原产国对奢侈品决策的作用。

3.2.2.2　实验二的方法选择

根据研究目的，本书采用 ERP 实验与调查问卷相结合的方式展开研究。选择这两种方法的理由在 3.2.1.2 实验一的方法选择中已经详细论述过了，这里不再赘述。

3.2.2.3　实验二的主要内容

（1）研究品牌国宏观 / 微观刻板印象对奢侈品价格接受会产生怎样的影响。

（2）探究品牌国宏观 / 微观刻板印象影响价格接受背后的神经心理机制。

3.2.3　实验三：品牌标志的有无对奢侈品价格接受的影响——神经机制视角研究构思

3.2.3.1　设置实验三的理由及目的

实验三的设置理由和研究目的可以概括为以下两个层面：

第一，已有的研究发现奢侈品标志（logo）影响消费行为，然而并未见研究对奢侈品标志有无进行划分，也未见研究探索奢侈品标志有无对价格接受的影响。

奢侈品是具有社会价值的高威望品牌。奢侈品已经在社会等级制度消失的今天构成了新的社会价值标识体系。研究表明，对社会价值的追求是驱动奢侈品消费的一大动因，并且这种需求在东方消费市场的中产阶级群体中更加突出。而奢侈品标志是帮助奢侈品被他人识别的重要方式之一。因而，奢侈品标志的有无很可能影响消费者是否愿意为之付出金钱，影响消费者价格接受。本书将奢侈品分为无标志和有标志两种类型，研究奢侈品标志的有无对消费者价格接受的影响。

第二，奢侈品标志影响奢侈品价格接受的心理过程和心理机制很难用问卷等传统研究方法测得，本书通过神经科学的研究方法监测和记录消费者的脑电信息并将其用于解读消费者心理。

奢侈品标志方式对价格接受的影响除了其行为层面的表现，对其内在的神经心理过程的了解也有助于我们增进对奢侈品消费的认识和发展奢侈品消费相关理论。然而，传统的问卷等研究方法很难用来探究奢侈品标志方式影响奢侈品价格接受的心理过程和心理机制。本书希望通过决策神经科学的研究方法解决这个问题，在消费者进行决策的同时记录其脑电信息，并将脑电信息与行为结果相结合，以更进一步揭示奢侈品消费心理。

3.2.3.2 实验三的方法选择

根据研究目的，本书在研究方法的选择上需要满足以下三个条件：①能够有效地反映奢侈品品牌标志对奢侈品价格接受造成的行为影响；②能够有效地观察和采集消费者决策过程中的脑神经活动，提供神经科学层面的有效证据；③结合已有研究对奢侈品消费价值追求动机的分类，了解本书中奢侈品品牌标志的有无对感知价值的影响。

综上，本书采用 ERP 实验与调查问卷相结合的方式展开研究。在我们常用的认知神经科学技术中，事件相关电位方法能够准确地反映和记录个体对外界刺激的认知加工过程和行为选择结果，能够在大脑层面客观反映被试个体的心理活动，并可以实现对脑活动的强度进行定量化的测量和分析，因而运用该技术从神经科学层面了解奢侈品品牌线索影响奢侈品价格接受的心理过程是一种较为合理的研究方法。此外，ERP 技术有很高的时间分辨率，能够有效地记录被试决策过程的大脑活动，而且具有无创伤、便捷、易操作等特征，因此为研究的展开提供了有利的技术手段。同时为了全面剖析消费者的决策心理，本书借鉴已有研究中比较成熟的奢侈品感知价值量表，进一步补充和印证 ERP 实验采集到的数据。

3.2.3.3 实验三的主要内容

（1）研究奢侈品标志的有无对奢侈品价格接受会产生怎样的影响。

（2）探究奢侈品标志的有无影响价格接受背后的神经心理机制。

3.2.4 实验四：品牌标志类型对奢侈品价格接受的影响——神经机制视角研究构思

3.2.4.1 设置实验四的理由及目的

实验四的设置理由和研究目的可以概括为以下两个层面：

第一，已有的研究发现奢侈品标志影响消费行为，然而并未见研究对奢侈品标志类型进行划分，也未见研究探索奢侈品标志类型对价格接受的影响。

展现财富地位的炫耀性消费是中国中产阶级消费群体购买奢侈品的一大消费目的。奢侈品标志能够帮助奢侈品被社会大众识别。而奢侈品标志可以粗略地分为两种类型：名称标志和传承图案标志。奢侈品标志能否准确地被他人识别是决定炫耀性消费是否成功的先决条件。因而，奢侈品标志类型可能影响消费者愿意为之付出金钱与否，影响消费者价格接受。本书将奢侈品分为名称标志和传承图案标志两种类型，研究奢侈品标志类型对消费者价格接受的影响。

第二，奢侈品标志类型对奢侈品价格接受的心理过程和心理机制的影响很难用问卷等传统研究方法测得，本书通过神经科学的研究方法监测和记录消费者的脑电信息并将其用于解读消费者心理。

消费者决策神经科学能够利用神经学的方法探知消费者潜意识层面的神经活动，结合认知科学、管理科学以及营销科学，使我们可以更加客观准确地解析和把握消费者决策的本质。尤其对于奢侈品这类无形价值高于有形价值的商品，消费者的心理因素是驱动其购买的主要动力，消费者决策神经科学能够揭示消费者内隐的神经心理活动，是进行奢侈品相关研究的理想方法。结合消费者决策神经科学的方法，我们能够弥补经典问卷或调查方法的不足，从而更好地了解奢侈品标志方式影响奢侈品价格接受的心理过程和心理机制。本书通过 ERP 的神经科学研究方法对目标问题展开研究，在消费者进行决策的同时记录其脑电信息，并将脑电信息与行为结果相结合，以更进一步揭示奢侈品消费心理。

3.2.4.2　实验四的方法选择

根据本书的研究目的，本实验采用 ERP 实验与调查问卷相结合的方式展开。选择这两种方法的理由在 3.2.3.2 实验三的方法选择中已经详细论述过了，这里不再赘述。

3.2.4.3　实验四的主要内容

（1）研究奢侈品标志类型对奢侈品价格接受会产生怎样的影响。

（2）探究奢侈品标志类型影响价格接受背后的神经心理机制。

4 研究一：原产国线索对奢侈品价格接受的影响
——神经机制视角

4.1 研究目的

原产国是消费者评估产品和形成产品态度的最重要的外部线索，并且原产国线索对奢侈品消费行为的影响大于非奢侈品消费行为。原产国作为一种类别信息影响着消费者对产品属性的评价和信念，进而影响消费者对产品的态度（Han，1989），人们将这种效应称为原产国的刻板印象效应（Papadopoulos et al.，1990；Pang et al.，2015）。在早期的市场中，商品的起源地、生产地都是同一国家，学者们将这些商品称为单原产国商品（uni-national products）。随着全球一体化和跨国贸易的增加，原产国线索分化出品牌国和生产国两个维度，由于生产成本或运输便捷性等原因出现了越来越多的品牌国与生产国分离的产品，学者们将其称为双原产国产品（bi-national products）。之前的研究中，已经有学者做过原产国对价格影响的研究，但是目前还未见从单 / 双原产国视角进行的奢侈品价格接受研究，并且单 / 双原产国线索对奢侈品价格接受的影响及其神经心理过程仍不清楚。此外，研究表明，对于双原产国商品来说，品牌国维度对消费行为产生了比生产国维度更重要的影响。而品牌国印象又分为宏观印象（macro image）和微观印象（micro image）两个层面，有一些国家宏观印象突出，而有一些国家微观印象突出。双原产国产品的品牌国宏观印象 / 微观印象怎样影响消费者价格接受仍缺乏相关研究。本研究旨在探索原产国线索对消费者奢侈品价格接受的影响，研究分为两个部分：实验一聚焦于单 / 双原产国线索；实验二聚焦于双原产国产品的品牌国线索（品牌国宏观 / 微观刻板印象）。本研究的研究目的可以概括为以下三点：

研究目的一：探究单 / 双原产国线索对奢侈品价格接受的影响及其神经心理过程。

研究目的二：探究双原产国产品的品牌国宏观印象 / 微观印象对奢侈品价

格接受的影响及其神经心理过程。

研究目的三：总结原产国对奢侈品价格接受的影响，为奢侈品的营销提供理论依据。

4.2 研究假设

研究发现当消费者考察来自某国的产品时，原产国作为一种“类别信息”影响着消费者对产品属性的评价和信念，进而影响消费者对产品的态度（Han，1989），人们将这种效应称为原产国的刻板印象效应（Papadopoulos et al.，1990；Pang et al.，2015）。这里，原产国可以指品牌国和制造国的组合，也可以是其中之一，具体根据研究情形而定。从人类行为选择的规律和模式上看，人们常常凭借以往的经验和大脑中存储的有关产品品牌起源和生产地的信息来判断所考虑的产品（Koubaa，2008）。刻板印象研究认为，只要呈现类别标签，相应的刻板印象便会自动激活，而不必考虑知觉者的意识（Bargh et al.，2002）。据此，在消费者的意识或潜意识中，对任何一个原产国（含组合）都会产生一个类别判断，刺激类别与最理想的原产国（如手表行业中“瑞士 + 瑞士”）差距越小，消费者对商品的评价和态度就可能越高。另外，消费者价格感知研究表明，对商品的质量评估（Lichtenstein and Black，1988；Bolton and Alba，2003；Lii and Sy，2009）和对商品的态度（Peine et al.，2009；Li et al.，2012；Loureiro and Araújo，2014）会影响消费者对价格及价格公平的感知，最终有可能导致消费者价格接受或不接受。因此，我们得到如下假设：

H1：原产国线索影响奢侈品消费的价格接受率，越接近刻板印象中的最理想原产国价格接受率越高。

早期的原产国研究都是单维度的，因为所有商品都是在其品牌地进行生产和制造的。然而，随着国际贸易的增多和国际合作的加深，许多企业纷纷将生产地设在成本更低或更方便运输的地方，这样原产国的概念就分化出了品牌国和生产国两个维度。研究者将品牌国与生产国在同一个国家的产品命名为单原产国商品；而将品牌国与生产国不在同一个国家的产品命名为双原产国商品。有研究表明，单原产国情形下消费者对产品价值的评价才是最好的，双原产国情形下消费者对产品价值的评价相对较低（Han and

Terpstra，1988）。而价格研究表明，价值的评价是影响价格接受的重要因素（Lichtenstein and Black，1988；Kirmani and Baumgartner，2000；Chen and Rizzo，2012）。因此，我们得到如下假设：

H1-1：单原产国奢侈品的价格接受率高于双原产国奢侈品。

双原产国研究认为，品牌国是比制造国更重要的原产国维度（孙丽辉、郑瑜，2009）。品牌国作为原产国的重要维度之一，对消费者形成购买偏好和形成积极的品牌态度都具有一定的影响。近期的品牌国研究中有学者提出，品牌国印象包括宏观印象和微观印象两个层次（Hamzaoui-Essoussi et al.，2011）。品牌国宏观印象指的是消费者对某国产品所持有的整体印象和信念，如法国是浪漫、高雅、盛产各种奢侈品的国家。品牌国微观印象指的是消费者对某国特定品类产品所持有的印象和信念，如瑞士的手表是精准而考究的。

原产国刻板印象是一种心理认知结构。研究表明，刻板印象的作用与人们的心理加工（而非客观信息本身）有着更强的关联（江红艳 等，2013）。原产国刻板印象是长期印象形成的类别信息，这一类别信息使得消费者简化了对相关产品的判断（Lotz and Hu，2001），会直接影响消费者对产品的评价、态度及购买意向（Peine et al.，2009；Loureiro and Araújo，2014）。结合刻板印象发挥作用的机制来看，“类别信息的处理”是原产国刻板印象发挥作用的基础。而本研究中，品牌国微观印象是消费者对某国特定品类产品所持有的印象和信念，是具体式的类别信息；品牌国宏观印象是消费者对某国产品所持有的整体印象和信念，是抽象式的类别信息。因而，相对原产国宏观印象而言，原产国微观印象有可能在更大程度上简化消费者认知判断，从而微观印象对消费者的影响可能优先于宏观印象对消费者的影响。例如，在消费者评估中，如果微观（具体式）刻板印象能帮助消费者做出准确的评价，消费者可能不需要依赖宏观（抽象式）刻板印象。

因此，综合以上分析，双原产国奢侈品的品牌国微观印象对商品评价的促进作用可能优先于品牌国宏观印象，而由于良好的商品评价对价格接受行为有促进作用（Lichtenstein and Black，1988；Lii and Sy，2009）。我们得到如下假设：

H1-2：品牌国微观印象突出的双原产国奢侈品价格接受率高于品牌国宏观印象突出的双原产国奢侈品。

早在原产国概念提出后不久，就有研究者提出原产国是一种产品质量信号，原产国可以通过标志产品的质量而影响顾客对产品的评价（Johansson，1983）。之后的研究表明，影响质量感知并不是原产国效应的全部，但不可否认的是原产国效应对消费者质量感知起到了显著的影响作用（Johansson et al.，1985；Miyazaki et al.，2005）。理想的原产国能够促进消费者得到正面积极的质量评价，这里原产国可以指品牌国和制造国的组合，也可以是其中之一，具体根据研究情形而定。例如，德国的汽车是高质量的，大众品牌是德国的汽车品牌，因而大众轿车也是高品质的。在 H1 的论述中，我们已经讨论了在消费者的意识和潜意识中，对任何一个原产国（含组合）都会产生一个原产国类别判断，因而，当刺激类别与最理想的原产国（如手表行业中"瑞士+瑞士"）差距越小时，消费者对商品的质量评价可能越高。因此，本研究得到以下假设：

H2：原产国线索影响消费者感知质量价值，越接近刻板印象中的最理想原产国感知质量越高。

双原产国产品出现之初就有学者研究了单/双原产国对消费者感知的影响，研究结果表明，单原产国情形下消费者对产品质量和价值的评价才是最好的，双原产国情形下消费者对产品质量和价值的评价较低（Han and Terpstra，1988）。并且值得注意的是，双原产国奢侈品中绝大多数商品的生产国通常是经济发达程度落后于品牌国的国家。一般来说，产品质量在很大程度上会受到经济发展程度的影响，这一特点很容易被顾客泛化到所有产品领域，进而形成固化的观念。因此，本研究中基于实际设计的双原产国商品刺激中，双原产国奢侈品的感知质量可能受到技术相对落后生产国的影响而低于单原产国奢侈品。因而，我们得到如下假设：

H2-1：单原产国奢侈品的感知质量价值高于双原产国奢侈品。

研究表明，品牌国印象的好坏影响消费者对商品的品牌价值（brand equity）的评价，而对品牌价值评价的影响具体会表现在对品牌质量的评价上（另一个维度是品牌印象）（Hamzaoui-Essoussi et al.，2011）。我们已经论述了，相对于抽象式的原产国宏观印象而言，具体式的原产国微观印象有可能在更大程度上简化基于原产国刻板印象的消费者认知判断，使得微观印象对消费者感知质量价值的影响可能优先于宏观印象的影响。因此，我们得到如下假设：

H2-2：品牌国微观印象突出的双原产国奢侈品感知质量高于品牌国宏观

印象突出的双原产国奢侈品。

消费者在进行购买活动时会将价格信息转换为有意义的价格认知，Jacoby和Olson（1977）将这个过程定义为SOR（Stimulus–Organism–Response）模型。根据这个模型，价格可以被看作一种刺激（stimulus）或者引发认知过程的线索，机体（organism）在模型中指的是价格线索所引发的心理过程，这个过程包括价格信息的获取、编码和存储，价格态度的产生和价格与其他信息的整合。对信息的整合结果最终决定着消费者对价格的反应（response），表现在消费者行为上为购买或不购买。

神经科学研究表明，大脑的前扣带回（ACC）能够进行价值编码和评价信息的整合，不利的信息整合结果能够引发认知冲突的产生、促进ACC活跃，进而促进机体做出趋避性质的行为，帮助我们避免不利的决策（Walton et al.，2007；Kennerley et al.，2011）。经济学领域的价格研究指出，消费者价格接受与否取决于消费者对交易中“感知利得”与“感知利失”的价格公平判断（Bolton et al.，2003；Xia et al.，2004）。“感知利得”由获得的感知商品价值决定，是交易中的有利因素，“感知利失”是交易中依据商品价格而付出的金钱，是不利因素。因而，经济交易中当“感知利得”不能匹配“感知利失”时，可能引发认知冲突，致使ACC发生活跃，促进消费者拒绝该价格。结合之前假设中提到的消费者对任何一个原产国（含组合）都有一个分类判断，这个分类与最理想的原产国（如这里的“瑞士 + 瑞士”）差距越小，商品评价和感知价值越高（也就是“感知利得”越高），在给定的价格下可能引发的认知冲突越小。我们得到如下假设：

H3：原产国线索影响价格接受的认知冲突，越接近刻板印象中的最理想原产国认知冲突越小。

单原产国奢侈品是品牌国与生产国在同一个国家的奢侈品；双原产国奢侈品是品牌国与生产国不在同一个国家的奢侈品。之前我们论述了单原产国奢侈品的感知质量可能高于双原产国奢侈品，同时感知质量显著影响着消费者对预期收益的感知，进而决定了“得失权衡”中认知冲突的大小。因此，单原产国奢侈品比双原产国奢侈品价格接受的认知冲突可能更小。同时，在综述中我们讨论了N2成分是一种起源于前扣带回的与认知相关的ERP成分（Botvinick et al.，2004）。该成分敏感于认知冲突的产生，认知冲突越大，N2成分的振幅越大（Clayson and Larson，2011）。因此，我们得到如下假设：

H3-1：单原产国奢侈品比双原产国奢侈品价格接受的认知冲突小，在事件相关电位上表现为更小振幅的N2成分。

在消费者价格接受的决策中存在“得失权衡”的过程。在奢侈品价值不能与昂贵的奢侈品价格匹配的时候容易出现强烈的“得失失衡”并引发消费者的认知冲突。之前我们论述了双原产国奢侈品的品牌国微观印象对质量感知的促进作用优先于品牌国宏观印象，表现为更高的感知质量价值。而感知质量价值显著影响着消费者对预期收益的感知，进而决定了“得失权衡”中认知冲突的大小，反映在ERP上就是N2成分振幅的大小。因此，品牌国微观印象可能优先于品牌国宏观印象而发挥作用，减少交易的“得失权衡”中出现的认知冲突，在ERP上表现为更小振幅的N2成分。由此，我们得到如下假设：

H3-2：品牌国微观印象突出的双原产国奢侈品比品牌国宏观印象突出的双原产国奢侈品价格接受的认知冲突小，在事件相关电位上表现为更小振幅的N2成分。

人类行为研究，尤其是消费者决策方面的许多研究表明，外界刺激引发的情感反应是决定消费行为至关重要的因素（Bagozzi et al.，1999；Peine et al.，2009；Reimann et al.，2012）。消费者都有寻求平等经济交换（economic exchange）的意愿，价格公平的感知可能会引发消费者对商品产生喜爱的情感（Peine et al.，2009）。消费者敏感于自己的福利状态（well-being），当个体感到特定事件对自己的利益没有任何影响的时候，不会产生任何感情。但是反过来，与个体福利状态有关的事件会引发个体情感的产生（Andreas et al.，2004）。感知评价理论认为，人类情感的唤醒是由认知评价引发的，与个体目标一致的事件会引发个体产生强烈的积极情感唤醒（Roseman et al.，1990）。在价格接受的思考过程中，用价格换取高商品价值是与消费者目标一致的。例如，消费者普遍认为因为商品品质好、质量价值高而导致的高价格是最能够接受的（Sethuraman and Cole，1992）。而原产国对商品质量的感知有着显著的影响作用，越接近刻板印象中的最理想原产国，感知质量可能越高。因此，我们得到如下假设：

H4：原产国线索影响消费者价格接受时的情感，越接近刻板印象中的最理想原产国，价格接受的情感唤醒度越强。

研究结果表明，与个体目标一致的事件会引发个体产生强烈的情感唤醒（Roseman et al.，1990）。消费者在交易中的目标就是用一定量的价格换取更大的商品价值。而消费者对单原产国（品牌国与生产国在同一个国家的奢侈品）产品质量和价值的评价是最好的，双原产国（品牌国与生产国不在同一个国家的奢侈品）情形下消费者对产品质量和价值的评价较低（Han and Terpstra，1988）。因而，单原产国奢侈品价格接受的情感唤醒可能比双原产国奢侈品更强。而之前在综述中我们讨论了 LPP 成分是一种产生于刺激被评价之后的 ERP 成分，该成分与情感加工过程密切相关（Leite et al.，2012），情感唤醒越强，LPP 的振幅越大。所以，我们得到如下假设：

H4–1：单原产国奢侈品比双原产国奢侈品价格接受的情感唤醒更强，在事件相关电位上表现为更大振幅的 LPP 成分。

根据 Andreas 的福利驱动理论，消费者在用一定量的价格能够换取更大的商品价值时更有可能表现出强烈的情感唤醒。双原产国奢侈品的品牌国微观（具体）印象对质量感知的促进作用优先于品牌国宏观（抽象）印象。因而品牌国微观印象好的商品更优先地得到好的质量估计，并被当作更大的商品价值收益，从而更容易出现“获得福利”的联想所引发的情感唤醒。而之前在综述中我们论证了 LPP 成分对动机性情感唤醒的表征作用（Leite et al.，2012），情感唤醒越强，LPP 的振幅越大。因而，我们得到如下假设：

H4–2：品牌国微观印象突出的双原产国奢侈品比品牌国宏观印象突出的双原产国奢侈品价格接受的情感唤醒更强，在事件相关电位上表现为更大振幅的 LPP 成分。

综上，基于对已有研究和理论框架的整理，本研究提出的研究假设如表 4.1 所示。

表 4.1　研究一的研究假设

H1	原产国线索影响奢侈品消费的价格接受率，越接近刻板印象中的最理想原产国价格接受率越高
H1–1	单原产国奢侈品的价格接受率高于双原产国奢侈品
H1–2	品牌国微观印象突出的双原产国奢侈品价格接受率高于品牌国宏观印象突出的双原产国奢侈品
H2	原产国线索影响消费者感知质量价值，越接近刻板印象中的最理想原产国感知质量越高

续表

H2-1	单原产国奢侈品的感知质量价值高于双原产国奢侈品
H2-2	品牌国微观印象突出的双原产国奢侈品感知质量高于品牌国宏观印象突出的双原产国奢侈品
H3	原产国线索影响价格接受的认知冲突，越接近刻板印象中的最理想原产国认知冲突越小
H3-1	单原产国奢侈品比双原产国奢侈品价格接受的认知冲突小，在事件相关电位上表现为更小振幅的 N2 成分
H3-2	品牌国微观印象突出的双原产国奢侈品比品牌国宏观印象突出的双原产国奢侈品价格接受的认知冲突小，在事件相关电位上表现为更小振幅的 N2 成分
H4	原产国线索影响消费者价格接受时的情感，越接近刻板印象中的最理想原产国，价格接受的情感唤醒度越强
H4-1	单原产国奢侈品比双原产国奢侈品价格接受的情感唤醒更强，在事件相关电位上表现为更大振幅的 LPP 成分
H4-2	品牌国微观印象突出的双原产国奢侈品比品牌国宏观印象突出的双原产国奢侈品价格接受的情感唤醒更强，在事件相关电位上表现为更大振幅的 LPP 成分

4.3 实验一：单 / 双原产国线索对奢侈品价格接受的影响——神经机制视角

本实验检验单 / 双原产国对奢侈品价格接受影响的相关假设。

4.3.1 实验设计

4.3.1.1 实验被试

16 名被试（其中 9 名为女性、7 名为男性）有偿参加了我们的实验，他们都是来自浙江大学或者浙江理工大学的 MBA 学生。为了保证实验情境的有效，实验前通过前测问卷挑选了对手表行业有了解的被试。前测问卷包含目前奢侈品手表排名最前的 5 个品牌（百达翡丽、江诗丹顿、爱彼、卡地亚、劳力士），被试需要答对全部原产国方可参加实验。被试平均年龄为 28.5 岁（分布在 24~36 岁），均为右利手，视力或者矫正视力正常，并且无精神病或者精神病史。在正式的事件相关电位实验开始之前，参与实验的被试全部签署了浙江大学神经管理学实验室被试知情书以及实验流程确认书。

4.3.1.2　实验材料

实验要求被试根据实验刺激做出奢侈品手表价格接受决策。我们选择手表作为目标商品的原因有以下两点：①奢侈品手表是男性和女性被试都需要的生活用品；②市场和研究数据表明原产国效应对不同类型产品影响程度不同（Hamzaoui–Essoussi et al.，2011），而奢侈品手表由于具有极其突出的著名的产地（如瑞士），因而适合作为原产国研究的目标商品。

为了保证 ERP 实验对刺激简单性的要求，价格水平选定入门级奢侈品手表集中的 5000（+5%）元区间段，具体的价格刺激在两个实验组内不同，而实验组间相同。主刺激图片的内容包括两个部分：价格信息和原产国信息。原产国信息包括原产国的品牌国信息和生产国信息两个维度。实验刺激中品牌国刺激包括法国和瑞士，生产国刺激包括法国、瑞士和中国。品牌国与生产国一致的刺激为单原产国刺激；品牌国与生产国不一致的刺激为双原产国刺激。实验中，共 160 个试次，其中双原产国刺激和单原产国刺激各 80 个试次。

4.3.1.3　实验程序

实验刺激通过 E–Prime 软件随机呈现在电脑屏幕的中央，实验被试与呈现刺激的屏幕距离约 70 厘米，水平视角和垂直视角分别为 2.58° 和 2.4°。单个试次（trial）的呈现顺序为：初始，电脑屏幕中央呈现凝视点（“+”图片），持续时间为 800 毫秒，接着出现 500~800 毫秒的灰屏随机刺激间隔（ISI）；随后电脑屏幕呈现主刺激，持续时间是 4000 毫秒，此段时间内被试需要进行价格接受决策，按键后刺激消失。无论被试是否按键，4000 毫秒过后，都呈现灰屏 500 毫秒，一个独立试次结束。具体程序见图 4.1。整个实验 160 个试次，被分为 4 个小节，每个小节 40 个刺激图片。节与节之间让被试休息 3~5 分钟。

正式实验开始前，先引导被试了解实验流程，在被试了解实验流程的基础上，与被试签订实验知情同意书。之后安排被试用实验专用的不含护发素的洗发水清洗头发及头皮，清洗干净后将头发完全吹干。完成后，被试进入实验间，在主试的帮助下佩戴电极帽。在主试完成粘贴电极、注射电极膏的过程中，被试观看主试事先下载好的奢侈品购物场景视频，使被试完全放松下来并进入一种购物的准备状态中。观看视频后，要求被试对实验的指导语进行详细阅读（实验的指导语见附录）并完成一个实验练习。确保被试完全明确实验任务且熟悉按键操作后，开始进行正式实验。被试需要在刺激材料呈现的 4000 毫秒之间按键，价格接受按食指对应的数字“1”键，价格拒绝按中指对应的数字“3”键。被试未做出按键响应的试次视为无效试次，数据分析中不统计无效试次。

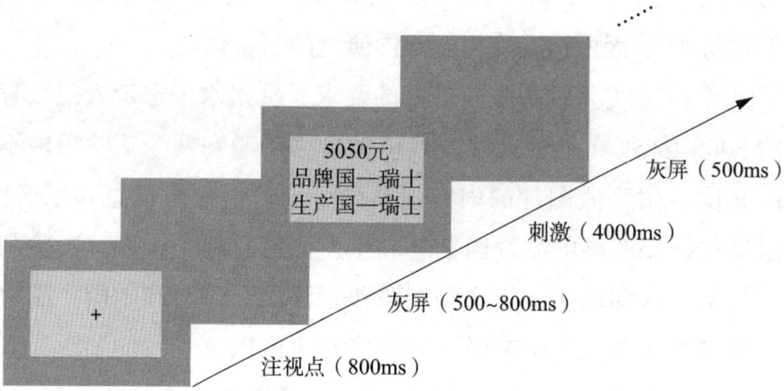

图 4.1　实验一刺激流程

4.3.1.4　数据记录

被试被安排坐在安静隔音且能屏蔽电磁辐射的 ERP 实验室内进行实验。

实验采用美国 Neuroscan 公司生产的 64 导脑电记录系统进行脑电的记录，并用 Scan4.3 分析系统对采集的数据进行分析，利用 64 导的 Ag/AgCl 电极帽记录相应的脑电，电极位置分布遵照国际 10–20 系统（见图 4.2）。另外，有四个活动电极分别对左眼眶上侧的垂直眼电、左眼眶下侧的垂直眼电和两眼外侧的水平眼电进行记录；参考电极置于双侧乳突（双耳突起位置）；接地电极在 FCZ 和 FZ 之间的中点位置。滤波带通为 0.05~100 赫兹，采用频率为 500 赫兹 / 导，实验过程中电极与头皮的接触电阻均小于 5000 欧。

E–Prime 软件在随机呈现刺激图片的同时，对刺激类型、按键值和做出响应的反应时进行记录。Scan4.3 分析系统记录了刺激类型、被试脑电波形、被试反应时和按键值。

4.3.1.5 脑电数据处理

对于采集到的初始脑电数据，在 Scan4.3 软件中用离线分析的技术进行处理（赵仑，2010），具体步骤如下：

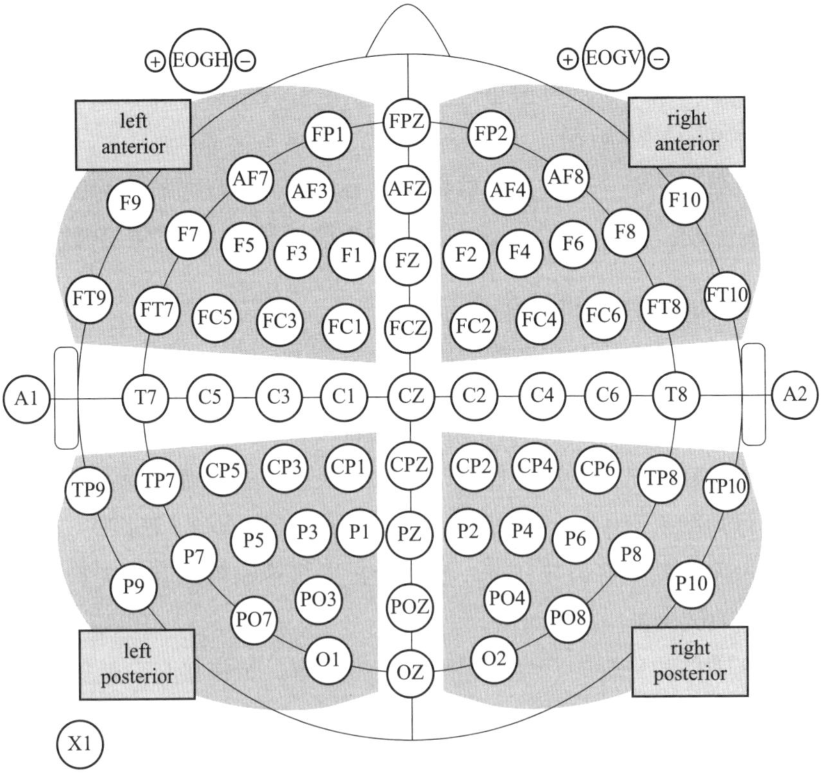

图 4.2 国际 10-20 系统脑电记录系统取点分布

（1）预览脑电。离线情况下浏览采集的被试脑电波形，删除显著漂移的脑电区段，以确保分析结果不受漂移信号的干扰。

（2）数字滤波。此步处理的目的是除去五十周或其他高频信号的干扰，以提高所获得数据的信噪比。

（3）去眼点。以“EOGV”为参考电极，对得到的 EEG 数据进行眼电的伪迹校正。首先找到眼电的 MAX 值，构建一个平均伪迹反应，之后一步步地将 EOG 从 EEG 中除去。

（4）脑电分段。对记录到的连续的脑电信息进行分段，以刺激展示为脑电分段的基准点，将刺激出现之前 200 毫秒至刺激出现后 800 毫秒选为脑电分段分析的时程。

（5）基线矫正。将刺激呈现前的200毫秒的EEG作为基线值，将刺激呈现后的EEG与基线相减，去掉脑电相对于基线的偏离。

（6）去除伪迹。将目标时间窗内脑电信号中幅度较高的伪迹剔除，本实验中剔除振幅大于 ±80微伏的EEG片段。

（7）叠加平均。按照刺激事件不同对脑电片段进行分类叠加，以得到对应刺激事件下的ERP数据。

（8）总平均。对全部被试的数据叠加平均后，对相同条件的事件相关电位数据进行平均，获得14个被试在不同刺激事件下的总平均ERP数据。

4.3.2 数据分析与结果展示

4.3.2.1 行为数据分析

本研究通过E-Prime2.0软件（心理学软件公司，匹兹堡，美国）呈现实验刺激材料并在被试进行决策任务的同时记录被试的按键选择情况，对得到的被试的行为结果利用SPSS软件展开统计分析（马庆国，2002）。分析中剔除被试未做响应的试次，并在进一步的分析中将这些被试未在实验限定时间内做出响应的试次视为无效试次。

本研究采集和分析的行为数据为价格接受率。价格接受率是指被试根据给定的价格信息参考刺激材料中给定的原产国信息做出价格接受决策的比率。在本实验的特定情境下，即被试按键反应为“1”的比率。

单原产国与双原产国奢侈品的被试价格接受率结果见表4.2。

表4.2 单原产国组与双原产国组的价格接受率对比

指标	均值	标准差	样本数
单原产国	82.27	26.76	16
双原产国	45.70	19.74	16

配对样本 T 检验结果显示（见表4.3），单原产国组与双原产国组的价格接受率存在显著差异（t=4.975，p=0.000），单原产国奢侈品的价格接受率（M=82.27，SD=26.76）显著高于双原产国奢侈品的价格接受率（M=45.70，SD=19.74）。（M表示均值，SD表示标准差，下同）

表 4.3 单 / 双原产国情境下价格接受率配对样本 *T* 检验结果

指标	成对差分					*t*	*df*	Sig.（双侧）
	均值	标准差	均值的标准误	差分的 95% 置信区间				
				下限	上限			
单原产国—双原产国	0.3656	0.2939	0.07352	0.2090	0.5223	4.975	15	0.000

4.3.2..2 问卷数据分析

问卷收集完成后，先用 Excel 软件对收集到的问卷结果进行初步整理，然后将整理好的各个问项结果用 SPSS 软件进行描述统计，并对其进行单原产国组与双原产国组间的配对样本 *T* 检验。

问卷数据的描述统计分析结果见表 4.4。

表 4.4 单原产国组与双原产国组价值感知打分对比

指标	单原产国		双原产国	
	M	SD	M	SD
商品价值	3.87	0.619	3.31	0.602
炫耀价值	3.81	1.167	3.13	1.204
享乐价值	3.88	1.258	3.56	0.892
物质主义价值	3.44	0.964	3.50	0.894
独特价值	3.63	0.885	3.75	1.000
质量价值	3.94	0.680	3.19	0.834

问卷数据的配对样本 *T* 检验结果见表 4.5。从配对样本 *T* 检验结果可以看出，单原产国组与双原产国组间商品价值的总体评价有显著差异，单原产国组的感知商品价值（M=3.87，SD=0.619）显著大于双原产国组（M=3.31，SD=0.602）。而具体在奢侈品价值的五个维度上，单原产国组的感知质量价值（M=3.94，SD=0.680）显著大于双原产国组（M=3.19；SD=0.834），而炫耀价

值、享乐价值、物质主义价值和独特价值维度并未发现显著差异。也就是说，单/双原产国对商品价值评价具有显著的影响，而这种影响主要存在于质量价值维度，单原产国组的感知质量价值和感知商品总价值都高于双原产国组。

表 4.5　单原产国组与双原产国组价值感知打分的配对样本 *T* 检验结果

指标	成对差分					*t*	*df*	Sig.（双侧）
	均值	标准差	均值的标准误	差分的 95% 置信区间				
				下限	上限			
炫耀价值—单—炫耀价值—双	0.688	1.852	0.463	−0.299	1.674	1.485	15	0.158
享乐价值—单—享乐价值—双	0.313	1.014	0.254	−0.228	0.853	1.232	15	0.237
物质主义价值—单—物质主义价值—双	−0.063	0.772	0.193	−0.474	0.349	−0.324	15	0.751
独特价值—单—独特价值—双	−0.125	1.025	0.256	−0.671	0.421	−0.488	15	0.633
质量价值—单—质量价值—双	0.750	1.125	0.281	0.150	1.350	2.666	15	0.018
商品总价值—单—商品总价值—双	0.563	0.727	0.182	0.175	0.950	3.093	15	0.007

4.3.2.3　脑电数据分析

根据前述的脑电数据处理方法处理实验得到的脑电数据，本研究的总分析时程为 1000 毫秒：从刺激材料出现前 200 毫秒（作为脑电基线）到刺激材料呈现后的 800 毫秒。为了研究不同刺激条件下的消费者脑神经处理过程，本研究采用被试内重复测量方差分析（with-subjects repeated-measure of ANOVA）的统计处理方法，用 SPSS 软件进行数据分析。分析主要关注刺激锁时的 N2 成分及 LPP 成分。根据两种成分的衍生脑区分布情况，选取 F1、FZ、F2、FC1、FCZ、FC2、C1、CZ、C2、CP1、CPZ、CP2、P1、PZ、P2 15 个电极点进行分析。其中 F1、FZ、F2、FC1、FCZ、FC2、C1、CZ、C2 用于 N2 成分的分析，C1、CZ、C2、CP1、CPZ、CP2、P1、PZ、P2 用于

LPP 成分的分析（研究取点分布见图 4.3）。根据前文论述的已有研究结合本研究引发的脑电波形特点，对两个成分进行分析的时间窗口分别选择为，N2：250~350 毫秒，LPP：350~650 毫秒。

根据刺激类型的不同将脑电数据进行分类处理。按照刺激材料中起源地与生产地是否一致将刺激材料分为单原产国组与双原产国组。将单原产国组与双原产国组分别进行叠加，平均得到的脑电数据采取低通 12 赫兹（24 dB/Octave）的方式进行滤波，得到两条总平均线，两条总平均线的全脑图见图 4.3。浅色为双原产国组，深色为单原产国组。

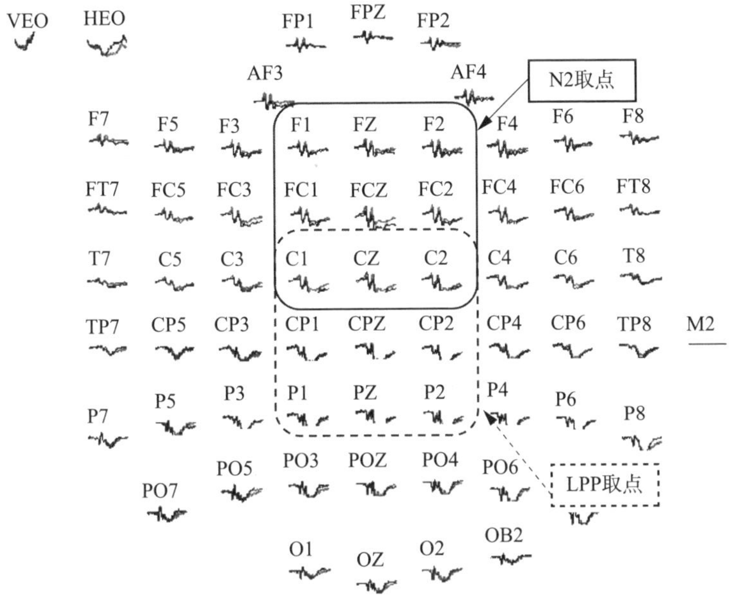

图 4.3 单 / 双原产国引发的全脑波形图及研究总体取点分布

（1）N2 成分分析。

本研究根据前人研究成果、本研究的实验目的、本研究的实验范式，选取了 N2 成分进行脑电数据分析。已有的研究表明，N2 在额区（F1、FZ、F2）、额中央联合区（FC1、FCZ、FC2）及中央区（C1、CZ、C2）的振幅最大，因此这里选择 F1、FZ、F2、FC1、FCZ、FC2、C1、CZ、C2 共 9 个电极点进行分析。参考以往文献中对 N2 成分的研究成果及本研究的脑电结果图，本研究选择时间窗口为 250~350 毫秒。9 个电极点上 N2 成分波幅描述性统计见表 4.6。

表 4.6　单 / 双原产国引发的 N2 成分波幅描述性统计

单位：微伏

电极点	单原产国		双原产国	
	均值	标准差	均值	标准差
F1	–0.573	0.651	–1.083	0.623
FZ	–0.936	0.736	–1.635	0.615
F2	–0.820	0.800	–1.628	0.679
FC1	–0.027	0.619	–0.879	0.736
FCZ	–0.584	0.790	–1.304	0.661
FC2	–0.383	0.764	–1.196	0.695
C1	0.742	0.660	–0.003	0.593
CZ	–0.155	0.781	–0.957	0.676
C2	0.238	0.734	–0.248	0.626

N2 成分在 9 个代表电极点上的 ERP 波形见图 4.4。针对额区及额中央

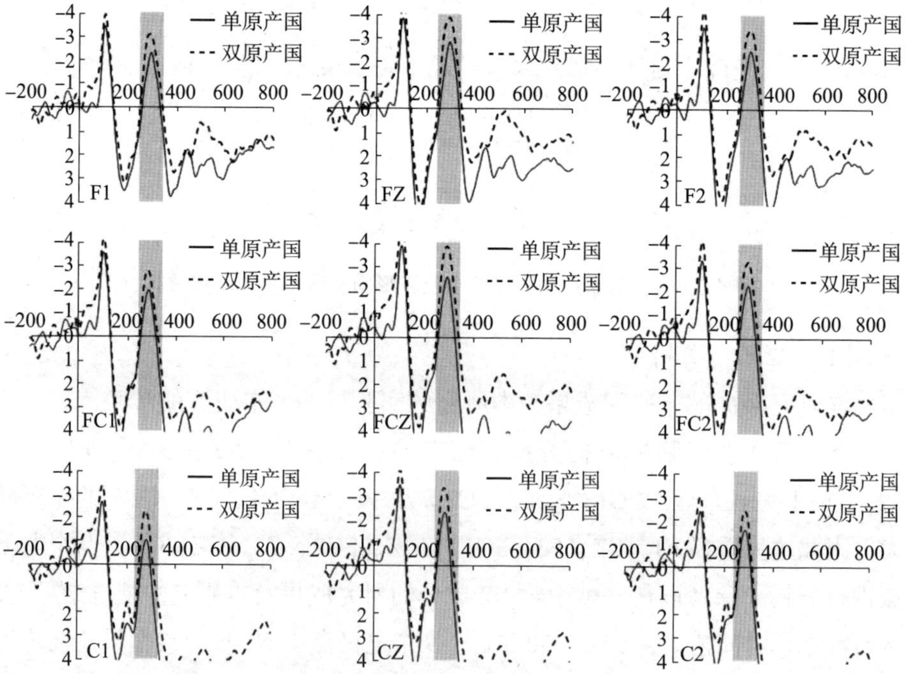

图 4.4　单 / 双原产国引发的 N2 成分波形

联合区 N2 成分做 2（刺激类型：单原产国 vs. 双原产国）×9（电极点：F1、FZ、F2、FC1、FCZ、FC2、C1、CZ、C2）的重复性方差分析。结果显示，刺激类型具有显著的主效应，$F(1, 15)=5.739$，$p=0.030<0.05$；电极具有显著的主效应，$F(8, 120)=8.535$，$p=0.000<0.05$；决策类型与电极的交互效应不存在，$F(8, 120)=0.652$，$p=0.732>0.05$。

为了分析单原产国组与双原产国组在 N2 成分上的关系，进一步对这两种刺激类型做了配对检验，结果详见表 4.7。结果显示，双原产国组的 N2 振幅（M=–0.993，SE=0.633）大于单原产国组的 N2 振幅（M=–0.278，SE=0.699），$p=0.030<0.05$。

表 4.7　单 / 双原产国组 N2 振幅的配对检验结果

（I）COO	（J）COO	均值差值（I–J）	标准差	Sig.	差分的 95% 置信区间	
					下限	上限
单原产国	双原产国	0.715	0.298	0.030	0.079	1.351

（2）LPP 成分分析。

本研究根据前人研究成果、本研究的实验目的、本研究的实验范式，选取了 LPP 成分进行脑电数据分析。从实验的全脑图上可以看到，单原产国组与双原产国组的 LPP 成分表现出明显差异，差异表现在 350~650 毫秒时间窗口。已有的研究表明，LPP 成分主要分布在中央区（C1、CZ、C2）、中央顶区联合区（CP1、CPZ、CP2）和顶区（P1、PZ、P2），因此这里选择 C1、CZ、C2、CP1、CPZ、CP2、P1、PZ、P2 共 9 个电极点进行分析。9 个电极点上 LPP 成分波幅描述性统计见表 4.8。

表 4.8　单 / 双原产国情境下 LPP 成分波幅描述性统计

单位：微伏

电极点	单原产国		双原产国	
	均值	标准差	均值	标准差
C1	4.187	0.628	3.311	0.509
CZ	4.192	0.610	3.030	0.650
C2	4.091	0.546	3.198	0.524

续表

电极点	单原产国		双原产国	
	均值	标准差	均值	标准差
CP1	4.644	0.661	4.073	0.581
CPZ	5.260	0.642	4.283	0.595
CP2	5.317	0.561	4.556	0.530
P1	4.674	0.760	3.823	0.632
PZ	5.279	0.794	4.333	0.675
P2	5.896	0.790	5.027	0.615

LPP 成分在 9 个代表电极点上的 ERP 波形见图 4.5。针对中央顶区联合区和顶区 LPP 成分做 2（刺激类型：单原产国 vs. 双原产国）×9（电极：C1、CZ、C2、CP1、CPZ、CP2、P1、PZ、P2）的重复性方差分析。结果显示，刺激类型具有显著的主效应，*F*（1，15）=10.678，*p*=0.038<0.05；电极具有显著的主效应，*F*（8，120）=1.461，*p*=0.000<0.05；刺激类型与电极的交互效应不存在，*F*（8，120）=0.391，*p*=0.924>0.05。

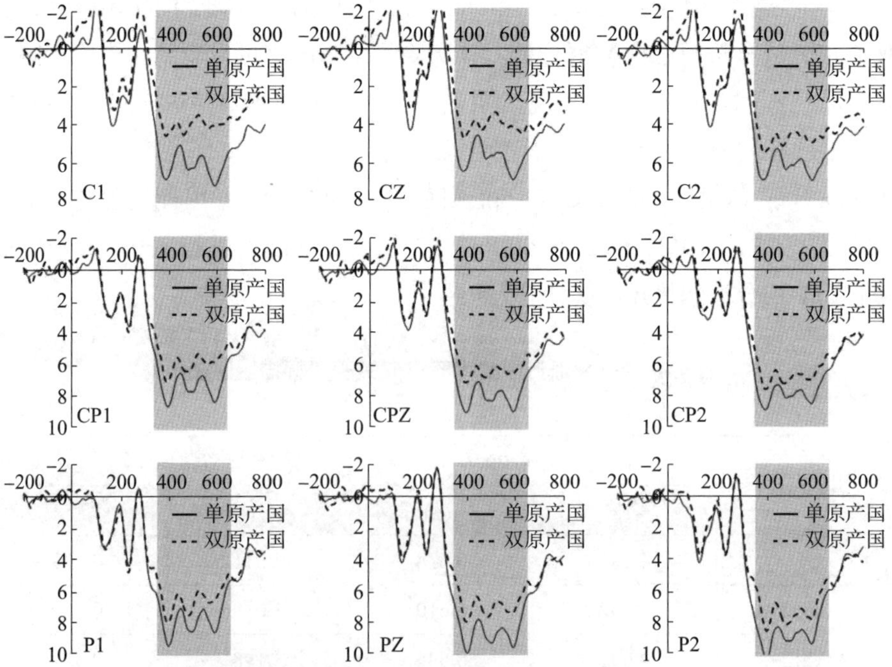

图 4.5　单 / 双原产国引发的 LPP 成分波形

为了分析单原产国组与双原产国组在 LPP 成分上的关系，进一步对这两种刺激类型做了配对检验，结果详见表 4.9。结果显示，单原产国组的 LPP 振幅（M=4.838，SE=0.630）显著大于双原产国组的 LPP 振幅（M=3.959，SE=0.543），$p=0.038 < 0.05$。

表 4.9 单 / 双原产国组 LPP 振幅的配对检验结果

（I）COO	（J）COO	均值差值（I–J）	标准差	Sig.	差分的 95% 置信区间	
					下限	上限
单原产国	双原产国	0.878	0.385	0.038	0.058	1.699

4.3.3 实验讨论

4.3.3.1 行为结果讨论

价格接受率的行为数据显示，品牌国与制造国一致的单原产国实验组的价格接受率显著高于品牌国与制造国不一致的双原产国实验组。这说明被试在价格接受的决策中容易受到单 / 双原产国线索的影响，单原产国线索相对双原产国线索更能促进消费者价格接受。

这种现象可以从原产国效应对商品评价的作用机制和以商品质量为基础的价格感知两个层面理解。首先，原产国效应是通过原产国印象的唤醒发挥作用的，原产国印象是消费者基于以往对某国制造能力和行销能力上的优劣知觉所形成的对该国产品的整体知觉（孙丽辉、郑瑜，2009）。原产国起到概括商品属性信念的作用，并会进一步影响顾客的品牌态度。也就是说，消费者用原产国的类别信息表征自己对不同国家的产品及品牌的认识。单原产国是出现较早的原产国类型，相较于双原产国来说是典型的理想原产国类型。双原产国商品的制造国与品牌国分离，制造国在制造能力上很可能与品牌国本身的制造能力不匹配（Hamzaoui–Essoussi et al.，2011）。因而，不具优势的生产国制造能力印象可能会降低消费者对双原产国商品的整体评价。从而原产国刻板印象更接近理想原产国组合的单原产国奢侈品的价格接受率更高。其次，感知质量是价格接受的正性影响因素。本研究通过问卷的方式测量了消费者对两类商品的感知价值，问卷结果表明，单原产国商品的消费者感知质量价值高于双原产国商品（而在奢侈品价值的其他维度上差异不显著，在

4.3.3.2 节中详细讨论）。研究表明，消费者更能接受高质量带来的高价格，因此，感知价值较高的单原产国奢侈品的价格接受率显著高于感知价值较低的双原产国奢侈品的价格接受率。

综上所述，品牌国与制造国一致性影响了消费者价格接受行为，单原产国组价格接受率高于双原产国组。因此，“H1-1：单原产国奢侈品的价格接受率高于双原产国奢侈品”得到证实。

4.3.3.2　问卷结果讨论

如实验设计中所述，为了更好地解析消费者奢侈品价格接受的心理过程，要求被试在 ERP 实验完成后填写关于实验中出现的奢侈品的价值预期的打分，其中包括奢侈品的总价值打分和奢侈品价值五个维度的打分。结果显示，单原产国奢侈品在总价值评估中得分明显高于双原产国奢侈品。而具体在奢侈品价值的五个维度中，单原产国奢侈品在质量价值维度中得分明显高于双原产国奢侈品；而在其他四个维度上没有显著差异。也就是说，单原产国组的总体感知商品价值高于双原产国商品，而这种差异源于感知质量价值维度。

早在原产国概念提出后不久，就有研究者用信号假说（signaling hypothesis）解释了原产国效应。该假说认为原产国是一种产品信号，具体来说是一种产品质量信号，原产国可以暗示产品的质量进而影响顾客对产品的评价（Johansson，1983）。之后的研究指出，对商品质量的暗示作用并不是原产国效应的全部，然而这些研究仍然支持了原产国影响产品质量感知的观点（Johansson et al.，1985；Miyazaki et al.，2005）。例如，大部分消费者认为发达国家原产的商品技术好、质量高，而发展中国家生产的商品技术差、质量低劣（Hamzaoui-Essoussi et al.，2011）。这种印象一经形成便会长期影响消费者，而且即便一些国家产品质量得到提升，消费者对原产国印象的改变也会相对滞后（江红艳、王海忠，2011）。另外，已有的原产国效应研究通过访谈和问卷的形式发现单原产国商品获得了比双原产国商品更高的价值评价，尤其在质量价值方面（Han and Terpstra，1988）。本研究得到的问卷数据结果很好地在奢侈品领域印证了前人的结论。

因此，单原产国奢侈品的感知质量价值高于双原产国奢侈品。“H2-1：单原产国奢侈品的感知质量价值高于双原产国奢侈品”得到证实。

4.3.3.3　脑电结果讨论

本实验中，单原产国组与双原产国组引发了脑电波形的差异，差异主要表现在 N2 成分和 LPP 成分上。

（1）N2 成分分析。

单 / 双原产国影响奢侈品价格接受的实验中，双原产国组与单原产国组在认知处理过程的早期，N2 成分表现出了显著差异，N2 是反映早期决策处理过程的 ERP 成分，主要分布在额区、额中央联合区和中央区。N2 成分的峰值潜伏期通常为 250~300 毫秒（Folestein and Petten，2008）。本实验中 N2 在刺激图片呈现后的 300 毫秒左右达到最大振幅。N2 成分最早在 oddball 实验范式中被发现并且探究者认为 N2 成分反映了认知监控的错误匹配层面：与靶刺激相比，非靶刺激能引起更大振幅的 N2 成分（Pfefferbaum et al.，1985）。Nieuwenhuis 等（2003）用不同概率的非靶刺激研究发现，N2 成分的振幅敏感于非靶刺激（NO–GO）的概率。之后的研究者们相继用 Eriksen Flander 任务（Clayson and Larson，2011）、GO/NO–GO 任务（Bekker et al.，2005）、简单反应干扰（simple response interference）任务（Van Veen and Carter，2002）等实验印证了学者们关于 N2 敏感于认知监控失匹配的说法。

已有的微观经济学和神经经济学研究理论指出，在商品考虑阶段，消费者们会根据潜在“利得”（获得的商品价值）和潜在“利失”（支付的金钱）权衡得失匹配情况，进而决策是否应该购买商品（Deaton et al.，1980；Prelec and Loewenstein，1998；Knutson et al.，2007）。转换成价格接受问题，在本研究中存在一个商品价值能否与昂贵的奢侈品价格匹配的问题。当商品价值与昂贵的价格不匹配时，认知监控会监测并发现这个价值匹配问题进而引发相应的脑神经活动。

本实验结果表明，单原产国组与双原产国组在刺激呈现后的 300 毫秒左右出现了一个显著的 N2 成分负向振幅的差异。双原产国组的 N2 振幅显著大于单原产国组。根据上文的分析，N2 振幅敏感于价值匹配，当感知商品价值与昂贵的奢侈品价格不匹配的时候 N2 振幅更大。因此可以得出，价位一定时，双原产国奢侈品的价格接受冲突大于单原产国奢侈品。也就是说，双原产国商品与昂贵的奢侈品价格的匹配度低于单原产国商品。已有的研究表明，原产国信息对奢侈品的消费行为影响比对非奢侈品消费行为的影响还要显著，并且奢侈品原产国线索相比奢侈品其他信息线索对消费者决策的影响更大（Godey et al.，2012）。从价值驱动的奢侈品消费动机理论层面来看，奢侈品感知价值主要来自质量价值、炫耀价值、享乐价值、物质主义价值和独特价值五个维度（Wiedmann et al.，2007；Shukla，2012）。因此，质量价值的提高有利于提高消费者对商品价值的总体评价，进而提高消费者对感知“利得”（潜在的商品价值）的总体预估。在其他价值维度无显著差异的情况下，单原产国奢侈品具有更高的感知质量价值、更高的感知得利，因而在得失权衡中，被认为与昂贵的奢侈品价格具有更高的匹配度，产生了较小的认知冲突，在 ERP 上表现为更小的 N2 振幅。

综上，“H3-1：单原产国奢侈品比双原产国奢侈品价格接受的认知冲突小，在事件相关电位上表现为更小振幅的 N2 成分”得到证实。

（2）LPP 成分分析。

在奢侈品价格接受实验中，双原产国组与单原产国组在认知处理过程的晚期 LPP 成分上表现出了显著差异，LPP 成分是反映晚期决策处理过程的 ERP 成分，主要分布在中央区、中央顶区联合区及顶区。LPP 成分的峰值潜伏期通常为 350~650 毫秒。本实验中 LPP 在刺激图片呈现后的 500 毫秒左右达到最大振幅（Yen et al.，2010；Baur et al.，2015）。大量的研究表明，LPP 振幅与情感唤醒存在密切关系。高唤醒度的面孔刺激（Hajcak et al.，2006）、情感文字刺激（Yen et al.，2010）和情感图片刺激（Schupp et al.，2000）都能引发被试更大的 LPP 振幅。之后，有研究发现当被试观察性伙伴的照片时，更具魅力的性伙伴引发了被试更强的性唤醒和性欲望，并且在 ERP 上表现为更大的 LPP 振幅（Van Hooff et al.，2011）。类似地，在食物剥夺的饥饿实验中，被试经过饥饿后看到食物图片相较其他图片（如花朵等）会引发更大的 LPP 正向偏移（Leite et al.，2012）。因此，学者们提出 LPP 可能是敏感于动机性情感唤醒（motivational emotion arousal）的神经生理指标。

在涉及原产国的研究中，Min 用神经科学的方法研究了原产国效应并发现了一个由原产国信息引发的峰值接近 500 毫秒的一个晚期正成分，并称之为 P500（Min et al.，2014）。大量研究表明，LPP 成分唤醒与回忆检索之间存在密切关系（Mograss et al.，2009；Shao et al.，2011）。另外，消费者心理学研究指出，原产国是基于原产国形象回忆之上发挥作用的（Han，1989；Hamzaoui-Essoussi et al.，2011）。所以，Min 认为这种晚期的正性唤醒是语义处理原产国名称后引起记忆唤醒而产生的。本实验中出现了与 Min 等发现的 P500 类似的晚期正成分 LPP，似乎再次证明了 Min 的猜测。

然而，正如我们以上论述中提到的，LPP 更多地被认为是与情感唤醒相关联的；并且消费者研究也表明原产国效应发挥作用的过程中很可能暗含着一个情感过程。例如，一些消费者对某些国家的产品好感多过其他国家的产品（Balabanis and Diamantopoulos，2004；Chen et al.，2011）或者消费者对偏爱的国家生产的产品会予以更高的评价（Han，1988；Min et al.，2014）；价格研究理论也提出了价格情感（price affect）的概念，用以表明消费者价格接受受到情感因素的影响（O'Neill and Lambert，2001）。因此，在奢侈品价格接受问题中，LPP 很可能反映的是建立在原产国印象回忆基础上的一种情感动力效应（motivational emotion arousal effect）。

在本实验中，单原产国组与双原产国组在刺激呈现后的 500 毫秒左右出现了一个显著的 LPP 成分正向振幅的差异。单原产国组的 LPP 振幅显著大于双原产国组。所谓情感动力效应，在本研究问题中可以理解为，消费者看到原产国信息后，引发原产国形象回忆，在回忆的基础上产生了关于产品价值的判断以及获得价值与支付价格的权衡（在上文 N2 成分中已经讨论），得失权衡之后，越值得购买时情感唤醒越强，价格接受的动机越强。本实验的行为数据与我们关于 LPP 的情感动力效应的推理全部吻合。LPP 振幅较大的单原产国组的价格接受率显著高于 LPP 振幅较小的双原产国组。有研究表明，原产国在品牌国和生产国上的一致性能够促进消费者产生更为正面的评价：加拿大的消费者普遍对“丹麦品牌、丹麦制造”的商品具有更正面的商品评价（与加拿大制造相比）。因为丹麦在加拿大消费者的印象中是工业高度发达的国家，消费者认为，丹麦品牌的商品在丹麦本国制造的话技术上更能匹配，因此“丹麦品牌、丹麦制造”对消费者的购买刺激最大（Ahmed et al.，2011）。类似地，Han 和 Terpstra（1988）提出原产国的技术先进性、威望、工艺等都会影响消费者对原产国的评价和偏好。值得注意的是，大多数的双原产国奢侈品都是在生产成本低于品牌国的相对欠发达国家代工生产的。例如，Nike 品牌起源于美国，而生产 Nike 跑鞋的工厂则建立在中国、巴基斯坦、越南等亚洲国家（Hamzaoui-Essoussi et al.，2011）。这些相对欠发达的生产国往往在生产技术上落后于发达的品牌国。因此，另一种理解是双原产国商品的品牌国印象可能被生产国印象稀释了，进而总体的印象和评价低于单原产国商品，因而价格接受的情感唤醒较低。

综上，“H4-1：单原产国奢侈品比双原产国奢侈品价格接受的情感唤醒更强，在事件相关电位上表现为更大振幅的 LPP 成分”得到证实。

4.4 实验二：品牌国宏观 / 微观刻板印象对奢侈品价格接受的影响——神经机制视角

本实验检验品牌国宏观 / 微观印象对奢侈品价格接受影响的相关假设。

4.4.1 实验设计

4.4.1.1 实验被试

14 名被试（其中 8 名为女性、6 名为男性）有偿参加了我们的实验，他们是来自浙江大学或者浙江理工大学的 MBA 学生。为了保证实验情境的有效，实验前通过前测问卷挑选了对手表行业有了解的被试。前测问卷包含目前奢侈品手表排名最前的 5 个品牌（百达翡丽、江诗丹顿、爱彼、卡地亚、劳力士），被试需要答对全部原产国方可参加实验。被试平均年龄为 28 岁（分布在 24~37 岁），均为右利手，视力或者矫正视力正常，并且无精神病或者精神病史。在正式的事件相关电位实验开始之前，参与实验的被试全部签署了浙江大学神经管理学实验室被试知情书以及实验流程确认书。

4.4.1.2 实验材料

实验要求被试根据我们提供的价格和原产地信息做出奢侈品手表购买决策。我们选择手表作为目标商品的原因有以下两点：①奢侈品手表是男性和女性被试都需要的生活用品；②市场和研究数据表明原产国效应对不同类型产品影响程度不同（Hamzaoui–Essoussi et al.，2011），而奢侈品手表由于具有极其突出的著名的产地（如瑞士），因而很可能受到原产国因素的影响。

为了保证 ERP 实验对刺激简单性的要求，价格水平选定入门级奢侈品手表集中的 5000（+5%）元区间段，具体的价格刺激在两个实验组内不同，而实验组间相同。主刺激图片的内容包括两个部分：价格信息和原产国信息。原产国信息包括原产国的品牌国信息和生产国信息。根据本研究的研究目的，生产国信息固定为中国，而品牌国信息包括宏观印象突出的代表国法国和微观印象突出的代表国瑞士。刺激图片中，价格信息出现在第一行，品牌国和生产国各在刺激图片的第二行和第三行显示，而品牌国和生产国各在第二行还是第三行由实验程序随机决定，这样做可以保证刺激简单而多样，避免被试疲劳。生产国信息和品牌国信息实验中，共 160 个试次，其中宏观印象组刺激和微观印象组刺激各 80 个试次。

4.4.1.3 实验程序

实验刺激通过 E-Prime 软件随机呈现在电脑屏幕的中央，实验被试与呈现刺激的屏幕距离约 70 厘米，水平视角和垂直视角分别为 2.58° 和 2.4°。单个试次（trial）的呈现顺序为：初始，电脑屏幕中央呈现凝视点（“+”图片），持续时间为 800 毫秒，接着出现 500~800 毫秒的灰屏随机刺激间隔（ISI）；随后电脑屏幕呈现主刺激，持续时间是 4000 毫秒，此段时间内被试需要进行价格接受决策，按键后刺激消失。无论被试是否按键，4000 毫秒过后，都呈现灰屏 500 毫秒，一个独立试次结束。具体程序见图 4.6。整个实验 160 个试次，被分为 4 个小节，每个小节 40 个刺激图片。节与节之间让被试休息 3~5 分钟。

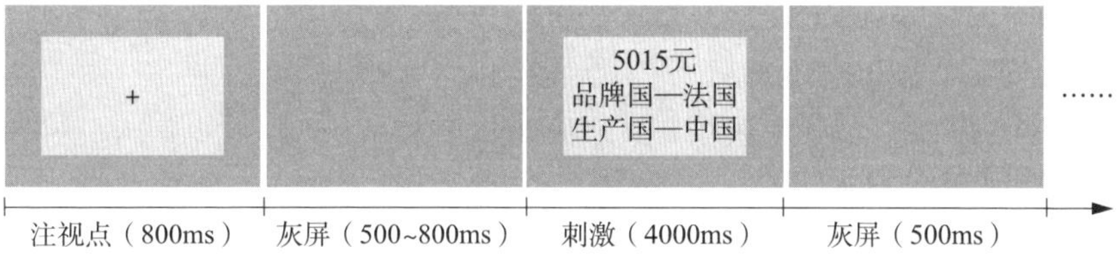

图 4.6 实验二刺激流程

正式实验开始前，先引导被试了解实验流程，在被试了解实验流程的基础上，与被试签订实验知情同意书。之后安排被试用实验专用的不含护发素的洗发水清洗头发及头皮，清洗干净后将头发完全吹干。完成后，被试进入实验间，在主试的帮助下佩戴电极帽。在主试完成粘贴电极、注射电极膏的过程中，被试观看主试事先下载好的奢侈品购物场景视频，使被试完全放松下来并进入一种购物的准备状态中。观看视频后，要求被试对实验的指导语进行详细阅读（实验的指导语见附录）并完成一个实验练习。确保被试完全明确实验任务且熟悉按键操作后，开始进行正式实验。被试需要在刺激材料呈现的 4000 毫秒之间按键，价格接受按食指对应的数字“1”键，价格拒绝按中指对应的数字“3”键。被试未做出按键响应的试次视为无效试次，数据分析中不统计无效试次。

4.4.1.4　数据记录

被试被安排坐在安静隔音且能屏蔽电磁辐射的ERP实验室内进行实验。

实验采用美国Neuroscan公司生产的64导脑电记录系统进行脑电的记录，并用Scan4.3分析系统对采集的数据进行分析，利用64导的Ag/AgCl电极帽记录相应的脑电，电极位置分布遵照国际10–20系统（见图4.2）。另外，有四个活动电极分别对左眼眶上侧的垂直眼电、左眼眶下侧的垂直眼电和两眼外侧的水平眼电进行记录；参考电极置于双侧乳突（双耳突起位置）；接地电极在FCZ和FZ之间的中点位置。滤波带通为0.05~100赫兹，采用频率为500赫兹/导，实验过程中电极与头皮的接触电阻均小于5000欧。

E–Prime软件在随机呈现刺激图片的同时，对刺激类型、按键值和做出响应的反应时进行记录。Scan4.3分析系统记录了刺激类型、被试脑电波形、被试反应时和按键值。

4.4.1.5　问卷数据采集

为了了解原产国线索对消费者价值感知的影响，本研究采用问卷的形式对商品总体价值和奢侈品的炫耀价值（conspicuous value）、享乐价值（hedonism value）、物质主义价值（materialism value）、独特价值（uniqueness value）和质量价值（quality value）五个维度进行测量。奢侈品价值五个维度的选取参考了以比较成熟的奢侈品价值为基础的购买研究中的分类（Wiedmann et al.，2007；Shukla，2012）。虽然也有一些奢侈品研究提出地位价值（status value）的概念来描述消费者从显示身份地位中获得的商品价值，并将其从炫耀价值中区分出来，但根据最经典的炫耀价值定义（Veblen，1899；Wang and Griskevicius，2014）以及本研究的研究目的，我们不采纳这种划分。问卷中，所有题项采用Likert五级量表进行测量。

4.4.1.6　脑电数据处理

对于原始脑电数据，采用离线分析的方法用Scan4.3软件处理（赵仑，2010）。具体步骤与实验一相同。

4.4.2　数据分析与结果展示

4.4.2.1　行为数据分析

本研究采集和分析的行为数据为价格接受率。数据处理方法与实验一相同。宏观印象组与微观印象组奢侈品引发的消费者价格接受率见表4.10。

表 4.10　微观印象组与宏观印象组的价格接受率对比

指标	均值	标准差	样本数
微观印象组	84.64	17.75	14
宏观印象组	60.03	19.70	14

配对样本 *T* 检验结果显示（见表 4.11），微观印象组与宏观印象组的价格接受率存在显著差异（t=3.032，p=0.000），微观印象组奢侈品的价格接受率（M=84.64，SD=17.75）显著高于宏观印象组奢侈品的价格接受率（M=60.03，SD=19.70）。

表 4.11　微观印象组与宏观印象组价格接受率配对样本 *T* 检验结果

指标		成对差分					t	df	Sig.（双侧）
		均值	标准差	均值的标准误	差分的 95% 置信区间				
					下限	上限			
对 1	微观组—宏观组	0.2460	0.2666	0.0712	0.0621	0.3700	3.032	13	0.010

4.4.2.2　问卷数据分析

问卷收集完成后，先用 Excel 软件对收集到的问卷结果进行初步整理，然后将整理好的各个问项结果用 SPSS 软件进行描述统计，并对其进行宏观印象组与微观印象组的配对样本 *T* 检验。

问卷数据的描述统计分析结果见表 4.12。

表 4.12　微观印象组与宏观印象组感知价值打分对比

指标	微观印象组		宏观印象组	
	M	SD	M	SD
商品总价值	4.14	0.663	3.57	0.756
炫耀价值	3.93	0.829	3.57	0.938
享乐价值	3.57	1.222	3.43	1.158
物质主义价值	3.50	1.160	3.43	1.089

续表

指标	微观印象组		宏观印象组	
	M	SD	M	SD
独特价值	3.64	1.008	3.71	1.204
质量价值	4.07	0.997	3.43	1.089

问卷数据的配对样本 *T* 检验结果见表 4.13。从配对样本 *T* 检验结果可以看出，宏观印象组与微观印象组间商品价值的总体评价有显著差异。微观印象组的感知商品价值（M=4.14，SD=0.663）显著大于宏观印象组（M=3.57，SD=0.756）。而具体在奢侈品价值的五个维度上，微观印象组的感知质量价值（M=4.07，SD=0.997）显著大于宏观印象组（M=3.43，SD=1.089），而炫耀价值、享乐价值、物质主义价值和独特价值维度并未发现显著差异。也就是说，品牌国印象对商品价值评价具有显著的影响，而这种影响主要存在于质量价值维度。

表 4.13　微观印象组与宏观印象组感知价值打分的配对样本 *T* 检验结果

指标		成对差分					*t*	*df*	Sig.（双侧）
		均值	标准差	均值的标准误	差分的 95% 置信区间				
					下限	上限			
对 1	炫耀价值—微—炫耀价值—宏	0.357	1.151	0.308	−0.307	1.022	1.161	13	0.266
对 2	享乐价值—微—享乐价值—宏	0.143	1.099	0.294	−0.492	0.778	0.486	13	0.635
对 3	物质主义价值—微—物质主义价值—宏	0.071	1.141	0.305	−0.587	0.730	0.234	13	0.818
对 4	独特价值—微—独特价值—宏	−0.071	0.730	0.195	−0.493	0.350	−0.366	13	0.720
对 5	质量价值—微—质量价值—宏	0.643	0.929	0.248	0.107	1.179	2.590	13	0.022
对 6	商品总价值—微—商品总价值—宏	0.571	0.852	0.228	0.080	1.063	2.511	13	0.026

4.4.2.3 脑电数据分析

根据前述的脑电数据处理方法处理实验得到的脑电数据，本研究的总分析时程为1000毫秒：从刺激图片呈现前200毫秒（作为脑电基线）到刺激图片呈现后的800毫秒。为了研究不同情境下的消费者脑神经处理过程，本研究采用被试内重复测量方差分析的统计处理方法，用SPSS软件进行数据分析。分析主要关注刺激锁时的N2成分及LPP成分。根据两种成分的衍生脑区分布情况，选取F1、FZ、F2、FC1、FCZ、FC2、C1、CZ、C2、CP1、CPZ、CP2、P1、PZ、P2 15个电极点进行分析。其中F1、FZ、F2、FC1、FCZ、FC2、C1、CZ、C2用于N2成分的分析，C1、CZ、C2、CP1、CPZ、CP2、P1、PZ、P2用于LPP成分的分析（研究取点分布见图4.7）。根据前文论述的已有研究结合本研究引发的脑电波形特点，对两个成分进行分析的时间窗口分别选择为，N2：250~350毫秒，LPP：350~650毫秒。

根据刺激类型的不同将脑电数据进行分类处理。按照刺激材料中品牌地类型将刺激材料分为微观印象组与宏观印象组。将微观印象组与宏观印象组的脑电数据分别进行叠加，平均得到的脑电数据采取低通12赫兹（24 dB/Octave）的方式进行滤波，得到两条总平均线，两条总平均线的全脑图见图4.7。浅色标记代表宏观印象组，深色标记代表微观印象组。

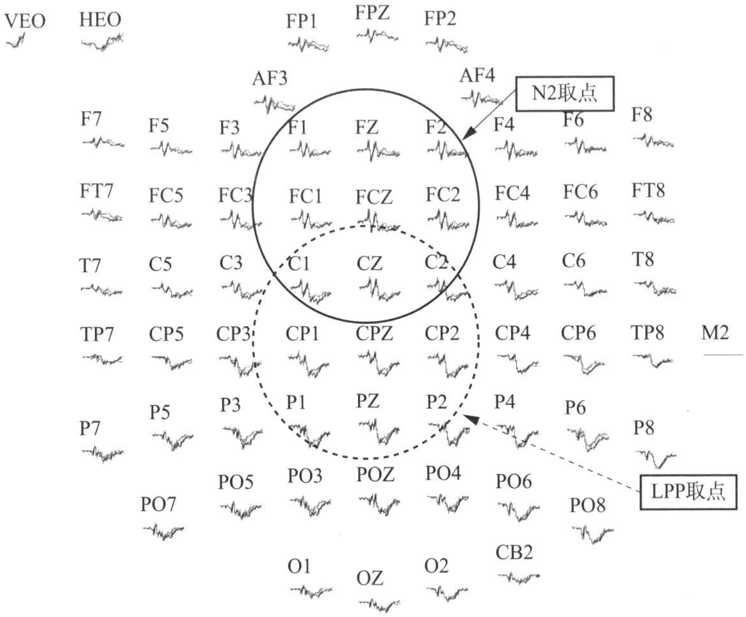

图4.7 微观印象组与宏观印象组引发的全脑波形图及研究总体取点分布

（1）N2 成分分析。

本研究根据前人研究成果、本研究的实验目的、本研究的实验范式，选取了 N2 成分进行脑电数据分析。已有的研究表明，N2 在额区（F1、FZ、F2）、额中央联合区（FC1、FCZ、FC2）和中央区（C1、CZ、C2）的振幅最大，因此这里选择 F1、FZ、F2、FC1、FCZ、FC2、C1、CZ、C2 共 9 个电极点进行分析。参考以往文献中对 N2 成分的研究成果及本研究的脑电结果图，本研究选择时间窗口为 250~350 毫秒。9 个电极点上 N2 成分波幅描述性统计见表 4.14。

表 4.14　微观印象组与宏观印象组引发的 N2 成分波幅描述性统计

单位：微伏

电极点	微观印象组		宏观印象组	
	均值	标准差	均值	标准差
F1	0.291	0.722	–0.856	0.768
FZ	–0.319	0.781	–0.956	0.879
F2	0.077	0.831	–0.394	0.642
FC1	0.920	0.729	–1.207	0.785
FCZ	0.831	0.867	–0.767	0.789
FC2	0.729	0.833	0.210	0.686
C1	1.901	0.749	–1.008	0.846
CZ	1.586	0.808	–0.157	0.822
C2	1.477	0.748	–0.856	0.768

N2 成分在 9 个代表电极点上的波形如图 4.8 所示。针对额区、额中央联合区以及中央区 N2 成分做 2（刺激类型：微观印象组 vs. 宏观印象组）×9（电极：F1、FZ、F2、FC1、FCZ、FC2、C1、CZ、C2）的重复性方差分析。结果显示，刺激类型具有显著的主效应，$F(1, 13)=11.899$，$p=0.004<0.05$；电极具有显著的主效应，$F(8, 104)=4.980$，$p=0.000<0.05$；决策类型与电极的交互效应存在，$F(8, 104)=7.761$，$p=0.000<0.05$。

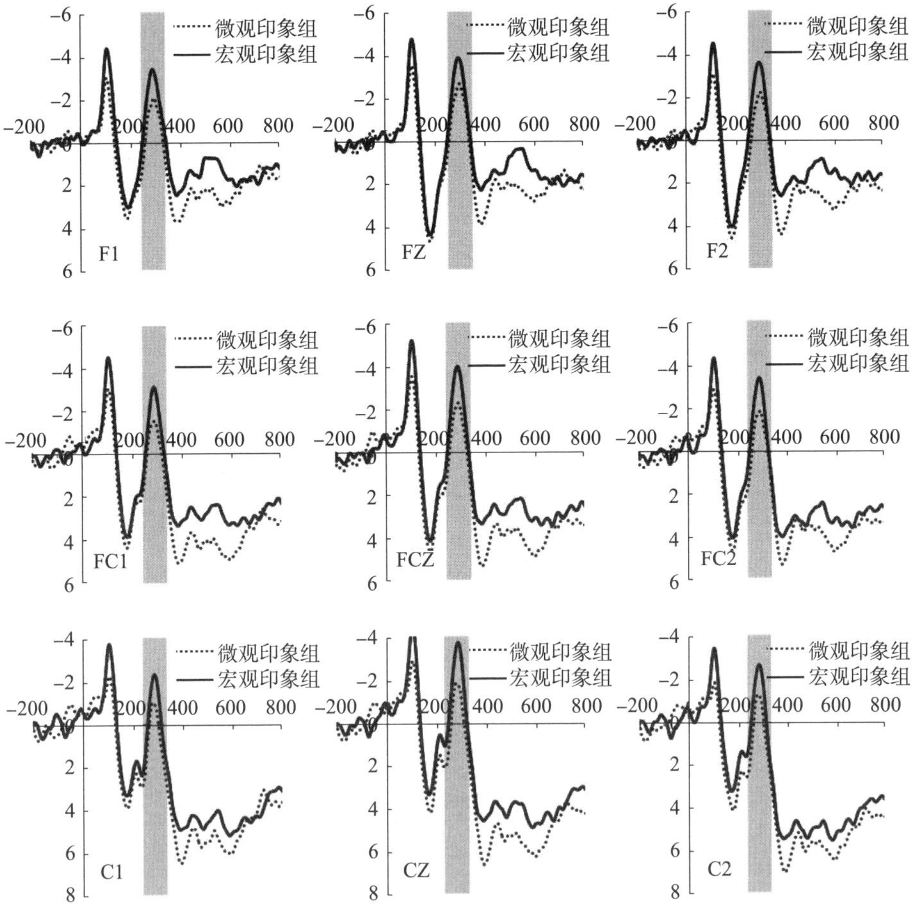

图 4.8 微观印象组与宏观印象组引发的 N2 波形

为了分析微观印象组与宏观印象组在 N2 成分上的关系，进一步对这两种刺激类型做了配对检验，结果详见表 4.15。结果显示，微观印象组的 N2 振幅（M=0.833，SE=0.759）显著小于宏观印象组的 N2 振幅（M=–0.670，SE=0.712），p=0.004<0.05。

表 4.15 微观印象组与宏观印象组 N2 振幅的配对检验结果

(I)COO	(J)COO	均值差值(I–J)	标准差	Sig.	差分的 95% 置信区间	
					下限	上限
微观印象组	宏观印象组	1.502	0.436	0.004	0.561	2.443

（2）LPP 成分分析。

本研究根据前人研究成果、本研究的实验目的、本研究的实验范式，选取了 LPP 成分进行脑电数据分析。从实验的全脑图上可以看到，微观印象组与宏观印象组的 LPP 成分表现出明显差异，差异表现在 350~650 毫秒时间窗口。已有的研究表明，LPP 成分主要分布在中央区（C1、CZ、C2）、中央顶区联合区（CP1、CPZ、CP2）和顶区（P1、PZ、P2），因此这里选择 C1、CZ、C2、CP1、CPZ、CP2、P1、PZ、P2 共 9 个电极点进行分析。9 个电极点上 LPP 成分波幅描述性统计见表 4.16。

表 4.16　微观印象组与宏观印象组引发的 LPP 成分波幅描述性统计

单位：微伏

电极点	微观印象组		宏观印象组	
	均值	标准差	均值	标准差
C1	5.066	1.299	3.453	1.165
CZ	5.057	1.385	3.364	1.154
C2	4.892	1.283	3.356	0.822
CP1	5.885	1.223	4.063	0.965
CPZ	6.260	1.289	4.284	1.212
CP2	6.214	1.163	4.753	1.128
P1	5.655	1.168	4.295	1.227
PZ	6.318	1.294	4.620	1.162
P2	7.007	1.432	5.120	1.433

LPP 成分在 9 个代表电极点上的 ERP 波形见图 4.9。针对中央顶区联合区和顶区 LPP 成分做 2（刺激类型：微观印象组 vs. 宏观印象组）×9（电极：C1、CZ、C2、CP1、CPZ、CP2、P1、PZ、P2）的重复性方差分析。结果显示，刺激类型具有显著的主效应，F（1，13）=6.866，p=0.021<0.05；电极具有显著的主效应，F（8，104）=3.681，p=0.001>0.05；刺激类型与电极的交互效应不存在，F（8，104）=0.112，p=0.999>0.05。

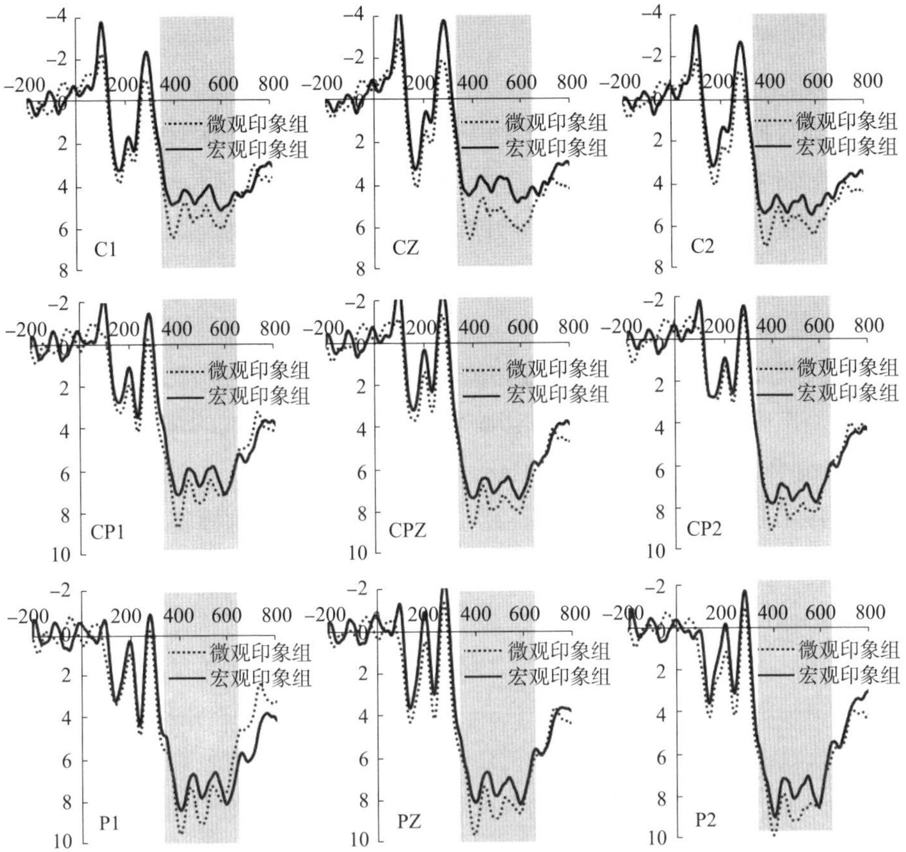

图 4.9　微观印象组与宏观印象组引发的 LPP 波形

为了分析微观印象组与宏观印象组在 LPP 成分上的关系，进一步对这两种刺激类型做了配对检验，结果详见表 4.17。结果显示，微观印象组的 LPP 振幅（M=5.817，SE=1.249）显著大于宏观印象组的 LPP 振幅（M=4.145，SE=1.019），p=0.021。

表 4.17　微观印象组与宏观印象组 LPP 振幅的配对检验结果

(I)COO	(J)COO	均值差值(I–J)	标准差	Sig.	差分的 95% 置信区间	
					下限	上限
1	2	1.672	0.638	0.021	0.293	3.050

4.4.3 实验讨论

4.4.3.1 行为结果讨论

行为数据显示，微观印象组（瑞士品牌中国制造）的奢侈品手表价格接受率显著高于宏观印象组（法国品牌中国制造）。这说明，本实验中被试的奢侈品价格接受决策优先受到了品牌国微观刻板印象的影响（与宏观刻板印象相比），我们可以从刻板印象发挥作用的认知过程和信息加工层面来理解这种“微观优先效应”。

“类别”的概念是原产国刻板印象发挥作用的关键。原产国刻板效应理论指出，原产国作为一种类别信息影响着消费者对产品属性的评价和信念，进而影响消费者对产品的态度（Han，1989；Pang et al.，2015；Papadopoulos et al.，1990）。刻板印象的心理研究指出，只要呈现类别标签，相应的刻板印象便会自动激活（Bargh et al.，2002）。在消费者评估中，微观印象和宏观印象都能帮助消费者简化判断，然而微观印象是关于特定产品所持有的印象和信念，是具体的类别印象；宏观印象是对国家所持有的整体印象和信念，是概括的类别印象。对于任何一个原产国，消费者会同时在记忆中搜索微观和宏观两种印象，并且因为微观印象与任务关联性更密切的原因，大脑加工首先处理的是微观印象，如果微观印象确切，就立刻形成了对产品的确切评价，宏观印象起到叠加作用；如果宏观印象与微观印象一致（微观印象好宏观印象也好，或微观印象差宏观印象也差），则强化这种评价；如果宏观印象与微观印象不一致（微观印象好宏观印象没有那么好，或微观印象差宏观印象没有那么差），则弱化这种评价。如果微观印象不确切，只依赖宏观印象来推测产品，则无法形成确切评价。如果微观印象和宏观印象都不确切，一种可能是消费者根据经济发展水平来推测该国的品牌发展水平和产品制造水平，并以此替代宏观印象；如果连原产国的经济水平也没任何了解的话，很可能会想当然地认为，“这种连听也没有听说过的国家，品牌发展和产品制造水平肯定是差的”，这种情况下对产品的评价显然会偏向低估。

而之前学者提出的，公开场合使用的商品主要受到品牌国宏观印象影响的理论在这里没有得到证实（Hamzaoui-Essoussi et al.，2011）。在综述中我们谈到了消费者对奢侈品有较高的品质和工艺上的要求。奢侈品是由各类商品中的顶级商品组成的，消费者对奢侈品具有品质精良、工艺卓越的要求。从宏观印象和微观印象的对比可以看出，宏观印象是概括性的“泛”的印象，而微观印象是具体的“专”的印象。面对昂贵的奢侈品价格，消费者对所交易得到的商品显然有着更高的品质、工艺追求，所以，此时“专”的刻板印象更贴近消费者对原产国的期待。因而，在奢侈品生产方面更专业的微观印象组的奢侈品价格接受率更高。综合以上讨论，“H1–2：品牌国微观印象突出的双原产国奢侈品价格接受率高于品牌国宏观印象突出的双原产国奢侈品”得到证实。

4.4.3.2　问卷结果讨论

如实验设计中所述，为了更好地解析消费者奢侈品价格接受的心理过程，要求被试在 ERP 实验完成后填写关于实验中出现的奢侈品的价值预期的打分。其中包括奢侈品的总价值打分和奢侈品价值五个维度的打分。结果显示，微观印象组（瑞士品牌中国制造）奢侈品在总价值评估中得分明显高于宏观印象组（法国品牌中国制造）奢侈品。而具体在奢侈品价值的五个维度中，微观印象组奢侈品在质量价值维度中得分明显高于宏观印象组奢侈品；而在其他四个价值感知维度上，微观印象组与宏观印象组没有表现出显著差异。

已有的研究表明，品牌国印象的好坏影响消费者对商品的品牌价值（brand equity）的评价，而对品牌价值的评价会具体表现在品牌质量维度上（另一个维度是品牌印象）（Hamzaoui–Essoussi et al.，2011）。奢侈品研究指出，如果将同类行业的商品比作一座金字塔的话，名不见经传的“三无”品牌或小品牌商品就是金字塔的塔基，在部分地区或对于部分消费者略有名声的普通品牌商品就是金字塔的塔身，而享誉全球的美誉度高的奢侈品品牌商品就是金字塔闪耀的塔顶（刘晓刚，2009）。对于普通商品而言，消费者对生产国的要求可能只是简单的国家先进、科技发达、制造水平领先；而对于奢侈品来说，消费者对生产国的要求则是极端品质和传承技艺。特别是对手表这类消费者熟悉的商品来说，瑞士这样具有高技术名望的生产国能够带给消费者的质量保障远超过其他国家，甚至超过一些在经济和技术上更发达的国家。因而，双原产国奢侈品的品牌国微观印象对质量感知的促进作用优先于品牌国宏观印象，在本实验中表现为更高的感知质量价值。

综上，“H2–2：品牌国微观印象突出的双原产国奢侈品感知质量高于品牌国宏观印象突出的双原产国奢侈品”得到证实。

4.4.3.3 脑电结果讨论

本实验中，宏观/微观品牌国印象效应引发了微观印象组与宏观印象组ERP波形的差异，差异主要表现在N2成分和LPP成分上。

（1）N2成分分析。

本研究中，微观印象组与宏观印象组在认知处理过程的早期N2成分上表现出了显著差异，如前所述，N2是反映早期决策处理过程的ERP成分，主要分布在额区、额中央联合区和中央区，其峰值潜伏期通常为250~300毫秒（Folestein and Petten，2008）。本实验中N2在刺激图片呈现后的300毫秒左右达到最大振幅。

实验一的讨论中结合多篇关于N2成分的研究，已经论述了N2在本实验中能够反映得失价值匹配情况，当感知获得价值与昂贵的奢侈品价格匹配的时候N2振幅较小，而当感知获得价值与昂贵的奢侈品价格不匹配的时候N2振幅较大，这里不再赘述。微观印象组与宏观印象组在刺激呈现后的300毫秒左右出现了一个显著的N2成分负向振幅的差异。微观印象组的N2振幅显著小于宏观印象组。根据已有的分析，N2振幅敏感于价值失匹配，当感知商品价值与昂贵的奢侈品价格不匹配的时候N2振幅更大。因此我们可以得出，品牌国微观印象突出的双原产国奢侈品比品牌国宏观印象突出的双原产国奢侈品价格接受的认知冲突小。刻板印象的神经心理研究认为，刻板印象一般以类似休眠的状态存储在长期记忆中，只在需要完成某项具体任务时被迅速激活以备使用（杨亚平等，2015）。刻板印象激活（stereotype activation）的过程是通过相关线索在大脑中激活“靶”所在群体的刻板印象而发生的。本研究中的“靶”就是品牌国，消费者在接受刺激之后快速唤起了对品牌国的刻板印象，这种刻板印象与价格刺激在大脑中进行匹配分析并引发认知冲突。人类在运用刻板印象等类属性思维之前，会先把功能上等价的相同类别的刺激进行社会归类，当等价刺激纳入个体的知觉系统时，人们会按照事先准备好的对不同类别刺激的不同响应快速地做出应对。从认知的时间维度上看，微观印象组与宏观印象组都在300毫秒左右引发了N2振幅，并且波峰的位置没有显著差异。

综上所述，“H3-2：品牌国微观印象突出的双原产国奢侈品比品牌国宏观印象突出的双原产国奢侈品价格接受的认知冲突小，在事件相关电位上表现为更小振幅的N2成分”得到证实。

（2）LPP 成分分析。

本实验中，微观印象组与宏观印象组在认知处理过程的晚期 LPP 成分上表现出了显著差异，如前所述，LPP 成分是反映晚期决策处理过程的 ERP 成分，主要分布在中央区、中央顶区联合区及顶区，其峰值潜伏期通常为 350~650 毫秒。本实验中 LPP 在刺激图片呈现后的 500 毫秒左右达到最大振幅（Yen et al.，2010；Baur et al.，2015）。前文的论述中我们已经对 LPP 可能是敏感于动机性情感唤醒（motivational emotion arousal）的神经生理指标（Yen et al.，2010；Van Hooff et al.，2011；Leite et al.，2012）以及我们关于 LPP 很可能反映的建立在原产国印象回忆基础上的一种情感动力效应的推理做了详细的阐述，这里不再赘述。

在本实验中，原产国刻板印象在 LPP 成分上得到了反映，微观印象组与宏观印象组在刺激呈现后的 500 毫秒左右出现了一个显著的 LPP 成分振幅的差异。微观印象组的 LPP 振幅显著大于宏观印象组。情感动力（motivational emotion）效应在本研究问题中可以理解为消费者看到品牌国信息后，引发品牌国刻板印象，在刻板印象回忆的基础上产生了关于产品价值的判断以及获得价值与支付价格的权衡（在上文 N2 成分中已经讨论），得失权衡之后，越值得购买时情感唤醒越强，价格接受的动机越强。本实验的行为数据支持了本研究关于 LPP 的情感动力效应的推测：LPP 振幅较大的微观印象组的价格接受率显著高于 LPP 振幅较小的宏观印象组。另外，刻板印象的神经机理研究理论认为，刻板印象的应用（stereotype application）在认知的早期和晚期都有激活，并且在认知晚期引发的脑电活动很可能是与快速的社会常识的鉴别与认同相关的。在本实验中，被试需要考虑的是品牌国刻板印象与商品价格两个因素。由于微观印象组的品牌国是以手表品类商品走时精准、设计考究而享誉全球的，而宏观印象组虽然拥有良好的制造水平和发达的奢侈品生产能力，却缺乏在手表品类的良好品牌国印象，因此在快速的刻板印象分类鉴别中微观印象组与昂贵价格的匹配更符合消费者的认知，因而在认知晚期的 LPP 成分上引发了更大的正向偏移。

综上所述，“H4-2：品牌国微观印象突出的双原产国奢侈品比品牌国宏观印象突出的双原产国奢侈品价格接受的情感唤醒更强，在事件相关电位上表现为更大振幅的 LPP 成分”得到证实。

4.5 对实验一、实验二的联合讨论

（1）本研究通过两个实验探索了原产国线索对消费者奢侈品价格接受的影响，发现原产国对消费者价格接受的影响总体可以概括为“理想原产国追逐效应”。

“理想原产国追逐效应”是指消费者对任何一个原产国（含组合）都有一个评估，原产国线索越接近刻板印象中的最佳原产国（含组合）构成的参照点，越能够促进奢侈品价格接受。这种效应具体表现在价值感知、认知神经心理反应和行为结果上：原产国线索越接近刻板印象中的最理想原产国，感知质量价值越高；感知质量价值越高，消费者对商品总价值的估计越高，商品价值与昂贵的奢侈品价格的匹配度越高，认知冲突越小，价格刺激引发的动机性情感唤醒越强烈，价格接受率越高。以下我们从消费行为结果、价值感知和神经心理活动三个方面具体讨论。

从实验的行为结果上看，单原产国比双原产国有更高的消费者价格接受率；双原产国奢侈品的品牌国微观印象对价格接受行为的促进作用优先于品牌国宏观印象，表现为更高的价格接受率。原产国线索包括品牌国和生产国两个维度，消费者在评估原产国线索时，会受到刻板印象的影响。原产国刻板印象作用是指原产国刺激对消费者形成一个类别信息，这一类别信息能够简化消费判断，直接影响产品评价（Lotz and Hu，2001；Loureiro and Araújo，2014）。因而，原产国线索的类型（含组合）是消费者价格接受判断的基础。本研究的两个实验中单原产国刺激相比双原产国刺激更接近（这里实际是等于）理想的原产国类型，微观印象组相比宏观印象组更接近理想的原产国类型。因此，“H1：原产国线索影响奢侈品消费的价格接受率，越接近刻板印象中的最理想原产国价格接受率越高”得到证实。奢侈品价格接受率直接关系到奢侈品的销售，而造成这种影响的神经心理过程我们在后面两段通过对价值感知问卷以及对神经心理学数据的解读来更好地理解。

在价值感知层面，单原产国奢侈品的感知质量价值高于双原产国奢侈品；双原产国奢侈品的品牌国微观印象对质量感知的促进作用优先于品牌国宏观印象，表现为更高的感知质量价值。结合之前对原产国效应的论述以及单原产国刺激相比双原产国刺激更接近理想的原产国类型，微观印象组相对宏观印象组更接近理想的原产国类型的推论，“H2：原产国线索影响消

费者感知质量价值，越接近刻板印象中的最理想原产国感知质量越高”得到证实。两种原产国线索都影响了奢侈品的质量价值感知并进一步影响了消费者对奢侈品总价值的评价。此研究结果在一定程度上印证了信号假说（signaling hypothesis）中将原产国视为一种传达给消费者的产品质量信号的观点（Johansson，1983）。

从奢侈品价格接受的心理过程来看，单 / 双原产国和品牌国宏观 / 微观印象两种原产国线索影响消费者价格接受的心理过程具有相似性。在认知的神经心理过程中，价格接受的认知冲突主要表现在 ERP 的 N2 成分上。单原产国奢侈品比双原产国奢侈品价格接受的认知冲突小，在事件相关电位上表现为更小振幅的 N2 成分；双原产国奢侈品的品牌国微观印象优先于品牌国宏观印象发挥减少认知冲突的作用，表现为更小的 N2 振幅。结合对刻板印象以及最佳原产国的论述，“H3：原产国线索影响价格接受的认知冲突，越接近刻板印象中的最理想原产国认知冲突越小”得到证实。这主要是由于单原产国奢侈品和品牌国微观印象突出的奢侈品具有更高的价值评价，从而在价值和价格的权衡中，这两类商品与高昂的商品价格的匹配度更高，认知冲突更小。在认知的情感处理方面，动机性情感唤醒主要表现在 ERP 的 LPP 成分上。单原产国比双原产国引发了消费者更大的动机性情感唤醒，在事件相关电位上表现为更大振幅的 LPP 成分；双原产国奢侈品的品牌国微观印象优先于品牌国宏观印象发挥价格情感唤醒的作用，表现为更大的 LPP 振幅。因此，“H4：原产国线索影响消费者价格接受时的情感，越接近刻板印象中的最理想原产国，价格接受的情感唤醒越强”得到证实。动机性情感唤醒源于价值匹配的结果并决定着消费行为的输出。认知上价值和价格越匹配，也就越值得购买，进而价格接受动机情感的唤醒越强，表现在行为上就是更高的价格接受率。

（2）本研究还发现奢侈品原产国线索对价格接受的影响存在“微观刻板印象优先效应”。

原产国刺激能够激活消费者记忆中关于特定国家的微观和宏观两种刻板印象（Hamzaoui-Essoussi et al.，2011）。微观刻板印象是对原产国“特定产品”所持有的印象和信念，是与任务关联性更密切的类别信息，因而大脑加工首先处理的是微观印象。如果微观印象确切，就立刻形成了对产品的确切评价，宏观印象起到叠加作用：如果宏观印象与微观印象一致（微观印象好宏观印象也好，或微观印象差宏观印象也差），则可能强化这种评价；如果宏观印象与微观印象不一致（微观印象好宏观印象没有那么好，或微观印象差宏观印象没有那么差），则可能弱化这种评价。然而，如果微观印象不确切，只依赖宏观印象来推测产品，则无法形成确切评价。在微观印象不确切的情况下，一种可能是消费者根据经济发展水平、人文特点等来推测该国的商品；另一种可能是如果连对原产国的经济水平也没任何了解的话，很可能会想当然地认为，“这种连听也没有听说过的国家，品牌发展和产品制造水平肯定是差的”，这种情况下对产品的评价显然会偏向低估。本研究中，瑞士是手表产业微观印象突出的国家，世界上打磨最考究、走时最精准的百达翡丽、爱彼、江诗丹顿、劳力士等品牌均为瑞士品牌。瑞士手表品牌以全球公认第一的印象深植于广大消费者心中，然而瑞士并不是奢侈品大国，与瑞士相比，法国是奢侈品大国，也是手表奢侈品大国，如法国著名的卡地亚手表、香奈儿手表、迪奥手表等，但法国在手表产业给消费者的印象远不及瑞士。法国发达的生产水平、奢华高雅的文化氛围构成的宏观印象虽然为商品的评价起到了正性的叠加效应，有利于加强对法国手表印象的好评，但仍然无法跟瑞士手表留给消费者的固有好印象匹敌。手表是瑞士的名片，在消费者心里已经建立了“瑞士等于手表，手表代表瑞士”的心智联结。因而，奢侈品原产国线索对价格接受的影响存在“微观刻板印象优先效应”，宏观印象只能起到叠加（在微观印象确切时）或替代（在微观印象不确切时）作用。

（3）本研究印证了峰值位于500毫秒左右的晚期正成分对原产国效应的反映以及N2成分在商品考虑阶段对认知冲突的反映。

首先，本研究发现原产国线索的差异引发了晚期认知成分LPP的振幅差异，此研究结果与前人发现的原产国效应的P500（峰值位于500毫秒左右的晚期正成分）成分效应类似（Min et al.，2014），证明了原产国线索对消费行为的影响存在一种建立在原产国印象回忆基础之上的情感动力效应。同时，本研究中原产国信息引发的价格认知冲突发生在刺激呈现后的300毫秒左右，属于明显的意识产生前（Paynter et al.，2009），证明了原产国刻板印象的激活具有自动化认知过程（automatic process）的启动无意识性（Herz and Diamantopoulos，2013；Shiffrin and Schneider，1977）。其次，本研究证明了N2成分在商品评估中能反映认知冲突，此研究结果与前人在品牌延伸实验中发现的N2对品牌—商品基本属性失匹配引发的认知冲突效应类似，证明了N2能够反映商品考虑（product consideration）阶段的认知冲突。

（4）“原产国刻板印象”的影响可能在认知处理上比种族刻板印象、性别刻板印象等“关于人的刻板印象”更快速。

本研究也发现了一些前人没有发现的现象，例如从时间进程上看，原产国及价格刺激引发的认知冲突发生在刺激呈现后的300毫秒左右，是认知的早期阶段；而已有的种族刻板印象（White et al.，2009；Hehman et al.，2014）和性别刻板印象（Wang et al.，2010；Chen and Wang，2015）的研究中认知冲突发生在400毫秒左右，也就是说体现在通常说的N400成分上；因此，本研究的结果提示我们虽然都是刻板印象效应，但原产国刻板印象的影响可能在认知处理上比种族刻板印象和性别刻板印象更快速，这可能是由于人类对于“人的评价”（person judgement）和“商品评价”（products judgment）在认知处理过程（cognitive processing process）上存在差异造成的（Yoon and Polk，2006）。

（5）原产国线索影响奢侈品消费行为的程度受到奢侈品商品、奢侈品市场文化背景以及消费者的产品涉入度等因素的调节。

原产国影响消费行为的程度受到很多因素的调节，在本研究中奢侈品商品、奢侈品市场的文化背景和消费者的产品涉入度都是调节原产国影响消费者价格接受行为的要素。本研究的两个实验中选择了具有著名产地的奢侈品商品——手表为实验中的目标消费。国内已经有研究证实了手表是容易受到原产国影响的消费品（吴坚等，2007）。虽然每个人的刻板印象不一定都是一样的，但对于一些大牌的原产国，多数人的刻板印象会趋同，我们的实验应该是趋同的情况。此外，中国属于新兴的奢侈品市场也是造成本实验结果的重要因素。研究表明，一些个人主义文化国家的消费者在消费中不受原产国线索的影响，而中国这样的集体主义文化国家的消费者容易受到原产国线索的影响（Gürhan-Canli et al.，2000）。另外，消费者的涉入度也是影响实验结果的重要因素，本研究中的被试都是偶尔消费奢侈品的低涉入度消费者。当消费者熟悉产品或具有丰厚的相关领域知识时，通常不会利用原产国信息进行产品的评价（Chu et al.，2010；Oscar et al.，2011）。

4.6 研究的管理学贡献

在管理理论方面，本研究的贡献可以概括为以下两点：

（1）发现了原产国线索影响价格接受的“理想原产国追逐效应”，并在此基础上发现了原产国宏观印象和微观印象对价格接受的影响存在“微观刻板印象优先效应”。研究结果丰富了奢侈品原产国研究理论，为将来的原产国研究提供了一些可参考的依据。

（2）透过神经心理学的视角来研究奢侈品价格接受问题，发现了原产国线索影响奢侈品价格接受的认知冲突和情感唤醒度：价格认知冲突越小，价格接受的动机性情感唤醒度越高，价格接受的概率越大。刻画出了原产国线索影响价格接受行为背后的神经心理过程，推动了奢侈品消费心理研究的进步。

在管理实践中，本研究具有以下几点重要的应用意义：

（1）在本土奢侈品品牌建设方面，本研究关于“品牌国微观印象比品牌国宏观印象能够更大限度地影响消费者的结论”为我国打造本土奢侈品品牌提供了思路。我国虽然在技术发达程度和国家整体发展水平上比较落后，没有良好的国家宏观印象，但是，我国可以抓住一些商品的优秀品牌国微观印象，塑造奢侈品品牌，如起源于中国并具有悠久历史的丝绸、瓷器、茶叶等。

（2）在奢侈品企业的经营策略方面，虽然在经济全球化和区位优势趋利动机的推动下越来越多的发达国家品牌将产品转移到发展中国家生产，并且对许多大众消费品来说这样的操作是可行的，但本研究发现对于奢侈品这类特殊的产品来讲，品牌国—生产国一致性会显著影响消费者价格接受。奢侈品品牌国、生产国分离的现象大大降低了消费者总体的商品评价和商品价值估计，增加了消费者价格接受的认知冲突，降低了消费者价格接受的动机情感唤醒，可能导致生产的奢侈品“有价无市”。因此，保持单原产国能够大大增强奢侈品以及奢侈品企业的竞争力。

（3）在合作并购方面，本研究表明，在奢侈品企业海外并购、结盟及合作伙伴的选择上需要着重考虑奢侈品品牌国微观印象。本研究发现，品牌国微观印象（消费者对某国特定品类产品所持有的印象和信念）相比原产国宏观印象更能促进奢侈品价格接受。在企业海外并购、结盟及合作伙伴的选择上如果能优先选择品牌国刻板印象好，特别是在微观印象上更好的国家将会有利于奢侈品企业今后的生存和发展。还可以发挥原产国优势，通过在优秀的品牌国建厂或在优秀的原产地注册，给消费者留下更好的商品印象和情感唤醒。

4.7 本章小结

本章旨在探究原产国对奢侈品价格接受的影响。研究围绕单 / 双原产国和品牌国宏观 / 微观印象展开了两个具有递进关系的实验。

实验一发现单原产国奢侈品比双原产国奢侈品更能促进消费者价格接受，实验二发现品牌国微观印象优先于品牌国宏观印象发挥促进价格接受的作用。在消费者的意识和潜意识中，对任何一个原产国（含组合）都有一个评估，单原产国是比双原产国更接近刻板印象中的最理想原产国的刺激；微观印象突出的原产国是比宏观印象突出的原产国更接近刻板印象中的最理想原产国的刺激。因而我们得到原产国线索对价格接受的影响具有“理想原产国追逐效应”：原产国线索越接近刻板印象中的最理想原产国越能促进消费者的价格接受。

研究结果与假设预期一致，揭示了原产国线索影响奢侈品价格接受的“理想原产国追逐效应”，达到了本研究的研究目的。

5 研究二：标志线索对奢侈品价格接受的影响
——神经机制视角

5.1 研究目的

奢侈品的设计，尤其是logo的设计很可能影响消费者（特别是中产阶级）的奢侈品价格接受。在标志设计对消费者价格接受影响方面，还未见相关研究。目前仅有一篇奢侈品消费群体细分的研究涉及了标志线索，但与价格接受无关。该研究通过实验研究和市场数据的收集发现，拥有财富并且需要展示社会地位的消费者通过购买知名的大牌奢侈品来宣告“我是富有阶层的一员”。尤其是财富还比较少的人群，他们更是通过购买带有logo的奢侈品来与他人沟通，告诉身边的人“我是有钱/有地位的人”（Han et al.，2010）。然而这篇仅有的研究文献中，只是以主观的小规模“标志显眼程度问卷”作为对logo分类的线索，并没有对商品标志的类型，如名称标志、图案标志等进行区分。

根据实际的市场中奢侈品标志的情况，奢侈品商品标志大概可以分为两类：无标志奢侈品和有标志奢侈品，而有标志奢侈品根据标志方式又可以分为传承图案标志奢侈品（如COACH的双C图案、Fendi的双F等图案）和名称标志奢侈品（如全拼的COACH、Fendi等）。本研究旨在采用实验环境下模拟的奢侈品购物情境研究商品标志类型对奢侈品价格接受的影响。本研究的研究目的可以概括为以下两点：

研究目的一：比较无标志和有标志、传承图案标志和品牌名称标志对奢侈品价格接受的影响，为奢侈品商品的设计、营销提供理论依据。

研究目的二：通过记录和分析价格接受决策过程中大脑的神经活动，揭示奢侈品品牌标志类型影响消费者价格接受的神经心理机制。

5.2 研究假设

以往的奢侈品研究表明，奢侈品消费决策受到多种外部线索的影响，其中，奢侈品的设计是最重要的影响线索（Godey et al.，2012）。奢侈品的设计线索包含类型、优雅感、平衡感等很多层面（Godey et al.，2012）。Han 等（2010）关于奢侈品对于社会地位的凸显作用的研究将 logo 这个设计线索引入了奢侈品研究中。

Han 等（2010）在研究中发现网络售卖的奢侈品大多数通过显眼的品牌标志（较大的 logo、重复印刷）来迎合“装模作样的”消费群体。这些市场数据从一个重要的侧面反映了入门级奢侈品消费者对明显的商品标志的需求和喜爱，也从另一个侧面反映了入门级消费者对价格的敏感，这些消费者虽然具有购买奢侈品的动机，但当价格太贵的时候他们也会放弃购买门店的商品转而持着“偶尔买高仿品也不会被别人发现的心态”购买网络仿制级别较高的赝品。

从马斯洛的需求层次理论出发，任何人都包含着生理需求、安全需求、归属需求、尊重需求和自我实现需求。新富的中产阶级消费者在物质需求富足之后，便会转向追求社会地位的提高来获得他人的尊重。有研究表明，没有品牌标志的奢侈品能够发挥的身份社会地位标志功能小于有品牌标志的奢侈品。例如，当主试在商场邀请被试填写问卷的时候，如果穿着带有奢侈品标志的衬衫将会得到比穿着无标志的衬衫或者大众品牌的衬衫时更高的配合度；又如，邀请被试对照片中的模特进行打分的实验中，研究者发现，当一个模特穿带有奢侈品品牌标志的服装时获得的“感知身份地位得分”相对穿无标志和大众品牌标志的服装时更高，而在吸引力、亲和力等方面没有显著差异（Nelissen and Meijers，2011）。

与许多奢侈品研究相同，本研究中的被试均为 MBA 学生，这些被试具有一定的奢侈品消费能力，但仍处于入门级奢侈品消费阶段。他们一方面具有的金钱财富有限，对价格相对敏感；另一方面又希望通过奢侈品展现自己的身份地位。因此，奢侈品品牌标志设计的有无很可能影响消费者的价格接受。根据以上论述，我们得到以下假设：

H1-1：有品牌标志的奢侈品的价格接受率高于无品牌标志的奢侈品。

根据对奢侈品市场中常见的品牌标志方式的了解和分析，有标志的奢侈品可以分为两大类：一类是名称标志，如全拼的COACH、Fendi、CHANEL；另一类是传承图案标志，如COACH的双C、Fendi的双F、香奈儿的山茶花等。论述中我们已经提到了，奢侈品品牌的名称大多是以品牌的创始人或设计师命名的，而奢侈品品牌的传承图案大多与品牌的故事或特点相联系，具有一定象征意义。然而当它们被当作标志用在奢侈品上时，其作用就是与其他奢侈品或非奢侈品品牌做区分，增进商品的辨识度。从辨识意义上讲，名称标志是最易识别的标志方式，只要认识字就能辨认出该商品是奢侈品。传承图案标志商品次之，对奢侈品有一定接触（但不需要太深入的知识）的人就能辨认出该商品是奢侈品。根据上文的分析，入门级奢侈品消费者追求金钱地位的展示，名称标志奢侈品更容易被识别。所以，相对于符号标志的奢侈品来说，消费者可能更愿意为名称标志的奢侈品付出金钱。因此，我们得到以下假设：

H1-2：名称标志的奢侈品价格接受率高于图案标志的奢侈品。

在以上两点假设中我们提到，有品牌标志的奢侈品的价格接受率高于无品牌标志的奢侈品；名称标志的奢侈品价格接受率高于图案标志的奢侈品。名称标志是最易识别的标志方式，传承图案标志次之，而无标志奢侈品最不易被识别，只有经常消费奢侈品，对奢侈品有深入见解的人，才能通过商品的细微特点辨别出无标志商品是价格不菲的奢侈品品牌产品（Han et al.，2010）。因此，综合以上两点假设我们得到：

H1：标志设计线索影响消费者价格接受，标志易识别度越高，价格接受率越高。

1899年托斯丹·邦德·凡勃伦（Thorstein B. Veblen，1859—1929年）最早在自己的论著《有闲阶级论》中首次系统地阐述了人们购买和使用奢侈品的原因。在此书中，他提出富足的社会成员们通过消费贵重的商品，炫耀个人财富并博取荣誉（Veblen，1899）。追求炫耀价值就成了最早提出的奢侈品消费动机。之后的研究中，学者们虽然又提出了享乐价值、从众价值、独特价值等很多维度来解释消费者奢侈品购买行为（Vigneron and Johnson，2004；Wiedmann et al.，2007；Hennigs et al.，2012），但炫耀价值一直是奢侈品消费动机的重要维度，受到了学者和营销人员的关注。

炫耀价值指的是消费者通过奢侈品购买来显示或让他人感知自己的金钱财富和社会地位而获得的心理价值。研究表明，随着市场经济的作用，原来处于社会底层的人群逐渐跃起，具有了一定的财富基础，这些人需要找到合适的方式展现财力才能向社会显示自己的成功和身份地位的变化（姚登权，2010）。奢侈品正好为新富阶层提供了炫耀成功、财富和地位的途径。而炫耀价值的大小取决于商品在社会中的认可程度以及商品被社会大众识别的程度。奢侈品品牌是承载了大量使用价值和心理价值的高威望品牌（Vigneron et al.，1999），是市场同类商品中处于最高水平的品牌（McKinsey，1990），其社会认可程度毋庸置疑。然而商品被社会大众的识别程度并没有系统的度量方法。Han 等（2010）通过研究提出，商标显著性是影响社会大众识别度的一个因素。因此，我们得到如下假设：

H2–1：有品牌标志奢侈品的感知炫耀价值高于无品牌标志奢侈品。

根据之前的论述，奢侈品市场中，有标志的奢侈品又分为名称标志奢侈品和图案标志奢侈品，并且名称标志奢侈品相对图案标志奢侈品更张扬。因此，我们得到如下假设：

H2–2：名称标志奢侈品的感知炫耀价值高于图案标志奢侈品。

以上两点假设中我们提到，有品牌标志奢侈品的感知炫耀价值高于无品牌标志奢侈品，名称标志奢侈品的感知炫耀价值高于图案标志奢侈品。名称标志是最易识别的标志方式，传承图案标志次之，而无标志是一种特殊的最不易识别的标志方式。因此，综合以上两点假设，我们得到：

H2：标志设计线索影响消费者感知炫耀价值，标志易识别度越高，感知价值越高。

经典微观经济学理论告诉我们，消费者价格接受是基于“得失权衡”。所谓得失权衡，指的是消费者在决策前会形成对预期利得（获得的商品价值）和预期利失（付出的金钱）的判断，在预期判断的基础上权衡“得”与“失”，并形成最终决策。近年来的神经经济学研究也发现，人们在做出购买决策的时候会对刺激进行赋值（Jenison et al.，2011），类似于前述提到的预期获得的商品价值。当预期收益大于预期损失时，与经济收益相关的伏隔核（nucleus accumbens）将会产生强烈的活跃，消费者倾向于接受商品价格，购买商品；当预期损失大于预期收益时，与生理和心理疼痛相关的脑岛（insula）将会产生强烈的活跃，消费者倾向于不接受商品价格，拒绝购买。

根据以上的理论，消费者价格接受的前提是预期的收益大于损失。研究表明，当心理预期与实际情况产生差异的时候，认知冲突就会产生（Yuan et al.，2007）。Nieuwenhuis 等（2003）在一篇关于 ERP 的 N2 成分的研究综述中明确指出，N2 是认知冲突在大脑中的反映，随着冲突的变大，振幅变大。之后的一些学者研究了 N2 的溯源问题，他们发现 N2 的产生源位于大脑的前扣带回（ACC）区域（Nieuwenhuis et al.，2003；Yeung and Sanfey，2004），而该脑区是被实验证实的与冲突的监测和监控密切相关的脑区（Veen and Carter，2002；Botvinick et al.，2004）。N2 的冲突检测效应目前已经被大量的研究进一步证实和应用（Clayson and Larson，2011；Espinet et al.，2012；Lucci et al.，2013）。

在预期收益和预期损失的衡量中，对于普通品牌的商品，人们将收益的估计更关注于产品本身的功能价值（Lichtenstein and Black，1988），而对于奢侈品品牌的商品而言，除功能价值以外，往往还附加有很高的享乐价值、独特价值、炫耀价值等心理层面的价值（Dubois and Duquesne，1993）。根据已有的研究（Han et al.，2010）和前文的论述，本研究认为奢侈品标志的有无影响奢侈品的炫耀价值，有品牌标志奢侈品的感知炫耀价值高于无品牌标志奢侈品。因此，当价格一定，并且其他属性相同时，有品牌标志的奢侈品价格接受的认知冲突可能小于无品牌标志的奢侈品，并在事件相关电位上表现为更小振幅的 N2 成分。于是我们得到以下的研究假设：

H3-1：有品牌标志的奢侈品比无品牌标志的奢侈品价格接受的认知冲突小，在事件相关电位上表现为更小振幅的 N2 成分。

有标志的奢侈品又分为名称标志奢侈品和图案标志奢侈品，并且名称标志奢侈品相对图案标志奢侈品可能具有更高的炫耀价值。因此，名称标志奢侈品价格接受的认知冲突很可能高于图案标志奢侈品，并在事件相关电位上表现为更小振幅的 N2 成分。我们得到如下假设：

H3-2：名称标志奢侈品比图案标志奢侈品价格接受的认知冲突小，在事件相关电位上表现为更小振幅的 N2 成分。

在以上两点假设中我们提到，有品牌标志的奢侈品比无品牌标志的奢侈品价格接受的认知冲突小，在事件相关电位上表现为更小振幅的 N2 成分；名称标志奢侈品比图案标志奢侈品价格接受的认知冲突小，在事件相关电位上表现为更小振幅的 N2 成分。名称标志奢侈品易识别度最高，传承图案标志次之，而无标志是一种特殊的最不易识别的标志方式。因此，综合以上两点假设，我们得到如下假设：

H3：标志设计线索影响价格接受的认知冲突，标志易识别度越高，价格接受的认知冲突越小。

目前，越来越多价格研究表明，价格情感对价格认知与消费者行为起到中介作用（Peine et al.，2009）。杏仁核（amygdala）是目前公认的大脑情感中心，在消费者竞价决策研究中，Jenison 等（2011）发现杏仁核的活动与竞价行为呈线性关系；Seymour 和 Dolan（2008）发现杏仁核受损的患者普遍会出现风险和不确定决策的障碍。Somervuori 和他的同事通过实验证明了情感唤醒是影响价格接受的重要因素，知名品牌会比不知名品牌引起消费者更高程度的情感唤醒。他们还进一步考察了低价格时两种品牌的唤醒情况，并发现低价造成的情感唤醒对两种品牌都存在，但知名品牌会引起更大的正向情感唤醒，唤醒效应显著大于不知名品牌（Ravaja et al.，2013）。

有学者提出用感知评价理论来解释情感的产生和作用，该理论认为情感的唤醒是由认知评价引发的而不是由刺激事件本身引发的，与个体目标一致的事件会引发个体产生强烈的积极情感唤醒（Roseman et al.，1990）。在本研究中，商品炫耀价值和价格是消费者评价的核心，从目标一致性来讲，通过支付相应价格来获得较高的奢侈品炫耀价值是与消费者目标一致的。因此，炫耀价值较高的有品牌标志商品的价格接受引发的情感唤醒可能高于炫耀价值较低的无品牌标志商品。而之前在综述中我们讨论了 LPP 成分是一种产生于刺激被评价之后的 ERP 成分，该成分与情感加工过程特别是动机性的情感唤醒（motivational emotion arousal）有关（Leite et al.，2012），动机性的情感唤醒越强，LPP 的振幅越大。所以，我们得到如下假设：

H4-1：有品牌标志的奢侈品比无品牌标志的奢侈品价格接受的情感唤醒更强，在事件相关电位上表现为更大振幅的 LPP 成分。

有标志的奢侈品又可分为名称标志奢侈品和图案标志奢侈品，并且名称标志奢侈品相对图案标志奢侈品可能具有更高的炫耀价值。因此，名称标志奢侈品价格接受的情感唤醒很可能高于图案标志奢侈品，并在事件相关电位上表现为更大振幅的 LPP 成分。所以，我们得到如下假设：

H4-2：名称标志奢侈品比图案标志奢侈品价格接受的情感唤醒更强，在事件相关电位上表现为更大振幅的 LPP 成分。

以上两点假设中我们提到，有品牌标志的奢侈品比无品牌标志的奢侈品价格接受的情感唤醒更强，在事件相关电位上表现为更大振幅的 LPP 成分；名称标志奢侈品比图案标志奢侈品价格接受的情感唤醒更强，在事件相关电位上表现为更大振幅的 LPP 成分。名称标志易识别度最高，传承图案标志次之，而无标志是一种特殊的最不易识别的标志方式。因此，综合以上两点假设，我们得到如下假设：

H4：标志设计线索影响价格接受的情感，标志易识别度越高，价格接受的情感唤醒越强。

综上，基于对已有研究和理论框架的整理，本研究提出的研究假设如表 5.1 所示。

表 5.1　研究二的研究假设

H1	标志设计线索影响消费者价格接受，标志易识别度越高，价格接受率越高
H1-1	有品牌标志的奢侈品的价格接受率高于无品牌标志的奢侈品
H1-2	名称标志的奢侈品价格接受率高于图案标志的奢侈品
H2	标志设计线索影响消费者感知炫耀价值，标志易识别度越高，感知价值越高
H2-1	有品牌标志奢侈品的感知炫耀价值高于无品牌标志奢侈品
H2-2	名称标志奢侈品的感知炫耀价值高于图案标志奢侈品
H3	标志设计线索影响价格接受的认知冲突，标志易识别度越高，价格接受的认知冲突越小
H3-1	有品牌标志的奢侈品比无品牌标志的奢侈品价格接受的认知冲突小，在事件相关电位上表现为更小振幅的 N2 成分
H3-2	名称标志奢侈品比图案标志奢侈品价格接受的认知冲突小，在事件相关电位上表现为更小振幅的 N2 成分
H4	标志设计线索影响价格接受的情感，标志易识别度越高，价格接受的情感唤醒越强
H4-1	有品牌标志的奢侈品比无品牌标志的奢侈品价格接受的情感唤醒更强，在事件相关电位上表现为更大振幅的 LPP 成分
H4-2	名称标志奢侈品比图案标志奢侈品价格接受的情感唤醒更强，在事件相关电位上表现为更大振幅的 LPP 成分

5.3 实验三：标志的有无对奢侈品价格接受的影响——神经机制视角

5.3.1 实验设计

5.3.1.1 实验被试

根据实验研究的目标群体定位，我们的被试筛选主要参考以下几个条件：第一，被试具有一定的经济能力但不属于“贵族”或“暴发户”群体；第二，她们都有过购买奢侈品品牌商品的经历；第三，为了确保被试对实验中钱包的购买兴趣，实验被试均为在前期调查中表示出有钱包购买计划的女性被试。

最终，20名女性被试有偿参加了我们的实验，她们都是来自富裕家庭的大学在校生或者MBA学生，家庭年人均收入10000~30000元。被试平均年龄为26.5岁（分布在22~36岁），均为右利手，视力或者矫正视力正常，并且无精神病或者精神病史。在正式的事件相关电位实验开始之前，参与实验的被试全部签署了浙江大学神经管理学实验室被试知情书以及实验流程确认书。

5.3.1.2 实验材料

刺激图片的内容包括两部分：一个钱包图片和一个价格标签。我们选择钱包作为刺激材料，一方面是因为钱包在奢侈品品牌皮件中是销量占比较大的商品之一，另一方面是因为钱包属于小件入门级奢侈品，对于被试群体来说她们既能够买得起又能够在公开场合使用，具有一定的炫耀性。但更重要的是，钱包大小正好能够让我们在图片中看清品牌商标信息。在刺激材料中，钱包图片可以按照钱包标志的有无分为无标志和有标志（包括名称标志和传承图案标志）两组（见图5.1）。这些钱包在材质样式方面组间相同而组内不同。

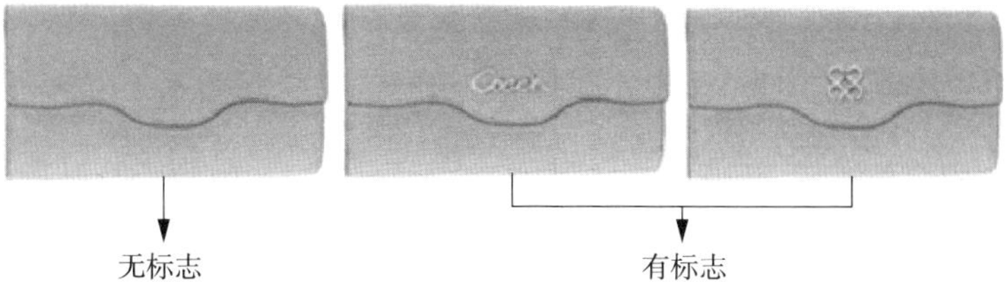

5.1 实验三刺激图片中的奢侈品标志类型示例

实验中的价格设置参考COACH品牌的中国官网上钱夹的售价，价格水平选定官网售价集中的3000（+5%）元左右的区域，具体的价格刺激在两个实验组内不同，而实验组间相同。整个实验共包括60种组间重复的钱包样式，2种标志方式，共120个试次。

5.3.1.3 实验程序

实验刺激通过E–Prime软件随机呈现在电脑屏幕的中央，实验被试与呈现刺激的屏幕距离约70厘米，水平视角和垂直视角分别为2.58°和2.4°。单个试次（trial）的呈现顺序为：初始，电脑屏幕中央呈现凝视点（“+”图片），持续时间为800毫秒，接着出现500~800毫秒的灰屏随机刺激间隔（ISI）；随后电脑屏幕呈现主刺激，持续时间是4000毫秒，此段时间内被试需要进行价格接受决策，按键后刺激消失。无论被试是否按键，4000毫秒过后，都呈现灰屏500毫秒，一个独立试次结束。具体程序见图5.2。整个实验120个试次，被分为3个小节，每个小节40个刺激图片。节与节之间让被试休息3~5分钟。

正式实验开始前，要求被试对实验的指导语进行详细阅读（实验的指导语见附录）并完成一个实验练习。确保被试完全明确实验任务且熟悉按键操作后，开始进行正式实验。被试需要在刺激材料呈现的4000毫秒之间按键，价格接受按数字“1”键，价格拒绝按数字“3”键。被试未做出按键响应的试次视为无效试次，数据分析中不统计无效试次。

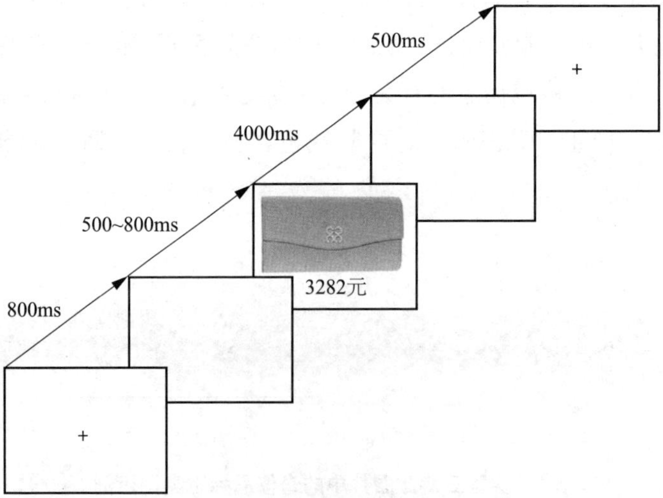

图5.2 实验三刺激流程

5.3.1.4 数据记录

被试被安排坐在安静隔音且能屏蔽电磁辐射的 ERP 实验室内进行实验。

实验采用美国 Neuroscan 公司生产的 64 导脑电记录系统进行脑电的记录，并用 Scan4.3 分析系统对采集的数据进行分析，利用 64 导的 Ag/AgCl 电极帽记录相应的脑电，电极位置分布遵照国际 10–20 系统（见图 4.2）。另外，有四个活动电极分别对左眼眶上侧的垂直眼电、左眼眶下侧的垂直眼电和两眼外侧的水平眼电进行记录；参考电极置于双侧乳突（双耳突起位置）；接地电极在 FCZ 和 FZ 之间的中点位置。滤波带通为 0.05~100 赫兹，采用频率为 500 赫兹 / 导，实验过程中电极与头皮的接触电阻均小于 5000 欧。E–Prime 软件在随机呈现刺激图片的同时，对刺激类型、按键值和做出响应的反应时进行记录。Scan4.3 分析系统记录了刺激类型、被试脑电波形、被试反应时和按键值。

5.3.1.5 问卷数据采集

为了了解品牌标志线索对消费者价值感知的影响，本研究采用电子调查问卷的形式对商品总体价值和奢侈品的炫耀价值、享乐价值、物质主义价值、独特价值和质量价值五个维度进行测量。问卷中奢侈品价值的五个维度的选取参考了比较成熟的以奢侈品价值为基础的购买研究中的分类（Wiedmann et al.，2007；Shukla，2012）。虽然也有一些奢侈品研究提出以地位价值的概念来描述消费者从显示身份地位中获得的商品价值，并将其从炫耀价值中区分出来，但根据最经典的炫耀价值定义（Veblen，1899；Wang and Griskevicius，2014）以及本研究的研究目的，我们不采纳这种划分。问卷中，所有题项采用 Likert 五级量表进行测量。电子调查问卷在实验后完成，问卷中呈现实验中出现过的刺激图片。刺激图片被分为两组：无标志组和有标志组。被试需要根据对两组图片中的商品的总体印象的回忆进行打分。

5.3.1.6 脑电数据处理

对于原始脑电数据，采用离线分析的方法用 Scan4.3 软件处理（赵仑，2010）。具体步骤与实验一相同。

5.3.2 数据分析与结果展示

本节分为行为数据、问卷数据和脑电数据三部分，分别展示实验结果，更深入的讨论将在 5.3.3 节给出。

5.3.2.1 行为数据分析

本研究通过 E-Prime2.0 软件呈现实验刺激材料并在被试进行决策任务的同时记录被试的按键选择情况，对得到的被试的行为结果利用 SPSS 软件进行统计分析（马庆国，2002）。分析中剔除被试未做反应的轮次，并在进一步的分析中将这些被试未在规定时间内做出反应的试次视为无效试次。

本研究采集和分析的行为数据为价格接受率。价格接受率是指被试根据给定的价格信息参考刺激材料中给定的商品图片做出价格接受决策的比率。在本实验的特定情境中，即被试按键反应为“1”的比率。被试价格接受率行为数据见表 5.2。

表 5.2 无标志组与有标志组的价格接受率对比

指标	均值	标准差	样本数
无标志	24.25	13.35	20
有标志	38.38	23.61	20

配对样本 *T* 检验结果显示（见表 5.3），有标志组（M=38.38，SD=23.61）的价格接受率显著高于无标志组（M=24.25，SD=13.35），p=0.004。

表 5.3 无标志组与有标志组的价格接受率配对样本 *T* 检验结果

指标		成对差分					t	df	Sig.（双侧）
		均值	标准差	均值的标准误	差分的 95% 置信区间				
					下限	上限			
对 1	无标—有标	−0.1412500	0.1930154	0.0431595	−0.2315840	−0.0509160	-3.273	19	0.004

5.3.2.2 问卷数据分析

收集问卷后，先用 Excel 软件对收集到的问卷结果进行整理，然后将整理好的各个问项结果用 SPSS 软件进行描述统计和单因素方差分析（ANOVA）。

问卷数据的描述统计分析结果见表 5.4。

表 5.4　无标志组与有标志组感知价值打分对比

指标	无标志		有标志	
	M	SD	M	SD
商品总价值	3.55	0.510	3.95	0.605
炫耀价值	2.85	0.671	3.90	0.553
享乐价值	3.75	0.639	3.65	0.587
物质主义价值	3.80	0.768	3.80	0.696
独特价值	3.80	0.616	3.75	0.550
质量价值	3.90	0.641	4.00	0.649

问卷数据的配对样本 *T* 检验结果见表 5.4。从分析的结果可以看出，有标识奢侈品的总体价值评价和炫耀价值评价都显著高于无标志奢侈品。而具体地，奢侈品价值的五个维度中有标志组在炫耀价值维度得分显著高于无标志组，而享乐价值、物质主义价值、独特价值和质量价值并无显著差异。也就是说，有无品牌标志对商品价值评价具有显著的影响，而这种影响主要存在于炫耀价值维度，见表 5.5。

表 5.5　无标志组与有标志组感知价值打分的配对样本 *T* 检验结果

指标		成对差分					*t*	*df*	Sig.（双侧）
		均值	标准差	均值的标准误	差分的 95% 置信区间				
					下限	上限			
对 1	炫耀价值—无—炫耀价值—有	−1.050	0.686	0.153	−1.371	−0.729	−6.842	19	0.000
对 2	享乐价值—无—享乐价值—有	0.100	0.553	0.124	−0.159	0.359	0.809	19	0.428
对 3	物质主义价值—无—物质主义价值—有	0.000	0.562	0.126	−0.263	0.263	0.000	19	1.000

续表

指标		成对差分					t	df	Sig.（双侧）
		均值	标准差	均值的标准误	差分的 95% 置信区间				
					下限	上限			
对 4	独特价值—无—独特价值—有	0.050	0.394	0.088	−0.134	0.234	0.567	19	0.577
对 5	质量价值—无—质量价值—有	−0.100	0.447	0.100	−0.309	0.109	−1.000	19	0.330
对 6	商品总价值—无—商品总价值—有	−0.400	0.598	0.134	−0.680	−0.120	−2.990	19	0.008

5.3.2.3　脑电数据分析

依据前述的脑电数据离线处理方法处理实验得到的 ERP 数据，研究截取刺激图片呈现前 200 毫秒的 ERP 波形作为分析的基线，分析延续到刺激图片出现后的 800 毫秒，总分析时程长 1000 毫秒。本研究采用被试内重复测量方差分析的统计处理方法利用 SPSS 软件进行数据分析。分析主要关注刺激锁时的 N2 及 LPP 成分。根据两种成分的衍生脑区分布情况，我们选取 F1、FZ、F2、FC1、FCZ、FC2、C1、CZ、C2、CP1、CPZ、CP2、P1、PZ、P2 15 个电极点进行分析。其中 F1、FZ、F2、FC1、FCZ、FC2、C1、CZ、C2 用于 N2 成分的分析，C1、CZ、C2、CP1、CPZ、CP2、P1、PZ、P2 用于 LPP 成分的分析。根据前文论述的已有研究结合本研究引发的脑电波形特点，对两个成分进行分析的时间窗口分别选择为，N2 为 250~350 毫秒；LPP 为 350~650 毫秒。

本研究根据刺激图片的标志有无分为两种刺激类型（无标志 vs. 有标志），本小节将比较两种刺激类型引发的脑电差异。图 5.3 展示了两种刺激类型（无标志 vs. 有标志）引发的全脑波形图及本研究的电极取点分布。深色标记代表无标志组，浅色标记代表有标志组。

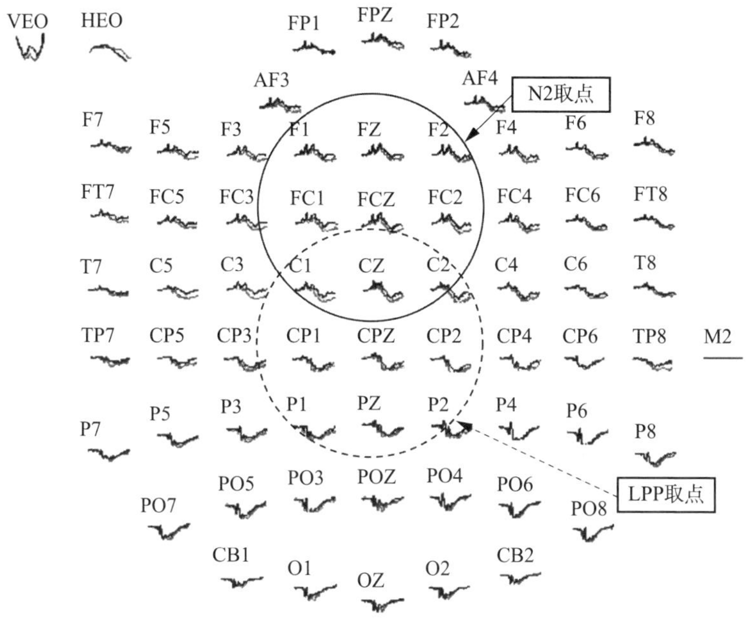

图 5.3 有标志组和无标志组引发的全脑波形图及研究总体取点分布

（1）N2 成分分析。

在刺激材料出现后，无标志及有标志的商品都引发了 N2 成分。根据实验目的、总平均波形图特征以及 N2 成分的衍生分布特点，选取额区（F1、FZ、F2）、额中央联合区（FC1、FCZ、FC2）和中央区（C1、CZ、C2）9 个电极点作为分析的代表点，N2 的潜伏期为 250~350 毫秒，N2 成分在 9 个代表电极点上的波幅均值见表 5.6。

表 5.6 有标志和无标志组引发的 N2 成分波幅描述性统计

单位：微伏

电极点	无标志		有标志	
	均值	标准差	均值	标准差
F1	–3.196	0.860	–1.350	1.004
FZ	–3.974	0.815	–2.369	1.064
F2	–3.093	0.858	–1.470	1.095
FC1	–3.136	0.816	–1.169	0.968
FCZ	–4.219	0.880	–2.324	1.115
FC2	–2.950	0.787	–0.676	1.101

续表

电极点	无标志		有标志	
	均值	标准差	均值	标准差
C1	–1.264	0.928	0.595	1.010
CZ	–2.246	0.885	–0.490	1.116
C2	–1.052	0.931	0.148	1.118

图 5.4 中展示了两种标志方式在 F1、FZ、F2、FC1、FCZ、FC2、C1、CZ、C2 电极点上引发的 ERP 总平均波形。针对额区及额中央联合区 N2 成分做 2（标志方式：无标志 vs. 有标志）×9（电极：F1、FZ、F2、FC1、FCZ、FC2、C1、CZ、C2）的重复性方差分析。结果显示，标志类型具有显著的主效应，$F(1, 19)=29.122$，$p=0.000<0.05$；电极的主效应显著 $F(8, 152)=4.045$，$p=0.000<0.05$；刺激类型和电极不存在显著交互效应，$F(8, 152)=1.722$，$p=0.098$。

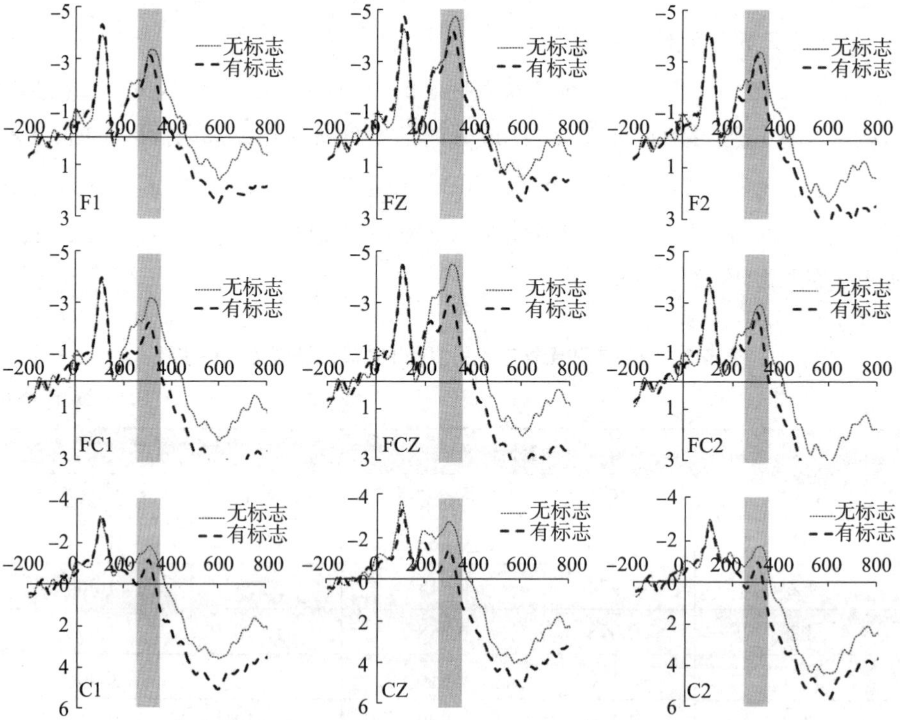

图 5.4　有标志组与无标志组引发的 N2 成分波形

进一步的配对样本 *T* 检验结果显示（见表 5.7），无标志组（M=–2.792，SE=0.724）的 N2 波幅显著大于有标志组（M=–1.012，SE=0.928），*P*=0.000<0.05。

表 5.7　有标志组与无标志组引发的 N2 成分波幅配对样本 *T* 检验结果

（I）logo	（J）logo	均值差值（I–J）	标准误差	Sig.	差分的 95% 置信区间	
					下限	上限
无	有	–1.781	0.330	0.000	–2.471	–1.090

（2）LPP 成分分析。

在刺激材料出现后，无标志及有标志的商品都引发了 LPP 成分。根据实验目的、总平均波形图特征以及 LPP 成分的衍生分布特点，选取中央区（C1、CZ、C2）、中央顶区联合区（CP1、CPZ、CP2）和顶区（P1、PZ、P2）9 个电极点作为分析的代表点，LPP 的潜伏期为 350~650 毫秒，LPP 成分在 9 个代表电极点上的波幅均值见表 5.8。

表 5.8　有标志组和无标志组引发的 LPP 成分波幅描述性统计

单位：微伏

电极点	无标志		有标志	
	均值	标准差	均值	标准差
C1	2.325	1.105	4.366	1.100
CZ	2.178	1.029	4.300	1.271
C2	3.116	1.096	5.031	1.176
CP1	4.214	0.922	5.450	0.859
CPZ	4.265	1.048	6.276	1.117
CP2	4.929	1.072	6.562	1.118
P1	5.176	1.149	6.645	1.114
PZ	4.983	1.189	6.244	1.122
P2	4.406	1.144	5.538	1.118

图 5.5 中展示了有标志组和无标志组在 C1、CZ、C2、CP1、CPZ、CP2、

P1、PZ、P2 电极点上引发的 ERP 总平均波形。针对中央区、中央顶区联合区和顶区 LPP 成分做 2（标志方式：无标志 vs. 有标志）×9（电极：C1、CZ、C2、CP1、CPZ、CP2、P1、PZ、P2）的重复性方差分析。结果显示，标志有无具有显著的主效应，$F(1, 19)=102.431$，$p=0.000<0.05$；电极的主效应显著 $F(8, 152)=24.503$，$p=0.000<0.05$；刺激类型和电极不存在显著交互效应，$F(8, 152)=1.407$，$p=0.089>0.05$。

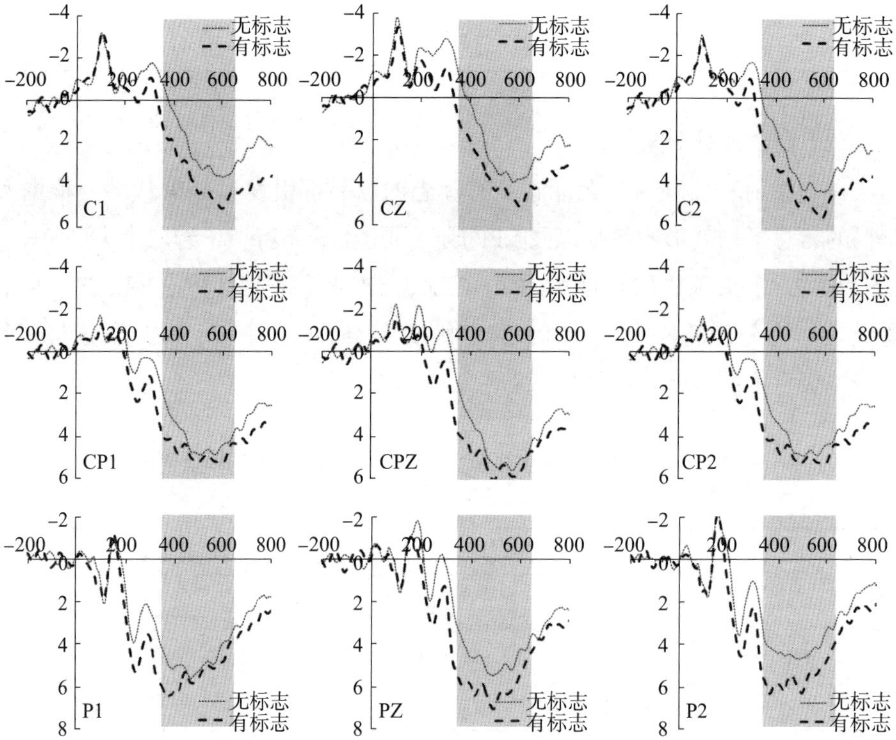

图 5.5　有标志组与无标志组引发的 LPP 成分波形

进一步的配对样本 *T* 检验结果显示（见表 5.9），有标志组（M=4.869，SE=1.074）LPP 波幅显著大于无标志组（M=3.326，SE=1.040），*P*=0.000<0.05。

表 5.9　有标志组与无标志组引发的 LPP 成分波幅配对样本 *T* 检验结果

指标	均值	标准差	*T* 值	显著性	置信区间 95%	
					下限	上限
无标志—有标志	–1.543	0.152	0.000	–1.862	–1.224	–1.543

5.3.3 实验讨论

5.3.3.1 行为结果讨论

行为数据显示，有标志组的奢侈品价格接受率显著大于无标志组。该行为结果说明被试在奢侈品价格接受的决策中受到标识有无的显著影响，有标志的设计能够促进消费者价格接受。

已有研究表明，奢侈品的大量隐含价值在于奢侈品在公众中的知晓度满足了奢侈品消费者加深他人对自己的印象和树立高雅形象的心理（Lu，2008）。然而，虽然奢侈品品牌具有蜚声世界的知晓度，但消费者获得他人关注的前提是让他人识别出自己的穿戴、使用的奢侈品。商品标志的有无，无疑对这个过程产生了强烈的影响。商品标志的产生最早源于古代手工艺人在制作手工艺品时为自己的手工艺品上打上某种标记（罗文军，2007）。这种标记能够帮助顾客识别商品的来源，虽然市场进一步发展后，商标成了一种与对手竞争的“有效工具”，但其“区分辨别”的效果仍然是最本质的作用。因而，奢侈品品牌标志的有无影响着消费者对奢侈品心理价值的评价并决定了他们是否愿意为之付出金钱，能够与其他商品（尤其是大众消费品）显著区别开的有品牌标志奢侈品的价格接受率显著高于无品牌标志的奢侈品。

通过以上对消费者价格接受率的分析和讨论，“H1–1：有品牌标志的奢侈品的价格接受率高于无品牌标志的奢侈品”得到了证实。

5.3.3.2 问卷结果讨论

如实验设计中所述，为了更好地解析消费者奢侈品价格接受的心理过程，我们要求被试在 ERP 实验完成后填写关于实验中出现的奢侈品的价值预期的打分。其中包括奢侈品的总价值打分和奢侈品价值的五个维度打分。结果显示，有品牌标志奢侈品在总价值评估中得分明显高于无品牌标志奢侈品。而具体的在奢侈品价值的五个维度中，有品牌标志奢侈品在炫耀价值维度中得分明显高于无品牌标志奢侈品；而在其他四个维度上没有显著差异。换言之，有品牌标志奢侈品的总体感知商品价值高于无品牌标志奢侈品，而这种差异源于感知炫耀价值维度。

早在 19 世纪，凡勃伦就在他的著名著作《有闲阶级论》（*The Theory of the Leisure Class*）中提出了炫耀消费的概念。他指出有闲阶级的消费不是为消费而消费，而往往出于炫耀心理的驱使，因而对于有闲阶级来说，购买与否更大程度上取决于能否体现买主的实力和地位（Veblen，1899）。在近期的奢侈品营销著作 *The Cult of The Luxury Brand* 中，作者 Radha Chadha 和 Husband（2010）指出，“对今日的中国而言，重要的不是奢华体验，而是让奢侈品牌物尽其用，承担起显示穿戴者地位的作用”“中国人视觉敏感度高，善于记忆标志符号——中国人终其一生都在用中文书写，而中文是象形文字”“中国消费者在购买通行全球的成功标志”。因而，综合 Veblen 和 Chadha 的理论，奢侈品标志是能够炫耀穿戴者身份的“记忆符号”，容易被社会辨识，可以明白无误地告诉别人“我是成功人士”。本研究的研究结果印证了他们的理论，本研究中有标志的奢侈品感知炫耀价值大于无标志的奢侈品。

因此，“H2-1：有品牌标志奢侈品的感知炫耀价值高于无品牌标志奢侈品”得到证实。

5.3.3.3　脑电结果讨论

（1）N2 成分分析。

本奢侈品价格接受实验中，有标志组与无标志组在决策处理过程的早期阶段都引发了显著的 N2 成分负向振幅，有标志组的 N2 振幅显著小于无标志组。N2 成分是反映早期决策处理过程的 ERP 成分，主要分布在额区及额中央联合区，该成分的峰值潜伏期通常为 250~300 毫秒（Folestein and Petten，2008）。之前的论述中已经结合多篇前人关于 N2 成分的研究论述了 N2 在本实验中能够反映得失价值匹配情况，当感知获得价值与昂贵的奢侈品价格匹配时 N2 振幅较小，而当感知获得价值与昂贵的奢侈品价格不匹配时 N2 振幅较大，这里不再赘述。

从结果中可以看到，有标志组与无标志组在刺激呈现后的 300 毫秒左右出现了一个显著的 N2 成分负向振幅的差异，有标志组的 N2 振幅小于无标志组。根据已有的分析，N2 振幅敏感于价值匹配，当感知商品价值与昂贵的奢侈品价格不匹配时 N2 振幅更大。因此可以得出，有标志的奢侈品价格接受冲突小于无标志的奢侈品。这种现象的产生可能主要是由品牌标志的“区分辨别”作用造成的炫耀价值的差异导致的。首先，ERP 实验后的调查问卷中，被试普遍为有品牌标志奢侈品的炫耀价值打分高于无品牌标志奢侈品，并且在奢侈品价值的其他维度上，未见显著差异。其次，奢侈品品牌标志是帮助奢侈品被他人识别并实现其炫耀价值的重要途径。品牌标志是一种可识别的符号，鲜明的品牌标志方便消费者辨认制造商及其产品（Dekimpe et al.，1997）。奢侈品品牌也向他人暗示了使用者的消费能力（Wang and Griskevicius，2014）、欣赏水平（Shukla，2012）以及身份地位（Nelissen and Meijers，2011）等情况，体现了购买或使用这种产品的是哪一类消费者（Han et al.，2010）。更重要的是，奢侈品消费者像其他消费者一样不会无缘无故地付出金钱，消费者愿意付出的金钱是与其能获得的潜在价值匹配的。依照前两点的论述，奢侈品消费者能够从有标志的奢侈品中获得更高的炫耀价值，因此，有品牌标志的奢侈品比无品牌标志的奢侈品价格接受的认知冲突小，在事件相关电位上表现为更小振幅的N2成分。

因而，"H3-1：有品牌标志的奢侈品比无品牌标志的奢侈品价格接受的认知冲突小，在事件相关电位上表现为更小振幅的N2成分"得到证实。

（2）LPP成分分析。

本实验中，有标志组与无标志组在认知处理过程中的晚期LPP成分上表现出了显著差异，主要分布在中央区、中央顶区联合区及顶区。LPP成分是反映晚期决策处理过程的ERP成分，主要分布在中央区、中央顶区联合区及顶区，其峰值潜伏期通常为350~650毫秒（Yen et al.，2010；Baur et al.，2015）。前文的论述中我们已经对LPP可能是敏感于动机性情感唤醒（motivational emotion arousal）的神经生理指标（Yen et al.，2010；Van Hooff et al.，2011；Leite et al.，2012）做了详细的阐述，这里不再赘述。

本实验中，在刺激图片呈现后的500毫秒左右，有标志组与无标志组表现出了LPP成分正向振幅的差异，有标志组的LPP振幅显著大于无标志组。LPP的动机性情感唤醒效应在本研究问题中可以理解为消费者看到品牌标志后，引发感知价值（主要是感知炫耀价值）的差异，在比较感知的预期获得价值和预期的损失金钱成本之后，越值得购买时情感唤醒越强，价格接受的动机越强。本实验的行为数据完全支持我们关于消费者价格接受情感过程的推测。LPP振幅较大的有标志组的价格接受率显著高于LPP振幅较小的无标志组。

消费者对商品刺激的反应很大程度上取决于消费者对商品的预期。根据前文的论述，当奢侈品商品有品牌标志时，更容易帮助消费者达成夸耀财富地位的目的（Han et al.，2010；Nelissen and Meijers，2011；Wang and Griskevicius，2014），炫耀价值更高，预期支付价格与预期获得价值匹配度更高。较高的得失匹配能够使消费者产生“物有所值”的价格公平联想，并引发正性的情感唤醒（Peine et al.，2009）。另外，有研究表明，奢侈品购买常常能够使人们获得“我比他人更富有的”的心理满足感（Hudders and Pandelaere，2012），使消费者感到自己能够获得更好的社会评价并唤起积极的情感（Hudders and Pandelaere，2013）。有品牌标志的奢侈品比无品牌标志的奢侈品具有更强的社会展示作用，被消费者认为是更值得花钱购买的。所以有品牌标志的奢侈品价格接受的情感唤醒比无品牌标志奢侈品更强。

因此，“H4-1：有品牌标志的奢侈品比无品牌标志的奢侈品价格接受的情感唤醒更强，在事件相关电位上表现为更大振幅的 LPP 成分”得到证实。

5.4 实验四：标志的类型对奢侈品价格接受的影响——神经机制视角

5.4.1 实验设计

5.4.1.1 实验被试

根据实验研究的目标群体定位，我们的被试筛选主要参考以下几个条件：首先，被试具有一定的经济能力但不属于“贵族”或“暴发户”群体；其次，她们都有过购买奢侈品品牌商品的经历；最后，为了确保被试对实验中钱包的购买兴趣，实验被试均为近期有购买钱包计划的女性被试。

最终，20 名女性被试有偿参加了我们的实验，她们都是来自富裕家庭的大学在校生或者 MBA 学生，家庭年人均收入 10000~30000 元。被试平均年龄为 28.5 岁（分布在 22~38 岁），均为右利手，视力或者矫正视力正常，并且无精神病或者精神病史。在正式的事件相关电位实验开始之前，参与实验的被试全部签署了浙江大学神经管理学实验室被试知情书以及实验流程确认书。

5.4.1.2 实验材料

刺激图片的内容包括两部分：一个钱包图片和一个价格标签。我们选择钱包作为刺激材料，一方面是因为钱包在奢侈品品牌皮件中是销量占比较大的商品之一；另一方面是因为钱包属于小件入门级奢侈品，对于被试群体来说她们既能够买得起又能够在公开场合使用，具有一定的炫耀性。但更重要的是，钱包大小正好能够让我们在图片中看清品牌商标信息。在刺激材料中，钱包图片可以按照钱包标志的形式不同分为两类：品牌名称标志和传承图案标志（见图 5.6）。每一类包括 60 个钱包，这些钱包样式上组间相同而组内不同。

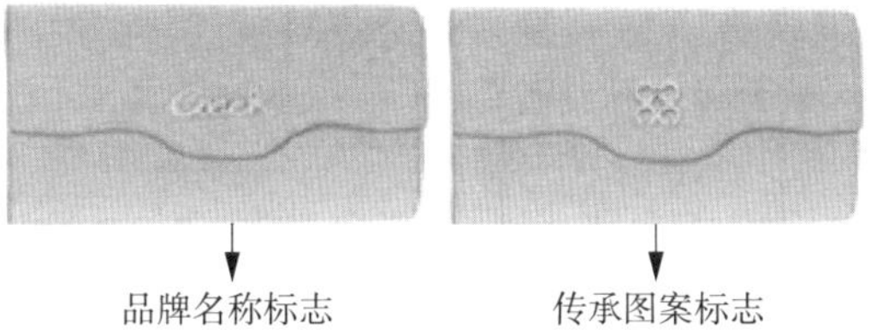

图 5.6　实验四刺激图片中的奢侈品标志类型示例

实验中的价格设置参考 COACH 品牌的中国官网上钱夹的售价，价格水平选定官网售价集中的 3000（+5%）元左右的区域，具体的价格刺激在两个实验组内不同，而实验组间相同。整个实验共包括60种组间重复的钱包样式，2 种标志方式，共 120 个试次。

5.4.1.3　实验程序

实验刺激通过 E–Prime 软件随机呈现在电脑屏幕的中央，实验被试与呈现刺激的屏幕距离约 70 厘米，水平视角和垂直视角分别为 2.58° 和 2.4°。单个试次（trial）的呈现顺序为：初始，电脑屏幕中央呈现凝视点（“+”图片），持续时间为 800 毫秒，接着出现 500~800 毫秒的灰屏随机刺激间隔（ISI）；随后电脑屏幕呈现主刺激，持续时间是 4000 毫秒，此段时间内被试需要进行价格接受决策，按键后刺激消失。无论被试是否按键，4000 毫秒过后，都呈现灰屏 500 毫秒，一个独立试次结束。具体程序见图 5.7。整个实验 120 个试次，被分为 3 个小节，每个小节 40 个刺激图片。节与节之间让被试休息 3~5 分钟。

正式实验开始前，要求被试对实验的指导语进行详细阅读（实验的指导语见附录）并完成一个实验练习。确保被试完全明确实验任务且熟悉按键操作后，开始进行正式实验。被试需要在刺激材料呈现的 4000 毫秒之间按键，价格接受按数字“1”键，价格拒绝按数字“3”键。被试未做出按键响应的试次视为无效试次，数据分析中不统计无效试次。

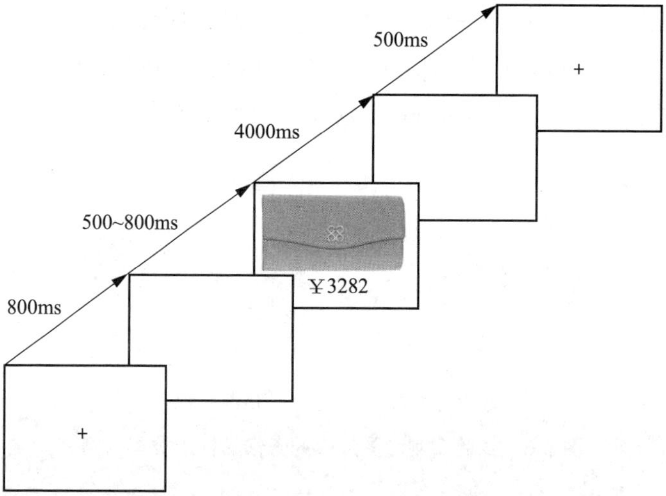

图 5.7 实验四刺激流程

5.4.1.4 数据记录

被试被安排坐在安静隔音且能屏蔽电磁辐射的 ERP 实验室内进行实验。

实验采用美国 Neuroscan 公司生产的 64 导脑电记录系统进行脑电的记录，并用 Scan4.3 分析系统对采集的数据进行分析，利用 64 导的 Ag/AgCl 电极帽记录相应的脑电，电极位置分布遵照国际 10–20 系统（见图 4.2）。另外，有四个活动电极分别对左眼眶上侧的垂直眼电、左眼眶下侧的垂直眼电和两眼外侧的水平眼电进行记录；参考电极置于双侧乳突（双耳突起位置）；接地电极在 FCZ 和 FZ 之间的中点位置。滤波带通为 0.05~100 赫兹，采用频率为 500 赫兹 / 导，实验过程中电极与头皮的接触电阻均小于 5000 欧。

E–Prime 软件在随机呈现刺激图片的同时，对刺激类型、按键值和做出响应的反应时进行记录。Scan4.3 分析系统记录了刺激类型、被试脑电波形、被试反应时和按键值。

5.4.1.5 问卷数据采集

为了了解品牌标志线索对消费者价值感知的影响，本研究采用电子调查问卷的形式对商品总体价值和奢侈品的炫耀价值、享乐价值、物质主义价值、独特价值和质量价值五个维度进行测量。奢侈品价值的五个维度的选取参考了比较成熟的以奢侈品价值为基础的购买研究中的分类（Wiedmann et al., 2007；Shukla，2012）。虽然也有一些奢侈品研究提出以地位价值的概念来描述消费者从显示身份地位中获得的商品价值，并将其从炫耀价值中区分出来，但根据最经典的炫耀价值定义（Veblen，1899；Wang and Griskevicius，2014）以及本研究的研究目的，我们不采纳这种划分。问卷中，所有题项采用 Likert 五级量表进行测量。电子调查问卷在实验后完成，问卷中呈现实验中出现过的刺激图片。刺激图片被分为两组：品牌名称标志组和传承图案标志组。被试需要根据对两组图片中的商品的总体印象的回忆进行打分。

5.4.1.6　脑电数据处理

对于原始脑电数据，采用离线分析的方法用 Scan4.3 软件处理（赵仑，2010）。具体步骤与实验一相同。

5.4.2　数据分析与结果展示

本节分为行为数据、问卷数据和脑电数据三部分，分别展示实验结果，更深入的讨论将在 5.4.3 节给出。

5.4.2.1　行为数据分析

本研究采集和分析的行为数据为价格接受率。数据的分析方法与实验三相同。名称标志组与图案标志组价格接受率的行为数据见表 5.10。

表 5.10　名称标志组与图案标志组的价格接受率对比

指标	均值	标准差	样本数
图案标志	37.63	24.31	20
名称标志	44.13	25.98	20

配对样本 *T* 检验结果显示（见表 5.11），名称标志组（M=44.13，SD=25.98）的价格接受率显著高于图案标志组（M=37.63，SD=24.31），p=0.024。

表 5.11　名称标志组与图案标志组的价格接受率配对样本 *T* 检验结果

<table>
<tr><th colspan="2" rowspan="3">指标</th><th colspan="5">成对差分</th><th rowspan="3">t</th><th rowspan="3">df</th><th rowspan="3">Sig.（双侧）</th></tr>
<tr><th rowspan="2">均值</th><th rowspan="2">标准差</th><th rowspan="2">均值的标准误</th><th colspan="2">差分的 95% 置信区间</th></tr>
<tr><th>下限</th><th>上限</th></tr>
<tr><td>对 1</td><td>图案—名称</td><td>−0.0650</td><td>0.1187</td><td>0.0265</td><td>−0.1205</td><td>−0.0094</td><td>−2.448</td><td>19</td><td>0.024</td></tr>
</table>

5.4.2.2 问卷数据分析

收集问卷后，先用 Excel 软件对收集到的问卷结果进行整理，然后将整理好的各个问项结果用 SPSS 软件进行描述统计和单因素方差分析（ANOVA）。

问卷数据的描述统计分析结果见表 5.12。

表 5.12 名称标志组与图案标志组感知价值打分对比

指标	图案标志		名称标志	
	M	SD	M	SD
商品总价值	3.85	0.671	4.15	0.489
炫耀价值	3.95	0.605	4.45	0.686
享乐价值	3.95	0.510	3.80	0.523
物质主义价值	3.85	0.745	4.00	0.649
独特价值	3.75	0.550	3.85	0.587
质量价值	4.15	0.745	4.05	0.759

问卷数据的配对样本 T 检验结果见表 5.13。从分析的结果可以看出，两个实验组之间商品价值的总体评价有显著差异。而具体地，奢侈品价值的五个维度中炫耀价值维度具有显著差异，而享乐价值、物质主义价值、独特价值和质量价值并无显著差异。也就是说，奢侈品标志类型对商品价值评价具有显著的影响，而这种影响主要存在于炫耀价值维度。

表 5.13 名称标志组与图案标志组感知价值打分的配对样本 T 检验结果

<table>
<tr><th colspan="2" rowspan="3">指标</th><th colspan="5">成对差分</th><th rowspan="3">t</th><th rowspan="3">df</th><th rowspan="3">Sig.（双侧）</th></tr>
<tr><th rowspan="2">均值</th><th rowspan="2">标准差</th><th rowspan="2">均值的标准误</th><th colspan="2">差分的 95% 置信区间</th></tr>
<tr><th>下限</th><th>上限</th></tr>
<tr><td>对 1</td><td>炫耀价值—图—炫耀价值—名</td><td>-0.500</td><td>0.827</td><td>0.185</td><td>-0.887</td><td>-0.113</td><td>-2.703</td><td>19</td><td>0.014</td></tr>
<tr><td>对 2</td><td>享乐价值—图—享乐价值—名</td><td>0.150</td><td>0.489</td><td>0.109</td><td>-0.079</td><td>0.379</td><td>1.371</td><td>19</td><td>0.186</td></tr>
</table>

续表

指标		成对差分					t	df	Sig.（双侧）
		均值	标准差	均值的标准误	差分的 95% 置信区间				
					下限	上限			
对 3	物质主义价值—图—物质主义价值—名	−0.150	0.587	0.131	−0.425	0.125	−1.143	19	0.267
对 4	独特价值—图—独特价值—名	−0.100	0.447	0.100	−0.309	0.109	−1.000	19	0.330
对 5	质量价值—图—质量价值—名	0.100	0.788	0.176	−0.269	0.469	0.567	19	0.577
对 6	商品总价值—图—商品总价值—名	−0.300	0.571	0.128	−0.567	−0.033	−2.349	19	0.030

5.4.2.3 脑电数据分析

依据前述的脑电数据离线处理方法处理实验得到的 ERP 数据，研究截取刺激图片呈现前 200 毫秒的 ERP 波形作为分析的基线，分析延续到刺激图片出现后的 800 毫秒，总分析时程长 1000 毫秒。本研究采用被试内重复测量方差分析的统计处理方法利用 SPSS 软件进行数据分析。分析主要关注刺激锁时的 N2 及 LPP 成分。根据两种成分的衍生脑区分布情况，我们选取 F1、FZ、F2、FC1、FCZ、FC2、C1、CZ、C2、CP1、CPZ、CP2、P1、PZ、P2 15 个电极点进行分析。其中 F1、FZ、F2、FC1、FCZ、FC2、C1、CZ、C2 用于 N2 成分的分析，C1、CZ、C2、CP1、CPZ、CP2、P1、PZ、P2 用于 LPP 成分的分析。根据前文论述的已有研究结合本研究引发的脑电波形特点，对两个成分进行分析的时间窗分别选择：N2 为 250~350 毫秒；LPP 为 350~650 毫秒。

本研究根据刺激材料的标志方式（名称标志 vs. 图案标志）分为两种刺激类型，本小节将比较两种标志方式引发的脑电差异。图 5.8 展示了两种标志方式（名称标志 vs. 图案标志）引发的全脑波形图及本研究的电极取点分布。浅色标记代表名称标记组，深色标记代表图案标志组。

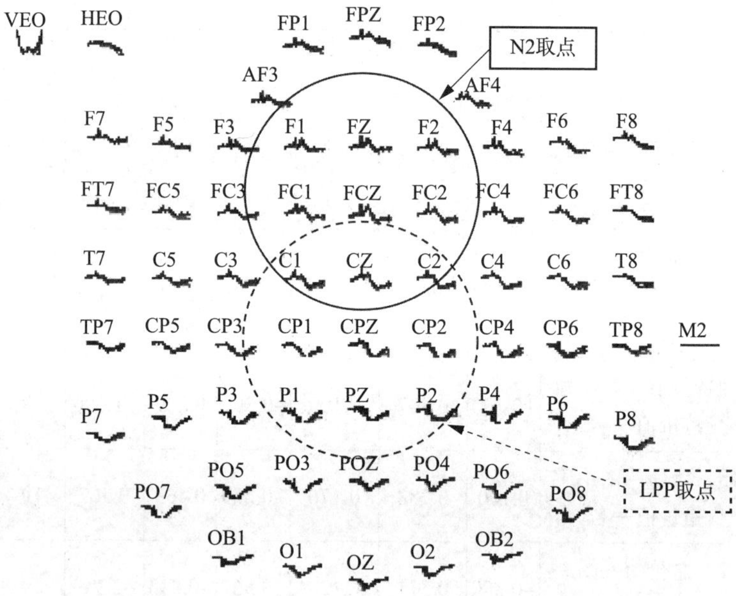

图 5.8　名称标志组与图案标志组引发的全脑波形图及研究总体取点分布

（1）N2 成分分析。

在刺激材料出现后，名称标志及图案标志的商品都引发了 N2 成分。根据实验目的、总平均波形图特征以及 N2 成分的衍生分布特点，选取额区（F1、FZ、F2）、额中央联合区（FC1、FCZ、FC2）和中央区（C1、CZ、C2）9 个电极点作为分析的代表点，N2 的潜伏期为 250~350 毫秒，N2 成分在 9 个研究电极点上波幅均值如表 5.14 所示。

表 5.14　名称标志组与图案标志组引发的 N2 成分波幅描述性统计

单位：微伏

电极点	图案标志		名称标志	
	均值	标准差	均值	标准差
F1	–1.536	0.917	–1.308	1.099
FZ	–2.337	1.074	–2.251	1.063
F2	–1.485	1.171	–1.394	1.027
FC1	–1.403	0.873	–0.879	1.073
FCZ	–2.528	1.089	–2.068	1.157
FC2	–0.754	1.048	–0.549	1.162

续表

电极点	图案标志		名称标志	
	均值	标准差	均值	标准差
C1	0.514	0.955	0.731	1.119
CZ	−0.706	1.091	1.054	1.254
C2	−0.705	1.092	−0.222	1.217

图 5.9 中展示了两种标志方式在 F1、FZ、F2、FC1、FCZ、FC2、C1、CZ、C2 电极点上引发的 ERP 总平均波形。针对额区、额中央联合区和中央区 N2 成分做 2（标志方式：名称标志 vs. 图案标志）×9（电极：F1、FZ、F2、FC1、FCZ、FC2、C1、CZ、C2）的重复性方差分析。结果显示，标志类型具有显著的主效应，$F(1, 19)=5.010$，$p=0.037<0.05$；电极具有显著的主效应 $F(8, 152)=3.286$，$p=0.002<0.05$；刺激类型和电极不存在显著交互效应，$F(8, 152)=1.893$，$p=0.065>0.05$。

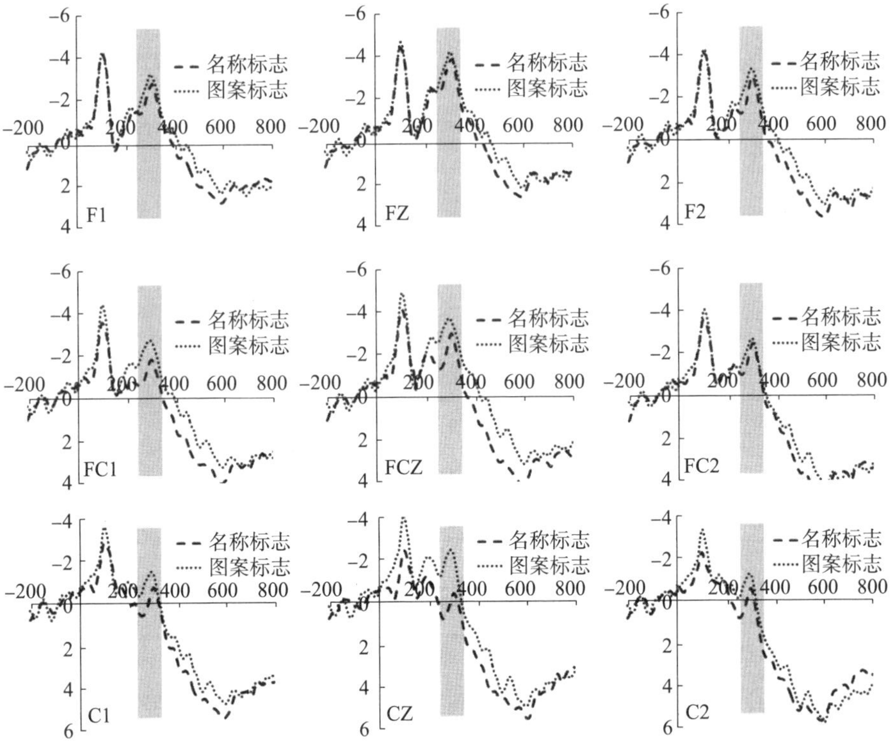

图 5.9　名称标志组与图案标志组引发的 N2 波形

进一步的配对样本 *T* 检验结果显示（见表 5.15），传承图案标志组（M=–1.205，SE=0.880）的 N2 波幅显著大于品牌名称标志组（M=–0.764，SE=0.980），$p=0.037<0.05$。

表 5.15　名称标志组与图案标志组引发的 N2 成分波幅配对样本 *T* 检验结果

（I）logo	（J）logo	均值差值（I–J）	标准差	Sig.	差分的 95% 置信区间	
					下限	上限
图案	名称	–0.441	0.197	0.037	–0.854	–0.029

（2）LPP 成分分析。

在刺激材料出现后，名称标志及传承图案标志的商品都引发了 LPP 成分。根据实验目的、总平均波形图特征以及 LPP 成分的衍生分布特点，选取中央区（C1、CZ、C2）、中央顶区联合区（CP1、CPZ、CP2）和顶区（P1、PZ、P2）9 个电极点作为分析的代表点，LPP 的潜伏期为 350~650 毫秒，名称标志组及图案标志组引发的 LPP 波幅均值如表 5.16 所示。

表 5.16　名称标志组及图案标志组引发的 LPP 成分波幅描述性统计

单位：微伏

电极点	图案标志		名称标志	
	均值	标准差	均值	标准差
C1	4.215	1.094	4.548	1.115
CZ	4.027	1.263	4.613	1.326
C2	4.496	1.085	5.585	1.311
CP1	5.162	0.927	5.763	0.824
CPZ	6.078	1.140	6.502	1.111
CP2	6.356	1.126	6.787	1.123
P1	6.451	1.155	6.873	1.089
PZ	5.946	1.166	6.562	1.096
P2	4.789	1.152	6.308	1.108

图 5.10 中展示了两种标志方式在 C1、CZ、C2、CP1、CPZ、CP2、P1、PZ、P2 电极点上引发的 ERP 总平均波形。针对中央区、中央顶区联合区和顶

区 LPP 成分做 2（标志方式：名称标志 vs. 图案标志）×9（电极：C1、CZ、C2、CP1、CPZ、CP2、P1、PZ、P2）的重复性方差分析。结果显示，标志类型具有显著的主效应，F（1，19）=26.242，$p=0.000<0.05$；电极的主效应显著 F（8，152）=14.026，$p=0.000<0.05$；刺激类型和电极不存在显著交互效应，F（8，152）=1.370，$p=0.214>0.05$。

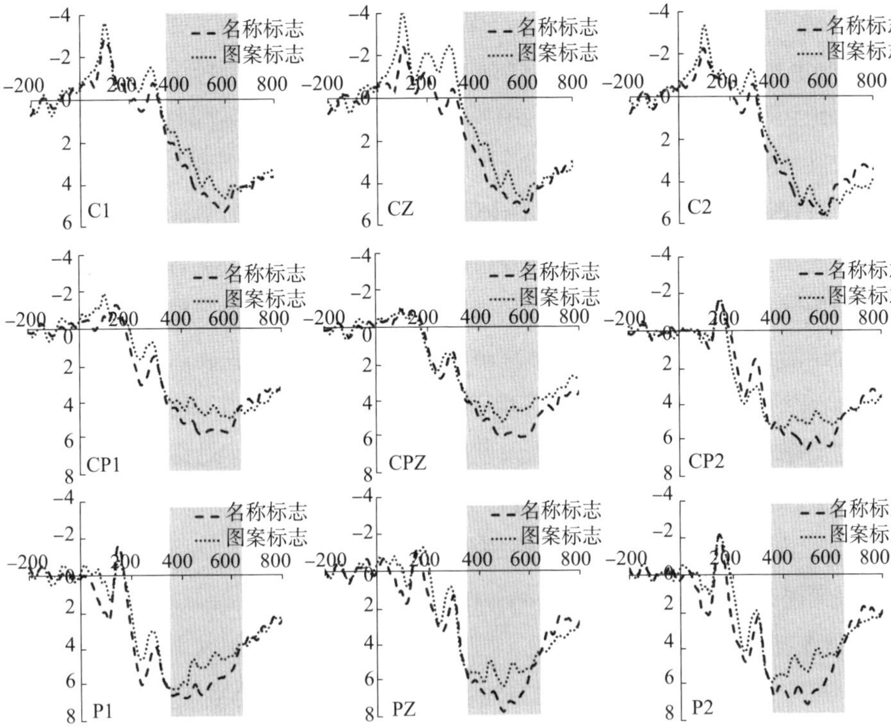

图 5.10　名称标志组与图案标志组引发的 LPP 成分波形

进一步的配对样本 T 检验结果显示（见表 5.17），名称标志组（M=5.949，SE=1.095）LPP 波幅显著大于图案标志组（M=5.280，SD=1.195），$p=0.000<0.05$。

表 5.17　名称标志组及图案标志组引发的 LPP 成分波幅配对样本 T 检验结果

指标	均值	标准差	显著性	置信区间 95%	
				下限	上限
图案标志—名称标志	–0.669	0.131	0.000	–0.942	–0.396

5.4.3 实验讨论

5.4.3.1 行为结果讨论

行为数据显示，名称标志组的奢侈品价格接受率显著大于传承图案标志组。这说明，被试在奢侈品价格接受的决策中十分在意商品标志的形式。

前人在奢侈品研究中指出，奢侈品市场的发达程度会影响一国消费者的奢侈品知识以及奢侈品消费行为。我国属于东方发展中奢侈品市场（eastern developing luxury market），在奢侈品普及度较低的这类市场中，消费者的奢侈品知识还相对有限（Shukla，2012）。他们对奢侈品背后的品牌理念、品牌故事、品牌传承图案的意义等都没有进行深入的了解。因此，仍处于“装模作样”阶段（Han et al.，2010）的消费者们对品牌传承图案标志的了解度和识别度还不高。另外，在针对东方市场的奢侈品研究中，学者们将奢侈品消费传播模式分为五个阶段：征服期、富裕期、炫耀期、适应期和生活期。中国正处于奢侈品消费的炫耀期，富裕起来的人们正在争先恐后地采购能显示自己经济实力和社会地位的“名牌”（Chadha et al.，2010）。综合以上两点，炫耀的需求和品牌传承图案标志识别度不高的事实造成了炫耀期的中产阶级消费者更愿意为品牌名称标志的奢侈品花费金钱的现象。

通过以上对消费者价格接受率的分析和讨论，“H1-2：名称标志的奢侈品价格接受率高于图案标志的奢侈品”得到证实。

5.4.3.2 问卷结果讨论

如实验设计中所述，为了更好地解析消费者奢侈品价格接受的心理过程，我们要求被试在 ERP 试验完成后填写关于试验中出现的奢侈品的价值预期的打分。其中包括奢侈品的总价值打分和奢侈品价值的五个维度打分。结果显示，名称标志奢侈品在总价值评估中得分明显高于图案标志奢侈品。而具体的在奢侈品价值的五个维度中，名称标志奢侈品在炫耀价值维度中得分明显高于图案标志奢侈品；而在其他四个维度上没有显著差异。换言之，名称标志奢侈品的总体感知商品价值高于图案标志奢侈品，而这种差异源于感知炫耀价值维度。

在实验三的问卷数据讨论中我们论述了消费者奢侈品购买中存在的炫耀心理以及奢侈品标志的存在能够帮助买者被他人识别为“成功人士”，进而标志符号的存在使得奢侈品炫耀价值增加，总体价值评价增加。值得注意的一点是，标志符号必须被他人识别才能达到消费者炫耀的目的，因而，被越多的社会人群识别越能够达到炫耀的目的。在中国这样的奢侈品初级市场中，大多数消费者不具备丰富的奢侈品知识，他们不知道香奈儿品牌的品牌识别性标志不仅有 CHANEL 名称、双 C 标志，还有著名的山茶花印花；不知道兰蔻与兰蔻城堡以及兰蔻城堡周围风姿绰约的长梗短叶玫瑰的故事，更不能通过玫瑰标志一眼认出兰蔻的商品。然而，品牌作为通行全球的识别标志很容易被社会群体认出。即便没有奢侈品购买经验的人也能认出 CHANEL、Dior、COACH 这样高调的名称标志。因而，有标识商品的标志易识别度决定了商品的炫耀性，名称标志的奢侈品感知炫耀价值大于图案标志的奢侈品，并且名称标志奢侈品炫耀价值的提高也提高了消费者对名称标志奢侈品整体价值的评价。

因此，“H2–2：名称标志奢侈品的感知炫耀价值高于图案标志奢侈品”得到证实。

5.4.3.3 脑电结果讨论

（1）N2 成分分析。

本奢侈品价格接受实验中，名称标志组与图案标志组在决策处理过程的早期阶段都引发了显著的 N2 成分负向振幅，图案标志组的 N2 振幅大于名称标志组。N2 成分是反映早期决策处理过程的 ERP 成分，主要分布在额区、额中央联合区及中央区，该成分的峰值潜伏期通常为 250~300 毫秒（Folestein and Petten，2008）。之前的论述中已经结合多篇前人关于 N2 成分的研究论述了 N2 在本实验中能够反映得失价值匹配情况，当感知获得价值与昂贵的奢侈品价格匹配时 N2 振幅较小，而当感知获得价值与昂贵的奢侈品价格不匹配时 N2 振幅较大，这里不再赘述。

从结果中可以看到，名称标志组与图案标志组在刺激呈现后的 300 毫秒左右出现了一个显著的 N2 成分负向振幅的差异，名称标志组的 N2 振幅小于传承图案标志组。根据已有的分析，N2 振幅敏感于价值匹配，当感知商品价值与昂贵的奢侈品价格不匹配时 N2 振幅更大。因此可以得出，同等价位时，名称标志的奢侈品价格接受冲突小于传承图案标志的奢侈品。这种现象的产生主要是由于有标识商品比图案标志商品的易识别性更高，炫耀价值更高，致使总体的商品价值估计更高，因而与昂贵的奢侈品价格的匹配度更高，认知冲突更小。我们提出这样的解释主要是基于以下几点：首先，ERP 实验后的调查问卷中，被试普遍为名称标志商品的炫耀价值打分高于传承图案标志，并且在奢侈品价值的其他维度上，未见显著差异。其次，要发挥奢侈品的炫耀价值，首要的是被他人识别。名称标志是最容易被他人识别的标志方式，只要认得字的人都能认出。传承图案标志的易识别性则次之，因为只有熟悉奢侈品的人才能认出。最后，奢侈品品牌的消费者具有独特的消费心理，消费者需要从购买中获得的无形价值远大于有形价值。前人的研究表明，追求奢侈品炫耀价值是奢侈品消费者重要的消费动机之一。他们愿意为购买奢侈品支付高昂的价格很大程度上因为奢侈品能够向他人传达关于个人地位（Han et al.，2010；Nelissen and Meijers，2011）、财富（Nelissen and Meijers，2011）等信息，彰显拥有者的高贵。尤其对于发展中奢侈品市场的消费者来讲，炫耀价值在购买中起到了至关重要的作用。更具体地，在中国人群中，还存在西方理论所不能解释的“面子”消费观。“面子”这一概念起源于中国古代，是古代中国儒家社会延伸至今的一种在社会交往中常见的行为和心理。有研究证实中国人的奢侈品消费行为具有鲜明的炫耀特性，既受到促进性动因“想要面子”的影响，又受到防御性动因“怕掉面子”的影响（张新安，2012）。

综上，“H3-2：名称标志奢侈品比图案标志奢侈品价格接受的认知冲突小，在事件相关电位上表现为更小振幅的 N2 成分”得到证实。

（2）LPP 成分分析。

本实验中，名称标志组与图案标志组在认知处理过程中的晚期 LPP 成分上表现出了显著差异，主要分布在中央区、中央顶区联合区及顶区。LPP 成分是反映晚期决策处理过程的 ERP 成分，主要分布在中央顶区联合区及顶区，其峰值潜伏期通常为 350~650 毫秒（Yen et al.，2010；Baur et al.，2015）。前文的论述中我们已经对 LPP 可能是敏感于动机性情感唤醒（motivational emotion arousal）的神经生理指标（Yen et al.，2010；Van Hooff et al.，2011；Leite et al.，2012）做了详细的阐述，这里不再赘述。

本实验中，在刺激图片呈现后的 500 毫秒左右，名称标志组与图案标志组表现出了 LPP 成分正向振幅的差异，名称标志组的 LPP 振幅显著大于传承图案标志组。LPP 的动机性情感唤醒效应在本研究问题中可以理解为消费者看到品牌标志后，引发感知价值（主要是感知炫耀价值）的差异，在比较感知的预期获得价值和预期的损失金钱成本之后，越值得购买时情感唤醒越强，价格接受的动机越强。本实验的行为数据完全支持我们关于消费者价格接受情感过程的推测。LPP 振幅较大的名称标志组的价格接受率显著高于 LPP 振幅较小的传承图案标志组。许多中国学者的研究表明，中国消费者的奢侈品消费，炫耀的成分居多（曹子夏、武汉，2006）。本实验中品牌名称标志的奢侈品由于具有更易识别的符号属性而能够被更多的人认出是奢侈品，因而具有更高的炫耀价值。消费者预期在为之付出金钱成本之后便能得到一直在追求的炫耀属性，于是“求鱼得鱼”的满足引发了消费者更高的情感唤醒。从另一个角度看，有学者发现很多中国消费者愿意以省吃俭用几个月作为代价购买顶级品牌的小配件，如领带、钱夹、手包等，以获得自己是顶级消费者阶层中的一员的满足感（龚振、李菡，2007）。已有的价格研究告诉我们，情感是价格接受决策的重要方面。研究发现当产生愉悦的情感时，消费者对价格的反应会受到影响。消费者具有愉悦的情感唤醒时，倾向于对价格产生积极的推断，这种积极的联想和推断将促进消费者的价格接受行为（O’Neill and Lambert，2001）。

综上，“H4-2：名称标志奢侈品比图案标志奢侈品价格接受的情感唤醒更强，在事件相关电位上表现为更大振幅的 LPP 成分”得到证实。

5.5 对实验三、实验四的联合讨论

（1）本研究通过两个实验研究了标志线索对消费者奢侈品价格接受的影响，发现标志线索对消费者价格接受的影响总体具有“白日衣绣效应”。

“白日衣绣”一词原指白天身着华贵官服使人看见，比喻富贵后还乡，向乡亲们炫耀。这里的“白日衣绣效应”是指商品标志越易识别越能够促进消费者价格接受的现象。这种效应发生作用的神经心理过程可以概括为：标志线索的易识别性越高，感知炫耀价值越高，价值与昂贵的奢侈品价格的匹配度越高，认知冲突越小，价格刺激引发的动机性情感唤醒越强烈，价格接受率越高。以下我们从消费行为结果、价值感知和神经心理活动三个方面具体讨论。

首先，从消费行为结果来看，有品牌标志的奢侈品的价格接受率高于无品牌标志的奢侈品；名称标志的奢侈品价格接受率高于图案标志的奢侈品。在之前的讨论中我们谈到了，有标志的奢侈品比无标志的奢侈品容易被大众

识别；有品牌奢侈品中，名称标志的奢侈品比图案标志的奢侈品容易被大众识别。因而，“H1：标志设计线索影响消费者价格接受，标志易识别度越高，价格接受率越高”得到证实。虽然一些营销研究中提到奢侈品消费者正在放弃带有明显标志的奢侈品转而倾向购买带有柔和微妙（subtle）标志的奢侈品（Williams，2008；Shukla，2012），但此观点在本研究中并未得到证实，相反地，从消费行为、价值感知和神经心理反映上看，本实验中奢侈品标志越易识别对价格接受的促进作用越强，下文我们将针对这种现象给予具体的讨论。

其次，从价值感知层面来看，有品牌标志奢侈品的感知炫耀价值高于无品牌标志奢侈品；名称标志奢侈品的感知炫耀价值高于图案标志奢侈品。加之有标志的奢侈品比无标志的奢侈品容易被大众识别；有品牌奢侈品中，名称标志的奢侈品比图案标志的奢侈品容易被大众识别。因而，“H2：标志设计线索影响消费者感知炫耀价值，标志易识别度越高，感知价值越高”得到证实。奢侈品标志是一种特殊的符号，它具有炫耀性，能够象征富足的金钱（Hudders and Pandelaere，2012）和高级的社会阶层（Nelissen and Meijers，2011）。有学者用符号互动论解释了社会心理学中的事物对个体的影响。该理论指出，事物对个体的影响，往往不在于事物本身的客观意义，而是人们在社会互动中赋予的；人在社会互动中，会依照对事物意义的理解来应对事物。符号互动论的核心在于符号，符号能代表在一定程度上具有象征意义的事物。人类在社会交往互动中能够交流和沟通，依的就是共享的意义相通的符号。我们生活在一个充满符号的世界中，奢侈品品牌也是一种符号。由于奢侈品出现的早期大多是被贵族专有的，并且老牌的奢侈品品牌大多有着“皇家”特供的历史，因而奢侈品品牌标志渐渐被大众赋予了对财富和地位的象征意义，具有丰富的炫耀价值。所以不难理解，越易识别的奢侈品标志消费者的感知炫耀价值越高。

最后，从神经心理活动来看，有品牌标志的奢侈品比无品牌标志的奢侈品价格接受的认知冲突小，在事件相关电位上表现为更小振幅的N2成分；名称标志的奢侈品比图案标志的奢侈品价格接受的认知冲突小，在事件相关电位上表现为更小振幅的N2成分。N2成分是认知冲突在脑电上的体现。因此，“H3标志设计线索影响价格接受的认知冲突，标志易识别度越高，价格接受的认知冲突越小”得到证实。另外，有品牌标志的奢侈品比无品牌标志的奢侈品价格接受的情感唤醒更强，在事件相关电位上表现为更大振幅的LPP成分；名称标志的奢侈品比图案标志的奢侈品价格接受的情感唤醒更强，在事件相关电位上表现为更大振幅的LPP成分。LPP成分是反映人类认知的情感处理的重要指标，LPP的振幅敏感于动机性情感唤醒。因而，“H4：标志设计线索影响价格接受的情感，标志易识别度越高，价格接受的情感唤醒越强”得到证实。

（2）一些研究指出的“奢侈品消费者正在放弃带有明显标志的奢侈品转而倾向购买带有柔和微妙标志的奢侈品”的结论在本实验的研究群体中并没有得到验证，可能是由于消费群体细分、市场发达程度以及文化背景等因素造成的。

本研究的实验结果显示，“白日衣绣效应”严重影响着奢侈品价格的接受行为，奢侈品标志越是容易被大众识别，消费者越愿意为之付出金钱。而一些营销研究中提到的“奢侈品消费者正在放弃带有明显标志的奢侈品转而倾向购买带有柔和微妙标志的奢侈品”（Williams，2008；Shukla，2012）的观点在本研究中没有得到证实。这样的现象可能是由以下几点原因导致的：第一，Shukla的结论是没有进行消费群体细分的。本研究聚焦的是中产阶级消费群体，是具有特殊社会地位特点的一类群体。他们不像贵族已经受到了社会尊重，不像暴发户有巨额的金钱可以用来证明“我有钱”，因此他们希望通过付出的金钱尽可能大地达到彰显财富或地位的目的。第二，前人的结论更多是基于西方市场研究得出的，而东方人比西方人具有更强的群体观念，追求社会认同感。有研究发现，在西方国家，奢侈品品牌的符号价值等被弱化，奢侈品品牌购买者多数是更注重个体的独特品质、非凡经历；但在发展中国家，奢侈品品牌的购买更多的是出于社会导向的购买动机，追求参考群体的社会认同（Dubois，1993）。而炫耀自己拥有的奢侈品正好是赢得他人对自己社会地位和个人能力肯定的有效方式（Wiedmann et al.，2009）。第三，中国人群中还存在中国古代儒家社会延伸至今的一种特有的“面子”消费观（曹子夏、武汉，2006）。这种“面子”消费观致使中国人的奢侈品消费行为具有鲜明的炫耀特性，既受到促进性动因“想要面子”的影响，又受到防御性动因“怕掉面子”的影响（张新安，2012）。第四，正如许多神经心理学研究指出的，在问卷或行为研究中，消费者很可能为了迎合调查者的意愿而给出并不完全真实的回答或做出并不完全发自本心的行为。而在本研究的脑电实验中，客观的生理数据记录了他们对带有易识别标志奢侈品的偏好。

（3）本研究结果支持了“中国的奢侈品消费正在并将在未来的一段时间内处于炫耀期”的观点。

本研究结果支持了 Radha Chadha 在最近出版的 *THE CULT OF THE LUXURY BRAND*（《名牌至上》）一书中指出的“中国的奢侈品消费正在并将在未来的一段时间内处于炫耀期”的观点。正在崛起的规模庞大的中国中产阶级群体正处于社会“不上不下”的位置，在心理上急需社会大众的认可，他们希望无产阶级消费者能够仰望自己，也希望上流社会人士能够逐渐接纳自己。因而，这些消费者希望“把成功贴在身上”，认为越是容易被社会大众识别的奢侈品越值得消费。目前越来越多的社交平台将中国社会从原本的熟人与熟人构成的社会网络演变成了陌生与熟识交织的社会网络，新富阶层为了把自己和别人区别开来而进行炫耀性消费。而转型中的中国社会在相当一段时间内仍会有更多的新富阶层产生，炫耀性的消费仍会在社会中普遍存在（姚登权，2010）。这种现象虽然在一方面反映了中国奢侈品市场相对落后的发展现实，表明我国市场还未步入奢侈品消费的适应期，更还远离目前一些发达市场已经达到的生活方式期（Chadha and Husband，2010），另一方面也提示我们中国市场仍具有很大的发展空间，消费力还有待开发，消费观念仍需进一步引导。

（4）本研究是在中产阶级消费群体中展开的，为此本实验的结果及发现对其他消费者类群不具有广泛适用性。

有奢侈品研究将奢侈品消费者分为贵族（patrician）、暴发户（parvenu）、装模作样的人（poseur）和无产者（proletarian）四类（Han et al.，2010）。本研究中的被试根据收入情况和所属的阶层恰好属于 Han 等所说的“装模作样的人”的类群。媒体报道和文献数据显示，我国不乏这样的一类群体：他们对奢侈品有极度的渴望却并不具有经常购买奢侈品的经济基础，因此他们可能几个月或者一年才能奖励自己一个奢侈品包包（龚振、李菡，2007）。终于能买得起奢侈品时，期望身边的人知道“我背的是奢侈品包包”或者“我是能购买得起奢侈品的有钱人中的一员”就很正常。然而这种呼声不能由消费者直接发声，因而奢侈品品牌标志就起到了与他人沟通的作用。消费群体的市场细分对于奢侈品的销售和管理具有重要意义，每一类消费群体都有其特定的心理需求、消费特点和消费行为。例如，贵族群体可能不需要明显的标志就能通过奢侈品品牌在设计风格上的特点辨认出奢侈品（Han et al.，2010），因而本研究的结果和结论对贵族和暴发户等其他消费群体并不适用。

5.6 研究的管理学贡献

5.6.1 研究的理论贡献

本章分析了奢侈品品牌标志对消费者价格接受的影响及其神经心理机制，本研究为奢侈品理论研究做出了一定的贡献，主要可以归纳为以下两点：

（1）本研究将奢侈品标志线索纳入研究并原创性地根据奢侈品标志线索进行分类研究，研究结果发现了标志线索影响奢侈品价格接受的“白日衣绣效应”，揭示了中产阶级奢侈品购买行为背后的炫耀心理。

（2）本研究运用神经心理学的研究方法，揭示了标志线索影响奢侈品价格接受的神经心理过程，解释了标志线索影响奢侈品消费行为的内部认知和情感动因。

5.6.2 研究的实践启示

本研究为奢侈品品牌在实践中的营销策略制定提供了有价值的参考，为促进消费者科学理性地进行奢侈品消费提供了依据。

本研究对商家奢侈品营销的启示包括：①针对中产阶级消费者的奢侈品营销要凸显炫耀性的标志。对于入门级的奢侈品消费者来说，通过购买奢侈品赢得他人对自己财富和地位的另眼相看、得到社会的认可是重要的消费动机。本研究发现，消费者更愿意为购买有标志的奢侈品花费金钱，因为标志能够帮助奢侈品被他人注意并帮助奢侈品的主人更好地炫耀自己的财富和地位。②奢侈品品牌标志的设计上要易识别，不要过于复杂。根据本研究的行为和脑电实验结果，奢侈品品牌标志的易识别性显著影响了奢侈品消费者对价格的接受，越易识别的品牌标志越能促进消费者价格接受。而价格接受是消费中最终决定购买的核心问题。因而简约易辨认的或个性与众不同的品牌标志有可能对销售起到促进作用。③奢侈品品牌在针对中产阶级的广告宣传方面可以加大对炫耀价值的渲染。广告宣传能够帮助企业向品牌的目标消费者传达关于商品的信息，这些信息与消费者的购买动机越接近，能够达到的说服购买作用越强。本研究发现中产阶级消费者的奢侈品消费很注重商品的炫耀价值。因而针对这部分消费者，在广告中加强对炫耀性的渲染更有可能使商品得到潜在消费者的认可，促进商品的消费。④从研究结果与已有的西方奢侈品研究的对比来看，中国市场中的中产阶级消费者消费观念相比西方相对落后，消费者观念还有待进步，市场还有很大的开发余地。

本研究对奢侈品消费者的启示包括：①消费者需要理性地看待奢侈品消费，从炫耀式的奢侈品购买中摆脱出来，树立正确的消费观，远离攀比和浪费。炫耀是目前社会普遍存在的心理，如一些网红发布豪车、奢侈品等炫耀奢华生活方式的照片的炫富事件，深圳顶级富二代发布私人飞机游艇炫富照片，《非诚勿扰》男嘉宾炫房事件等都引起了社会的普遍关注和热议。iPhone5s 的土豪金，iPhone6s 的玫瑰金被商家炒热，其背后也是大批持着“买了土豪金 / 玫瑰金，别人才能知道我用的是 5s/6s”的炫耀心理的消费者。然而，炫耀性的消费很可能助长社会攀比的风气，造成资源的浪费。因而奢侈品消费者需要摆脱炫耀性的消费意识，树立正确的消费观，通过其他的方式，如文化的提升、社会责任的履行等赢得社会认可。②奢侈品消费者要丰富自己的奢侈品知识，提高自己的鉴赏能力。消费者炫耀购买的深层次原因在于“蒙昧无知”，我国许多奢侈品消费者还沉浸在奢侈品提供的纯粹的物质快乐中（姚登权，2010）。他们缺乏对奢侈品的深入认识和对奢侈品的品鉴能力。因而，增进奢侈品消费者对奢侈品的相关了解、增加奢侈品消费者的奢侈品知识，能够帮助消费者选购更适合自己的奢侈品。

5.7　本章小结

（1）本章节旨在探索标志线索对奢侈品价格接受的影响。研究围绕标志线索的有无和标志线索的类型展开了两个具有递进关系的实验。

（2）实验三发现有标志比无标志更能促进奢侈品价格接受。实验四发现名称标志比图案标志更能促进奢侈品价格接受。总体来看，奢侈品价格接受具有“白日衣绣效应”：标志易识别度越高，消费者感知炫耀价值越高，价值与奢侈品昂贵价格的匹配度越高，价格认知冲突越小，价格接受的情感唤醒越强。

（3）研究结果与假设预期一致，揭示了标志线索影响中产阶级奢侈品价格接受的“白日衣绣效应”，达到了本研究的研究目的。

6 总体结论与展望

6.1 研究结论

本书以探索外部线索对奢侈品价格接受的影响为目的，根据已有的奢侈品研究在外部线索中选取较重要的原产国线索和标志线索为代表展开了四个实验。实验一探索了单 / 双原产国对奢侈品价格接受的影响；实验二探索了双原产国商品的品牌国宏观 / 微观印象对奢侈品价格接受的影响；实验三探索了品牌标志的有无对奢侈品价格接受的影响；实验四探索了品牌标志的类型对奢侈品价格接受的影响。四个子研究均通过问卷结合 ERP 实验的方法展开。四个子研究属于并列关系，综合各研究中得到的结果，我们可以得到以下几点研究结论：

（1）原产国信息线索对价格接受的影响具有“理想原产国追逐效应”。

本研究涉及原产国线索的品牌国和制造国 2 个维度，这里“最理想原产国”可以指品牌国和制造国的组合，也可以是其中之一。研究一中通过两个实验证明了以上结论：在单 / 双原产国研究中，刻板印象接近“最理想原产国”的单原产国线索比刻板印象远离“最理想原产国”的双原产国线索更能促进消费者价格接受；在双原产国商品的品牌国宏观 / 微观印象的研究中，品牌国微观（具体）印象优先品牌国宏观（抽象）印象发挥了促进消费者价格接受的作用。因而，我们提出以“理想原产国追逐效应”来概括这种“原产国线索越接近消费者心中的‘最理想原产国’越能促进消费者价格接受”的作用。接近最佳原产国中“接近”的意思是指：在消费者的意识和潜意识中，对任何一个原产国（含组合）都有一个评估，这个评估与最理想的原产国（如这里的“瑞士 + 瑞士”）差距越小，越能促进价格接受。虽然每个人的刻板印象不一定都是一样的，但对于一些大牌的原产国，多数人的刻板印象会趋同，我们的实验就是趋同的情况。

（2）标志线索对价格接受的影响具有“白日衣绣效应”。

本研究通过两个实验得到了结论：一是在奢侈品标志有无的对比实验中，有标志奢侈品的价格接受率显著高于无标志奢侈品；二是在有标志奢侈品的品牌名称标志与传承图案标志的对比实验中，品牌名称标志的奢侈品价格接受率显著高于传承图案标志奢侈品。因而，标志线索易识别性越高越能促进奢侈品价格接受。可以得出消费者更倾向于花钱购买易识别的奢侈品，这种现象本研究称为“白日衣绣效应”。然而一些研究中提出的越来越多的奢侈品商品消费者放弃标志明显的商品而倾向于购买带有微妙标志的奢侈品的现象在本研究中没有得到证实（Williams，2008；Shukla，2012）。主要原因可能有两点：一是已有研究与本研究展开的市场背景不同，已有研究主要是在西方发达奢侈品市场中展开的，而本研究是在东方新兴奢侈品市场展开的；二是本实验中研究的目标消费群体是中产阶级消费群体，这部分消费者处于社会的中间阶层，既不像无可炫耀的无产阶级，也不像已经得到社会认可的贵族阶级，他们有强烈的被他人认可的需求（Han et al.，2010）。

（3）外部线索影响价值与价格权衡所引发的价格认知冲突：消费者在商品考虑阶段会对交易的得失进行权衡，高商品价值（感知利得）与奢侈品高商品价格（感知利失）匹配时，认知冲突较小，购买可能性较大。

经典的经济学理论和最新的神经科学研究成果都表明消费者价格接受存在一个感知获得的商品价值与感知失去的金钱损失之间的“得失匹配”过程。而我们人类的认知是受到大脑监控的，ERP 的 N2 成分能够体现大脑检测到的冲突水平，这种认知监测机制会在失匹配时引发显著的 N2 振幅。如研究结论的第二点中谈到的，原产国线索刺激越接近刻板印象中的最理想原产国或者标志刺激越易识别的消费者感知价值都更高，与昂贵的商品价值的匹配度更高，因而引发的认知冲突更小，N2 振幅更小。最终在消费行为上体现为认知冲突越小，购买率越高。

（4）外部线索影响消费者价格接受动机相关的情感唤醒过程：在消费者商品考虑阶段的后期，存在与价格接受动机相关的情感唤醒现象，动机性情感唤醒越强，价格接受的可能性越大。

消费者行为不仅受到认知的影响，还受到情感的影响。研究表明，情感唤醒与价格接受存在一定的联系。本研究中，我们在消费者决策的同时采集其脑电信息，得到的 ERP 数据显示，单原产国比双原产国奢侈品引发了更大的 LPP 振幅；双原产国奢侈品的品牌国微观印象优先于品牌国宏观印象发挥价格情感唤醒的作用，表现为更大的 LPP 振幅；有标志的商品设计比无标志的商品设计引发了消费者更大的 LPP 振幅；名称标志的商品设计比图案标志的商品设计引发了消费者更大的 LPP 振幅。而之前的神经决策科学研究表明，LPP 振幅与动机和情感相关，动机越大，情感唤醒越强，LPP 的振幅越大。在本研究的具体情境中，我们可以理解为消费者通过对价值和价格的权衡形成价格接受的动机并引发相应情感唤醒。在价格价值判断中，越物有所值的商品引发的价格接受动机越强，相应的情感唤醒越强。

（5）外部线索的种类（原产国线索或标志线索）不影响价格认知和价格情感处理的速度。

本实验通过事件相关电位的实验方法不仅记录了价格接受决策过程的认知冲突和情感唤醒的大小程度，还记录了认知冲突和情感唤醒发生的时程。从时间窗口上看原产国线索和标志线索引发的认知冲突差异都能够在 N2 成分上得到反映，并在刺激呈现后的 300 毫秒左右达到最大振幅，而两类线索引发的情感唤醒差异都能在 LPP 成分上得到反映并在刺激呈现后的 500 毫秒左右达到最大振幅。ERP 成分的最大振幅峰的潜伏期被称为相应成分的峰潜伏期。研究表明，N2 成分的峰潜伏期敏感于认知评估所需的时间（D’Arcy et al.，2000），而 LPP 成分的峰潜伏期敏感于情感处理所需的时间（Kutas and Dale，1997）。因而，本研究的四个实验中，不同外部线索刺激引发的认知冲突和情感唤醒的时间进程相似，证明了外部线索的种类（原产国线索或标志线索）并不影响价格认知和价格情感处理的速度。

6.2 创新点

本研究的创新点体现在以下方面：

（1）发现了原产国、标志两类外部线索影响奢侈品价格接受的“理想原产国追逐效应”和“白日衣绣效应”。“理想原产国追逐效应”概括了原产国线索越接近消费者心中的“最理想原产国”，越能促进消费者价格接受的现象。“接近”的含义在这里可以理解为：在消费者的意识或潜意识中，对任何一个原产国（含组合）都有一个评估，这个评估与公认的最理想的原产国（如本实验中的“瑞士生产 + 瑞士制造”）在刻板印象上差距越小，越接近

“最理想原产国”。“白日衣绣效应”指的是消费者更愿意为易识别的奢侈品花费金钱的现象，如本实验中有标志奢侈品比无标志奢侈品价格接受率高，名称标志奢侈品比图案标志奢侈品价格接受率高。这两种效应的发现表现了中产阶级消费者渴望通过购买行为将“财富”转换为“社会威望信号”的心理动机。

（2）发现了外部线索对奢侈品价格接受的影响具有认知与情感协同驱动的规律，找到了衡量外部线索影响价格认知冲突和价格情感的神经科学指标。本研究结合传统的问卷研究方法和神经科学的ERP实验技术发现，外部线索使消费者得到了商品功能价值和炫耀价值的启发式判断，而商品感知价值的高低决定了价格认知冲突的大小和价格情感的唤醒。在消费者的意识和潜意识中，原产国越接近公认的理想原产国，奢侈品的功能价值越高，品牌标志越容易被他人识别，则炫耀价值越大，两者使得其预期的商品价值与价格的匹配度越大，因而价格接受的认知冲突越小，价格接受的可能性越大。同时，高的价值预期唤醒了消费者的愉悦感，进而强化其价格接受行为。低价格认知冲突和高价格情感唤醒度共同驱动了消费者的价格接受行为。ERP的N2振幅可以反映价格认知冲突，N2振幅越大，价格认知冲突越大。ERP的LPP振幅可以反映价格情感的唤醒度，LPP振幅越大，价格情感唤醒度越强。商品感知价值越高，感知“利得”与感知“利失”的匹配度越大，价格认知冲突越小，利用事件相关电位监测到的N2振幅越小；同时感知“利得”与感知“利失”的匹配度越大，价格的情感唤醒度越高，利用事件相关电位监测到的LPP振幅越大。低价格认知冲突和高价格情感唤醒度协同促进了价格接受行为的发生。

（3）发现了外部线索的种类（原产国线索或标志线索）不影响价格认知和价格情感处理的速度。ERP的N2成分和LPP成分的峰潜伏期分别敏感于大脑对认知和情感处理的速度。而两类外部线索引发的价格认知冲突相关的N2成分的峰潜伏期均为300毫秒左右，两类外部线索引发的价格情感唤醒相关的LPP成分的峰潜伏期均为500毫秒左右。这表明外部线索的种类没有影响价格认知和价格情感处理的速度。已有的原产国刻板印象研究已经证明了商品评价中原产国线索产生的认知和情感影响是区别于受控认知过程（controlled process）的自动化过程（automatic process），具有启动无意识性和处理快速性的特点（Shiffrin and Schneider，1977；Herz and Diamantopoulos，

2013）。而标志线索引发的价格认知冲突和价格情感唤醒与原产国线索引发的价格认知冲突和价格情感唤醒发生的时间进程相同，表明标志线索的认知和情感处理同样具有快速性。同时，两类线索引发的认知和情感冲突都产生在 500 毫秒之前，属于人类明显的意识未形成的阶段（Paynter et al.，2009），因而，标志线索还具有启动无意识性。综上，标志线索与原产国线索在商品评价中同样具有启动无意识性和处理快速性，有可能属于认知处理的自动化过程。

6.3 理论贡献

本书的理论贡献主要体现在以下三个方面：

（1）弥补了已有价格研究在奢侈品领域的不足，研究成果在外部线索对奢侈品价格接受影响方面补充和完善了已有价格研究理论。

已有的价格研究大多以大众消费品为研究对象，虽然这些研究揭示了许多消费者价格接受方面的规律和特点，但奢侈品不同于大众消费品。首先，与人人都具有购买经验的大众消费品不同，我国大多数中产阶级消费者购买奢侈品的经验和知识有限，容易受到外部线索的影响；其次，奢侈品是商品心理价值占总商品价值比例极大的特殊商品。因此，已有的价格研究成果对奢侈品商品的适用性有限。本研究以奢侈品为研究对象，通过设定奢侈品消费情境研究外部线索对奢侈品价格接受的影响及其作用的神经心理机制，填补了已有研究的空白。

（2）将脑神经科学的研究方法引入价格接受问题的研究中，发现了外部线索影响消费者价格接受的基本脑神经过程和规律，从消费认知过程的视角揭示了外部线索影响奢侈品价格接受行为的内在机理。

以往的价格接受研究较多地使用实证分析、调查问卷或行为实验的方法。这些研究在一定程度上揭示了消费者价格接受行为中的一些现象，帮助我们了解了消费者价格接受行为上的一些规律。但这些研究方法也受到了很多质疑。例如，主观性太强，有些实验对象刻意做出迎合主试的行为，或者在问卷中调查对象并不能找到合适的选项，又或者有一些消费者并不是完全了解或者不能清晰表述自己内心的想法。尤其对于奢侈品这类心理价值远大于功能价值的商品，其价格接受问题的研究更是受到了方法上的制约。神经科学方法的出现为我们解决这些问题提供了有利的方法和工具。本研究在被试根据刺激材料做出价格接受决策的过程中记录了被试的行为结果和脑电信息。通过对脑电信息的解读和脑电信息与行为信息的对应，从内在神经心理机制层面揭示了外部线索对奢侈品价格接受的影响，研究成果完善了奢侈品消费心理研究理论。

（3）本书首次将品牌标志类型的问题引入奢侈品研究中，并发现了一些很有意义的结论，同时为今后的奢侈品研究打开了新的思路。

已经有很多研究表明，追求炫耀是奢侈品购买的重要动机，而无可置疑的是，商品标志是奢侈品被他人识别以达到炫耀目的的重要途径。然而，以往的奢侈品研究很少关注奢侈品标志线索，目前仅有的一篇关于奢侈品标志的研究也只是通过主观的“标志显著性”判断对奢侈品进行分类并展开研究。本书首次将品牌标志类型的问题引入奢侈品研究中，研究发现了中国中产阶级消费者“越炫耀越值得花钱”的消费心理，是以“标志线索”为研究切入点展开的一次成功的探索性的研究，为今后的奢侈品研究开拓了新的思路。

6.4 对管理实践的启示

本书不仅具有重要的理论贡献，更具有重大的实践指导意义。本研究对管理实践的启示如下：

（1）找到了外部线索影响价格接受的神经心理层面量化指标，能够帮助管理者客观地判断消费群体的决策心理并做出更好的决策。已经有研究证实了模拟的情境与真实情境具有相似的神经学基础。因此，利用神经科学的方法，通过模拟实验研究奢侈品品牌是我们进行市场研究的又一新工具。目前在北美已有近百家的营销研究专业机构及企业将决策神经科学的相关方法运用于市场研究。有学者在对唱片销量的研究中发现，消费者自报告的喜爱程度与唱片的真实销量并没有直接关系，然而在消费者听音乐时记录下的脑成像数据中与歌曲喜爱相关脑区的活跃度却与真实销量呈明显相关关系（Berns and Moore，2012）。这样的研究结果提示我们神经科学的方法由于更少地受到认知策略的影响可能成为比传统方法更好的市场预测手段。本书发现了价格接受相关的脑电指标，这些指标能够帮助我们了解消费者的决策冲突和动机性情感唤醒，相信这些指标的发现能够帮助管理者做出更好的决策。

（2）本书发现的原产国信息线索促进消费者价格接受的“理想原产国追逐效应”可以为管理者制订品牌战略计划提供依据，使奢侈品品牌在海外并购、结盟及合作伙伴的选择中做出明智的决策，尤其为中国本土奢侈品品牌的建设提供思路。本书表明奢侈品品牌国、生产国分离的现象大大降低了消费者总体的商品评价和商品价值估计，增加了消费者价格接受的认知冲突，降低了消费者价格接受的动机情感唤醒，可能导致生产的奢侈品“有价无市”。另外，在奢侈品企业海外并购、结盟的选择中需要着重考虑奢侈品品牌国微观印象。因为好的品牌国微观印象（消费者对某国特定品类产品所持有的印象和信念）比好的品牌国宏观印象更能促进奢侈品价格接受。在打造奢侈品品牌方面，可以发挥品牌国优势，通过在优秀的品牌国建厂或在优秀的产地注册，给消费者留下更好的商品印象和情感唤醒。此外，在中国本土奢侈品品牌建设方面，本研究发现的微观印象优先促进消费者价格接受的现象提示我们，我国虽然在技术发达程度和国家整体发展水平上比较落后，没有良好的国家宏观印象，但是，我国可以抓住一些商品的优秀品牌国微观印象，打造奢侈品品牌。例如，中国起源并具有悠久历史、考究工艺和世界声誉的丝绸、瓷器、茶叶等。

（3）本书关于奢侈品价格接受“白日衣绣效应”的发现为奢侈品设计者和营销者在商品设计和销售方面提供了可参考的实用依据，提示商家使用识别度高的标志、素材、风格等促进奢侈品在中产阶级群体的推广。对于入门级的中国中产阶级奢侈品消费者来说，通过购买奢侈品赢得他人对自己财富和地位的另眼相看、得到社会的认可是重要的消费目的。研究表明，消费者更愿意为有标志的奢侈品花费金钱。结合脑电实验结果，奢侈品品牌标志的易识别性显著影响了奢侈品消费者价格接受的认知冲突和动机性情感唤醒，越易识别的品牌标志越能促进消费者价格接受。而价格接受是实现销售目标的核心问题。因而简约易辨认的或个性与众不同的品牌标志有可能对销售具有促进作用。同时在广告宣传方面针对中国中产阶级消费者的广告宣传可以加大对炫耀价值的渲染。广告宣传能够帮助企业向品牌的目标消费者传达关于商品的信息，这些信息与消费者的购买动机越接近，能够达到的说服购买作用越强。而中国中产阶级消费者热衷于对炫耀性的追求，因而针对这部分消费者，在广告中加强对炫耀性的渲染更有可能使商品得到潜在消费者的认可，促进商品的销售。

6.5 研究局限与展望

本书研究的展开主要建立在实验的基础上，研究中对实验进行了严谨的设计和客观规范的操作，但是由于地域、人力和财力的限制，本研究还存在一些缺陷。

首先，本书研究是以中国中产阶级奢侈品消费者为被试得到的结论，此结论对其他消费群体，尤其是发达国家的消费者的适用性还有待探讨。在单/双原产国研究方面，有研究证明丹麦人十分讲究商品的品牌却不在乎商品的产地：中国制造的耐克、阿迪达斯等美国、德国品牌的运动鞋在丹麦消费市场上销量很好（徐进亮、康玉燕，2002）。类似地，已有研究发现对于印度消费者来说，商品品牌与其品牌国密切相连，而消费者并不在意商品是由哪个国家生产的（Sanyal and Datta，2011）。在奢侈品品牌标志研究方面，有研究指出，发达市场中的奢侈品消费正在远离低级的炫耀式购买，而更注重个性与自我表达（Wiedmann et al.，2007）。因此，本研究的结论只适用于中国中产阶级奢侈品消费者，对于中国贵族阶级奢侈品消费者和其他国家的奢侈品消费者并不适用。对其他消费群体的奢侈品价格接受研究还有待进一步展开。

其次，本书研究受到研究方法的限制，每个研究中只涉及一个单一的商品线索，这种模拟对真实情境的反应程度有限。有学者指出机械化地暴露产品和原产国信息有夸大原产国作用的可能（盛亚军等，2014）。然而，目前学者们还没有找到更好的研究设计思路，尤其在刺激材料要求比较严格的脑神经科学实验中，模拟多线索条件下的价格接受情境还存在很多问题。相信在不久的将来，随着科学技术的进步和决策神经科学的深入发展，我们能够更好地模拟真实消费决策情境。

此外，奢侈品可以被分为实物型奢侈品（如本实验中的商品刺激：手表）和体验型奢侈品（如奢侈品酒店、SPA养生等），本实验仅以实物型奢侈品为研究对象展开了外部线索对价格接受的影响研究。外部线索是否会影响体验型奢侈品商品的价格接受以及外部线索怎样影响体验型奢侈品商品的价格接受规律仍有待探索。目前，决策神经科学的方法已经在一些企业营销的专业机构得到了应用，如宝洁公司、微软公司、可口可乐公司等都在从事神经决策科学方面的应用研究。然而这些都是实物型商品的公司，神经科学的方法是否适合用来研究体验型商品以及体验型商品的神经决策研究怎样更好地展开都是未来研究的方向。

参考文献

［1］ACHABOU M A，DEKHILI S. Luxury and sustainable development：Is there a match?［J］. Journal of Business Research，2013，66（10）：1896–1903.

［2］AHMED S A，D'ASTOUS A，PETERSEN HB. Product–country fit in the Canadian context［J］. Journal of Consumer Marketing，2011，28（4）：300–309.

［3］ALFORD B L，BISWAS A. The effects of discount level，price consciousness and sale proneness on consumers' price perception and behavioral intention［J］. Journal of Business Research，2002，55（9）：775–783.

［4］AMBLER T，BRAEUTIGAM S，STINS J，et al. Salience and choice：Neural correlates of shopping decisions［J］. Psychology & Marketing，2004，21（4）：247–261.

［5］ANDREAS H，FRANK H，SIVAKUMAR K，et al. An empirical analysis of the determinants of price tolerance［J］. Psychology & Marketing，2004，21（7）：533–551.

［6］ANNA S M，WAN Y. Do affluent customers care when luxury brands go mass? The role of product type and status seeking on luxury brand attitude［J］. International Journal of Contemporary Hospitality Management，2014，26（4）：526–543.

［7］BAGOZZI R P，GOPINATH M，NYER P U. The role of emotions in marketing［J］. Journal of the Academy of Marketing Science，1999，27（2），184–206.

［8］BALABANIS G，DIAMANTOPOULOS A. Domestic country bias，country–of–origin effects and consumer ethnocentrism：A multidimensional unfolding approach［J］. Journal of the Academy of Marketing Science，2004，32（1）：80–95.

[9] BAO Y, BAO Y, SHENG S. Motivating purchase of private brands: Effects of store image, product signatureness and quality variation [J]. Journal of Business Research, 2011, 64 (2): 220-226

[10] BARGH J A, GOLLWITZER P M, LEE-CHAI A, et al. The automated will: Unconscious activation and pursuit of behavioral goals [J]. Journal of Personality & Social Psychology, 2002, 81 (6): 1014-1027.

[11] BAUR R, CONZELMANN A, WIESER M J, et al. Spontaneous emotion regulation: Differential effects on evoked brain potentials and facial muscle activity [J]. International Journal of Psychophysiology, 2015, 96 (1): 38-48.

[12] BEKKER E M, KENEMANS J L, VERBATEN MN. Source analysis of the N2 in a cued Go/NoGo task [J]. Cognitive Brain Research, 2005, 22 (2): 221-231.

[13] BERRY C J.The Idea of Luxury: A Conceptual and Historical Investigation [M]. Cambridge, MA: Cambridge University Press, 1994.

[14] BEVERLAND M B. Crafting brand authenticity: The case of luxury wines [J]. Journal of Management Studies, 2005, 42(5): 1003-1029.

[15] BIEHAL G, CHAKRAVARTI D. Information accessibility as a moderator of consumer choice [J]. Journal of Consumer Research, 1983, 10 (1): 1-14.

[16] BILKEY W J, NES E. Country-of-origin effects on product evaluations [J]. Journal of International Business Studies, 1982, 13 (1): 89-100.

[17] BOKURA H, YAMAGUCHI S, KOBAYASHI S. Electrophysiological correlates for response inhibition in a Go/NoGo task [J]. Clinical Neurophysiology, 2001, 112 (12): 2224-2232.

[18] BOLTON L E, WARLOP L, ALBA J W. Consumer perceptions of price (un) fairness [J]. Journal of Consumer Research, 2003, 29 (4): 474-491.

[19] BORG J S, HYNES C, VAN HORN J, et al. W. Consequences, action, and intention as factors in moral judgments: An fMRI investigation [J]. Journal of Cognitive Neuroscience, 2006, 18 (5): 803-817.

[20] BOTVINICK M M, COHEN J D, CARTER C S. Conflict monitoring

and anterior cingulate cortex：An update［J］. Trends in Cognitive Sciences，2004，8（12）：539–546.

［21］BRAEUTIGAM S，ROSE S P R，SWITHENBY S J，et al. The distributed neuronal systems supporting choice–making in real–life situations：Differences between men and women when choosing groceries detected using magnetoencephalography［J］. European Journal of Neuroscience，2004，20（1）：293–302.

［22］BUCHEL C，DOLAN R J. Classical fear conditioning in functional neuroimaging［J］. Current Opinion in Neurobiology，2000，10（2）：219–223.

［23］CAVANNA A E，TRIMBLE M R. The precuneus：A review of its functional anatomy and behavioural correlates［J］. Brain，2006，129（3）：564–583.

［24］CHADHA R，HUSBAND P. The Cult of the Luxury Brand：Inside Asia'S Love Affair With Luxury［M］. Beijing：New Star Press，2010.

［25］CHAO P. Partitioning country–of–origin effects – consumer evaluations of a hybrid product［J］. Journal of International Business Studies，1993，24（2）：291–306.

［26］CHAO P，RAJENDRAN K N. Consumer profiles and perceptions：Country–of–origin effects［J］.International Marketing Review，1993，10（2）：22–39.

［27］CHEN M，MA Q，LI M，et al. Cognitive and emotional conflicts of counter–conformity choice in purchasing books online：An event–related potentials study［J］. Biological Psychology，2010，85（3）：437–445.

［28］CHEN Y H，TSAI S C，WU Y S，et al. How the effect of country–of–origin on store brand moderates customer's affection–conation link toward multinational retailers［C］// 2011 IEEE International Conference on Industrial Engineering and Engineering Management. IEEE，2011：913–917.

［29］CHU P，CHANG C，CHEN C，et al. Countering negative country–of–origin effects ：The role of evaluation mode［J］. European Journal of Marketing，2010，44（44）：1055–1076.

［30］CLAYSON P E，LARSON M J. Conflict adaptation and sequential trial effects：Support for the conflict monitoring theory［J］. Neuropsychologia，2011，49（7）：1953–1961.

［31］CUMMINGS W T，OSTROM L L. Measuring price thresholds using social judgment theory［J］. Journal of the Academy of Marketing Science，1982，10（4）：395–409.

［32］D'ARCY R C，CONNOLLY J F，CROCKER S F. Latency shifts in the N2b component track phonological deviations in spoken words［J］. Clinical Neurophysiology Official Journal of the International Federation of Clinical Neurophysiology，2000，111（1）：40–44.

［33］DE JONG R，COLES M G，LOGAN G D，et al. In search of the point of no return：The control of response processes［J］. Journal of Experimental Psychology：Human Perception and Performance，1990，16（1）：164–182.

［34］DEATON，ANGUS，MUELLBAUER，et al. Economics and Consumer Behavior［M］. Cambridge：Cambridge Books，1980.

［35］DONKERS F C L，VAN BOXTEL G J M. The N2 in Go/No–Go tasks reflects conflict monitoring not response inhibition［J］. Brain and Cognition，2004，56（2）：165–176.

［36］DUBOIS B，DUQUESNE P. The market for luxury goods：Income versus culture［J］. European Journal of Marketing，1993，27（1）：35–44.

［37］EIMER M. Effects of attention and stimulus probability on ERPs in a Go/Nogo task［J］. Biological Psychology，1993，35（2）：123–138.

［38］EROGLU S A，MACHLEIT K A. Effects of individual and product–specific variables on utilising country of origin as a product quality cue［J］. International Marketing Review，1989，6（6）：27–45.

［39］FALKENSTEIN M，HOORMANN J，HOHNSBEIN J. ERP components in Go/No–go tasks and their relation to inhibition［J］. Acta Psychologica，1999，101（2–3）：267–291.

［40］FELDMAN J M，LYNCH J G. Self–generated validity and other effects of measurement on belief，attitude，intention and behavior［J］. Journal of Applied Psychology，1988，73（3）：421–435.

［41］FLYKT A，CALDARA R. Tracking fear in snake and spider fearful participants during visual search：A multi–response domain study［J］. Cognition & Emotion，2006，20（8）：1075–1091.

［42］FLYKT A，CALDARA R. Tracking fear in snake and spider fearful participants during visual search：A multi–response domain study［J］. Cognition & Emotion，2006，20（8）：1075–1091.

［43］FOLSTEIN J R，VAN PETTEN C. Influence of cognitive control and mismatch on the N2 component of the ERP：A review［J］. Psychophysiology，2008，45（1）：152–170.

［44］FOURNIER S，RICHINS M L. Some theoretical and popular notions concerning materialism［J］. Journal of Social Behavior & Personality，1991，6（6）：403–414.

［45］GODEY B，PEDERZOLI D，AIELLO G，et al. Brand and country–of–origin effect on consumers' decision to purchase luxury products［J］. Journal of Business Research，2012，65（10）：1461–1470.

［46］GROSSMAN G M，SHAPIRO C. Foreign counterfeiting of status goods［J］. Quarterly Journal of Economics，1988，103（1）：79–100.

［47］GROTH J C，MCDANIEL S W. The exclusive value principle：The basis for prestige racing［J］. Journal of Consumer Marketing，1993，10（1）：10–16.

［48］GÜRHAN–CANLI Z，MAHESWARAN D. Cultural variations in country of origin effects［J］. Journal of Marketing Research，2000，37（3）：309–317.

［49］HAJCAK G，MOSER J S，SIMONS R F. Attending to affect：Appraisal strategies modulate the electrocortical response to arousing pictures［J］. Emotion，2006，6（3）：517–522.

［50］HAMZAOUI–ESSOUSSI L，MERUNKA D，BARTIKOWSKI B. Brand origin and country of manufacture influences on brand equity and the moderating role of brand typicality［J］. Journal of Business Research，2011，64（9）：973–978.

［51］HAN S，GUPTA S，LEHMANN D R. Consumer price sensitivity and price thresholds［J］. Journal of Retailing，2001，77（4）：435–456.

［52］HAN C M. Country image – halo or summary construct［J］. Journal of

Marketing Research，1989，26（2）：222–229.

[53] HAN C M. The role of consumer patriotism in the choice of domestic versus foreign products [J]. Journal of Advertising Research，1988，28（3）：25–32.

[54] HAN C M，TERPSTRA V. Country–of–origin effects for Uni–National and Bi–National products [J]. Journal of International Business Studies，1988，19（2）：235–255.

[55] HAN Y J，NUNES J C，DREZE X. Signaling status with luxury goods：The role of brand prominence [J]. Journal of Marketing，2010，74（4）：15–30.

[56] HANLON B，LARSON M J，BAILEY B W，et al. Neural response to pictures of food after exercise in normal–weight and obese women [J]. Medicine and Science in Sports and Exercise，2012，44（10）：1864–1870.

[57] HELSON H. Adaption–level theory：An experimental and systematic approach to behavior [J]. Psychological Record，1964，16（2）：211.

[58] HENNIGS N，WIEDMANN K P，KLARMANN C，et al. What is the value of luxury? A cross–cultural consumer perspective [J]. Psychology & Marketing，2012，29（12）：1018–1034.

[59] HERZ M F，DIAMANTOPOULOS A. Activation of country stereotypes：Automaticity，consonance，and impact [J]. Journal of the Academy of Marketing Science，2013，41（4）：400–417.

[60] HON N，EPSTEIN R A，OWEN A M，et al. Frontoparietal activity with minimal decision and control [J]. Journal of Neuroscience the Official Journal of Neuroscience，2006，26（38）：9805–9809.

[61] HONG S T，TONER J F. Are there gender differences in the use of country–of–origin information in the evaluation of products [J]. Advances in Consumer Research，1989，16（1）：468–472.

[62] HUDDERS L，PANDELAERE M. The silver lining of materialism：The impact of luxury consumption on subjective well–Being [J]. Journal of Happiness Study，2012，13（3）：411–437.

[63] INSCH G S，MCBRIDE J B. The impact of country–of–origin cues on

consumer perceptions of product quality : A binational test of the decomposed country-of-origin construct [J]. Journal of Business Research, 2004, 57 (3): 256-265.

[64] ISOMURA Y, TAKADA M. Neural mechanisms of versatile functions in primate anterior cingulate cortex. Reviews in the Neurosciences, 2004, 15 (4): 279-292.

[65] JACOBY B J, OLSON J C. Consumer response to price: An attitudinal information processing perspective [J]. American Marketing Association, 1977, 73-86.

[66] JACOBY J, OLSON J C, HADDOCK RA. Price, brand name and product composition characteristics as determinants of perceived quality [J]. Journal of Applied Psychology, 1971, 55 (6): 570-579.

[67] JAMIESON J P & S G. Harkins Mere effort and stereotype threat performance effects [J]. Journal of Personality & Social Psychology, 2007, 93 (4): 544-564.

[68] JENISON R L, ANTONIO R, HIROYUKI O, et al. Value encoding in single neurons in the human amygdala during decision making [J]. Journal of Neuroscience the Official Journal of the Society for Neuroscience, 2011, 31 (1): 331-338.

[69] JIANG L, WANG C Z, JIANG N. A comparison of luxury brand and mass-market brand: An influence of reference groups on self-brand connection [J]. Journal of Business Economics, 2009, 1 (9): 73-80.

[70] JOHANSSON J K. Determinants and effects of the use of "made in" labels [J]. International Marketing Review, 1983, 6 (1): 47-65.

[71] JOHANSSON J K, DOUGLAS S P, NONAKA I. Assessing the impact of country of origin on product evaluations - a new methodological perspective [J]. Journal of Marketing Research, 1985, 22 (4): 388-396.

[72] JONES W J, CHILDERS T L, YANG J. The shopping brain: Math anxiety modulates brain responses to buying decisions [J]. Biological Psychology, 2012, 89 (1): 201-213.

[73] KAHNEMAN DANIEL TVERSKY AMOS. Prospect theory: An

analysis of decisions under risk [J]. Econometrica, 1979, 47 (2): 263-291.

[74] KALWANI M U, SUGITA Y. A price expectations model of customer brand choice [J]. Journal of Marketing Research, 1990, 27 (3): 251-262.

[75] KALYANARAM G, WINER R S. Empirical generalizations from reference price research [J]. Marketing Science, 1995, 14 (3): 161-169.

[76] KAPFERER J N, KLIPPERT C, LEPROUX, L. Does luxury have a minimum price? An exploratory study into consumers' psychology of luxury prices [J]. Journal of Revenue & Pricing Management, 2014, 13 (1): 2-11.

[77] KELLER K L. Conceptualizing, measuring, managing customer-based brand equity [J]. Journal of Marketing, 1993, 57 (1): 1-22.

[78] KELLER K L. Managing the growth tradeoff: Challenges and opportunities in luxury branding [J]. Journal of Brand Management, 2009, 16 (5-6): 290-301.

[79] KHUSHABA R N, WISE C, KODAGODA S, et al. Consumer neuroscience: Assessing the brain response to marketing stimuli using electroencephalogram (EEG) and eye tracking [J]. Expert Systems with Applications, 2013, 40 (9): 3803-3812.

[80] KIM K H, KO E, XU B, et al. Increasing customer equity of luxury fashion brands through nurturing consumer attitude [J]. Journal of Business Research, 2012, 65 (10): 1495-1499.

[81] KIRMANI A, RAO A R. No pain, no gain: A critical review of the literature on signaling unobservable product quality [J]. Journal of Marketing, 2000, 64 (2): 66-79.

[82] KNUTSON B, RICK S, WIMMER G E, et al. Neural predictors of purchases [J]. Neuron, 2007, 53 (1): 147-156.

[83] KO E, MEGEHEE C M. Fashion marketing of luxury brands: Recent research issues and contributions [J]. Journal of Business Research, 2012, 65 (10): 1395-1398.

[84] KOPALLE P K, LINDSEY-MULLIKIN J. The impact of external reference price on consumer price expectations [J]. Journal of Retailing, 2003, 79 (4): 225-236.

［85］KOUBAA Y. Country of origin，brand image perception，and brand image structure［J］. Asia Pacific Journal of Marketing & Logistics，1993，20（2）：139–155.

［86］KRIEGLMEYER R，SHERMAN J W. Disentangling stereotype activation and stereotype application in the stereotype misperception task［J］. Journal of Personality & Social Psychology，2012，103（2）：205–224.

［87］KRUG R，PLIHAL W，FEHM H L，et al. Selective influence of the menstrual cycle on perception of stimuli with reproductive significance：An event-related potential study［J］. Psychophysiology，1999，81（5）：2570–2581.

［88］KUTAS M，DALE A. Electrical and magnetic readings of mental functions［J］. cognitive neuroscience，1997，53（4）：913–932.

［89］LATTIN J M，BUCKLIN R E. Reference effects of price and promotion on brand choice behavior［J］. Journal of Marketing Research，1989，26（3）：299–310.

［90］LECLERC F，DUBÉ L. Foreign branding and its effects on product perceptions and attitudes［J］. Journal of Marketing Research，1994，31（2）：263–270.

［91］LEIBENSTEIN H. Bandwagon，Snob，and veblen effects in the theory of consumers' demand［J］. Quarterly Journal of Economics，1950，64（2）：183–207.

［92］LEITE J，CARVALHO S，GALDO-ALVAREZ S，et al. Affective picture modulation：Valence，arousal，attention allocation and motivational significance［J］. International Journal of Psychophysiology，2012，83（3）：375–381.

［93］LENS I，DRIESMANS K，PANDELAERE M，et al. Would male conspicuous consumption capture the female eye? Menstrual cycle effects on women's attention to status products［J］. Journal of Experimental Social Psychology，2012，48（1）：346–349.

［94］LERTWANNAWIT A，MANDHACHITARA R. Interpersonal effects on fashion consciousness and status consumption moderated by materialism in metropolitan men［J］. Journal of Business Research，2012，65（10）：1408–

1416.

［95］LI W K，WYER R S. The role of country of origin in product evaluations：Informational and standard-of-comparison effects［J］. Journal of Consumer Psychology，1994, 3（8）：187–212.

［96］LICHTENSTEIN D R，BEARDEN W O. Contextual influences on perceptions of merchant-supplied reference prices［J］. Journal of Consumer Research，1989，16（1）：55–66.

［97］LICHTENSTEIN D R，BLACK W C. Correlates of price acceptability［J］.Journal of Consumer Research，1988，15（2）：243–252.

［98］LIFSHITZ K. Averaged evoked cortical response to complex visual stimuli［J］. Psychophysiology，1966，3（1）：55–68.

［99］LII Y S，SY E. Internet differential pricing：Effects on consumer price perception，emotions，and behavioral responses［J］. Computers in Human Behavior，2009，25（3）：770–777.

［100］LOTZ S L，HU M Y. Diluting negative country of origin stereotypes：A social stereotype approach［J］. Journal of Marketing Management，2001，17（1）：105–135.

［101］LOUREIRO S M C，ARAÚJO C M B D. Luxury values and experience as drivers for consumers to recommend and pay more［J］. Journal of Retailing & Consumer Services，2014，21（3）：394–400.

［102］LU P X. Elite China［M］. Newyork：Wiley John + Sons，2008.

［103］MACMILLAN & CO.，ltd.，New York，London.

［104］MARKUS H R，KITAYAMA S. Culture and the self ：Implications for cognition，emotion，and motivation［J］. Psychological Review，1991，98（2）：224–253.

［105］MAYHEW G E，WINER R S. An empirical analysis of internal and external reference prices using scanner data［J］. Journal of Consumer Research，1992，19（1）：62–70.

［106］MAZUMDAR T，MONROE K B. The effects of buyers' intentions to learn price information on price encoding［J］. Journal of Retailing，1990，66（1）：15–32.

［107］MAZUMDAR T，PAPATLA P. An investigation of reference price segments［J］. Journal of Marketing Research，2000，37（2）：246–258.

［108］MAZUMDAR T，SINHA I. Reference price research：Review and propositions［J］. Journal of Marketing，2005，69（4）：84–102.

［109］MCCLURE J，KUMCU E. Promotions and product pricing：Parsimony versus Veblenesque demand［J］. Journal of Economic Behavior & Organization，2008，65（1）：105–117.

［110］MENNES M，WOUTERS H，VAN DEN BERGH B，et al. ERP correlates of complex human decision making in a gambling paradigm：Detection and resolution of conflict［J］. Psychophysiology，2008，45（5）：714–720.

［111］Meyers–Levy，Joan，and Alice M. Tybout schema congruity as a basis for product evaluation［J］. Journal of Consumer Research，1989，16（1）：39–54.

［112］MILGROM P，ROBERTS J. Price and advertising signals of product quality［J］. The Jounal of Political Economy，1986，94（4）：796–821.

［113］MIN B K，CHO K，JUNGYEON S，et al. Neurophysiological evidence for the country–of–origin effect：An event–related potential study［J］. Neuroreport，2014，25（4）：274–278.

［114］MIYAZAKI A D，GREWAL D，GOODSTEIN R C. The effect of multiple extrinsic cues on quality perceptions：A matter of consistency［J］. Journal of Consumer Research，2005，32（1）：146–153.

［115］MOGRASS M A，GUILLEM F，BRAZZINI–POISSON，et al. The effects of total sleep deprivation on recognition memory processes：A study of event–related potential［J］. Neurobiology of Learning and Memory，2009，91（4）：343–352.

［116］MONROE K B. Buyers' subjective perceptions of price［J］. Journal of Marketing Research，1973，10（1）：70–80.

［117］NAGY E，POTTS G F，LOVELAND K A. Sex–related ERP differences in deviance detection［J］. International Journal of Psychophysiology，2003，48（3）：285–292.

［118］NELISSEN R，MEIJERS M H. Social benefits of luxury brands as costly signals of wealth and status [J]. Evolution and Human Behavior, 2011, 32 (5): 343–355.

[119] NELSON C A, DEHAAN M. Neural correlates of infants' visual responsiveness to facial expressions of emotion [J]. Developmental Psychobiology, 1996, 29 (7): 577–595.

[120] NUENO J L, QUELCH J A. The mass marketing of luxury [J]. Business Horizons, 1998, 41 (6): 61–68.

[121] O'CASS A, MCEWEN H. Exploring consumer status and conspicuous consumption [J]. Journal of Consumer Behaviour, 2004, 4 (1): 5–39.

[122] OCHSNER K N, KNIERIM K, LUDLOW D H, et al. Reflecting upon feelings: An fMRI study of neural systems supporting the attribution of emotion to self and other [J]. Journal of Cognitive Neuroscience, 2004, 16 (10): 1746–1772.

[123] O'NEILL R M, LAMBERT D R. The emotional side of price [J]. Psychology & Marketing, 2001, 18 (3): 217–237.

[124] OSCAR M M, JULIO C. Towards an integrative framework of brand country of origin recognition determinants: A cross — classified hierarchical model [J]. International Marketing Review, 2011, 28 (6): 530–558.

[125] PANG J, SHENG B I, SCHOOL B. Effects of congruency between advertising appeal and country–of–origin stereotype on brand attitude [J]. Acta Psychologica Sinica, 2015, 47 (3): 406–416.

[126] PAPADOPOULOS N, HESLOP L A, BERÁCS J. National stereotypes and product evaluations in a socialist country [J]. International Marketing Review, 1990, 7 (1): 32–50.

[127] PAULUS M P, FRANK L R. Ventromedial prefrontal cortex activation is critical for preference judgments [J]. Neuroreport, 2003, 14 (10): 1311–1315.

[128] PAULUS M P, STEIN M B. An insular view of anxiety [J]. Biological Psychiatry, 2006, 60 (4): 383–387.

[129] PAYNTER C A, REDER L M, KIEFFABER P D. Knowing we know before we know: ERP correlates of initial feeling–of–knowing [J]. Neuropsychologia, 2009, 47 (3): 796–803.

PEINE K, HEITMANN M, HERRMANN A. Getting a feel for price affect: A conceptual framework and empirical investigation of consumers' emotional responses to price information [J]. Psychology & Marketing, 2009, 26 (1): 39–66.

[130] PENG C X. Research on the brand culture of luxury goods [J]. China Soft Science, 2010, 46 (2): 69–77.

[131] PFEFFERBAUM A, FORD J M, WELLER B J, et al. ERPs to response production and inhibition [J]. Electroencephalography & Clinical Neurophysiology, 1985, 60 (5): 423–434.

[132] PHAU I, PRENDERGAST G. Conceptualizing the country of origin of brand [J]. Journal of Marketing Communications, 2000, 6 (3): 159–170.

[133] PHAU I, PRENDERGAST G. Consuming luxury brands: The relevance of the "Rarity Principle" [J]. Journal of Brand Management, 8 (2): 122–138 (117).

[134] PHAU I, PRENDERGAST G. Consuming luxury brands: The relevance of the "Rarity Principle" [J]. Journal of Brand Management, 2000, 8 (2): 122–138.

[135] POZHARLIEV R, VERBEKE W J M I, STRIEN J W V, et al. Merely being with you increases my attention to luxury products: Using EEG to understand consumers' emotional experience of luxury branded products [J]. Journal of Marketing Research, 2015, 52 (4).

[136] POZHARLIEV R, VERBEKE W J M I, STRIEN J W V, et al. P. Merely being with you increases my attention to luxury products: Using EEG to understand consumers' emotional experience of luxury branded products [J]. Journal of Marketing Research, 2015, 52 (4): 546–558.

[137] QIN B, FORSYTHE S. Purchase intention for luxury brands: A cross cultural comparison [J]. Journal of Business Research, 2012, 65 (10): 1443–1451.

[138] RAJENDRAN K N, TELLIS G J. Contextual and temporal components of reference price [J]. Journal of Marketing, 2006, 58 (1): 22–34.

[139] RAO A R, OLSON E M. Information examination as a function of

information type and dimension of consumer expertise：Some exploratory findings [J]. Advances in Consumer Research，1990，17（1）：361–366.

[140] RAVAJA N，SOMERVUORI O，SALMINEN M. Predicting purchase decision：The role of hemispheric asymmetry over the frontal cortex [J]. Journal of Neuroscience Psychology and Economics，2013，6（1）：1–13.

[141] REIMANN M，CASTANO R，ZAICHKOWSKY J，et al. How we relate to brands：Psychological and neurophysiological insights into consumer–brand relationships [J]. Journal of Consumer Psychology，2012（22）：128–142.

[142] REIMANN M，CASTANO R，ZAICHKOWSKY J，et al. How we relate to brands：Psychological and neurophysiological insights into consumer–brand relationships [J]. Journal of Consumer Psychology，2012，22（1）：128–142.

[143] ROSEMAN I J，SPINDEL M S，JOSE P E，Appraisals of emotion–eliciting events：Testing a theory of discrete emotions [J]. Journal of Personality & Social Psychology，1990，59（5）：899–915.

[144] SANYAL S N，DATTA S K. The effect of country of origin on brand equity：An empirical study on generic drugs [J]. Journal of Product & Brand Management Volume，2011，20：130–140（111）.

[145] SANYAL S N，DATTA S K. The effect of country of origin on brand equity：An empirical study on generic drugs [J]. Journal of Product & Brand Management，2011，20（2）：130–140.

[146] SCHAEFER M，ROTTE M. Thinking on luxury or pragmatic brand products：Brain responses to different categories of culturally based brands [J]. Brain research，2007，1165：98–104.

[147] SCHAEFER M，BERENS H，HEINZE H J，et al. Neural correlates of culturally familiar brands of car manufacturers [J]. Neuroimage，2006，31（2）：861–865.

[148] SCHNEIDER W，SHIFFRIN R M. Controlled and automatic human information processing：II [J]. Nature Genetics，1977，33（1）：8–9.

[149] SCHOOLER，ROBERT D. Product bias in the central American common Market [J]. Journal of Marketing Research，1965，8（2）：18–19.

[150] SCHUPP H T，CUTHBERT B N，BRADLEY M M，et al. Affective

picture processing: The late positive potential is modulated by motivational relevance [J]. Psychophysiology, 2000, 37 (2): 257–261.

[151] SETHURAMAN R, COLE C. Factors influencing the price premiums that consumers pay for national brands over store brands [J]. Journal of Product & Brand Management, 1992 (8): 340–351.

[152] SETHURAMAN R, COLE C. Factors influencing the price premiums that consumers pay for national brands over store brands [J]. Journal of Product & Brand Management, 1992, 8 (4) . 340–351.

[153] SHAO Z, DU Y, WANG Y, et al. Does target memory without decision component still have a deeper processing level than source memory [J]. Psychological Science, 2011, 34 (2): 337–342.

[154] SHARMA P. Country of origin effects in developed and emerging markets: Exploring the contrasting roles of materialism and value consciousness [J]. Journal of International Business Studies, 2011, 42 (2): 285–306.

[155] SHERIF M, HOVLAND C I. Social Judgment: Assimilation and Contrast Effects in Communication and Attitude Change Social Judgment: assimilation and Contrast Effects in Communication and Attitude Change [M]. New Haven: Yale University Press, 1961.

[156] SHUKLA P. The influence of value perceptions on luxury purchase intentions in developed and emerging markets [J] . International Marketing Review, 2012, 29 (6): 574–596.

[157] SILVERSTEIN M J, FISKE N. Luxury for the masses [J]. Harvard Business Review, 2003, 81 (4): 48–57.

[158] SIRVANCI M B. An empirical study of price thresholds and price sensitivity [J]. Journal of Applied Business Research, 1993, 9 (2): 43–44.

[159] STOKBURGER-SAUER N E, TEICHMANN K. Is luxury just a female thing? The role of gender in luxury brand consumption [J]. Journal of Business Research, 2013, 66 (7): 889–896.

[160] SURI R, C. KOHLI, K B MONROE, The effects of perceived scarcity on consumers' processing of price information [J] . Transportation Research Record Journal of the Transportation Research Board, 2007, 35 (1):

89–100.

［161］TAYLOR S E，FISKE S T. Salience，attention，and attribution：Top of the head phenomena［J］. Advances in Experimental Social Psychology，1978（11）：249–288.

［162］TELPAZ A，WEBB R，LEVY D J. Using EEG to Predict Consumers' Future Choices［J］. Journal of Marketing Research，2015，52（4）：511–529.

［163］THAKOR M V. Brand origin：Conceptualization and review［J］. Journal of Consumer Marketing，1996，13（3）：27–42.

［164］TSAI S P. Impact of personal orientation on luxury–brand purchase value - An international investigation［J］. International Journal of Market Research，2005，47（4）：429–454.

［165］URBANY J E，DICKSON P R. Competitive price–cutting momentum and pricing reactions［J］. Marketing Letters，1991，2（4）：393–402.

［166］URBANY J E，DAN C W. The effect of plausible and exaggerated reference price on consumer perceptions and price search［J］. Journal of Consumer Research，1988，15（1）：95–110.

［167］USUNIER，JEAN - CLAUDE. Relevance in business research：The case of country - of - origin research in marketing［J］. European Management Review，2006，3（1）：60–73.

［168］VAN HOOFF J C，CRAWFORD H，VAN VUGT M. The wandering mind of men：ERP evidence for gender differences in attention bias towards attractive opposite sex faces［J］. Social Cognitive and Affective Neuroscience，2011，6（4）：477–485.

［169］VAN PHAM K–Q. Strategic offshoring from a decomposed coo's perspective：A crossregional study of four product categories［J］. Journal of American Acadademy Business，2006，8（2）：59–66.

［170］VAN VEEN V，C. S. CARTER. The anterior cingulate as a conflict monitor：fMRI and ERP studies［J］. Physiology & Behavior，2002，77（4–5）：477–482.

［171］VEBLEN T. The Theory of the Leisure Class：An Economic Study in the Evolution of Institutions［M］. The Macmillan Company，1899.

［172］VENKATRAMAN V，CLITHERO J A，FITZSIMONS G J，et al. New scanner data for brand marketers：How neuroscience can help better understand differences in brand preferences［J］. Journal of Consumer Psychology，2012，22（1）：143–153.

［173］VIGNERON F，JOHNSON L W. Consumers' need for luxury：Scale development and cross-national validation between australia and Usa creating and delivering value in marketing［J］. Springer International Publishing，2015：235.

［174］VIGNERON F，JOHNSON L W，MT M. A review and a conceptual framework of prestige-seeking consumer behavior［J］. Academy of Marketing Science Review，1999，1（1）：1–15.

［175］WHEATLEY J J，CHIU J S，GOLDMAN A. Physical quality，price，and perceptions of product quality-implications for retailers［J］. Journal of Retailing，1981，57（2）：100–116.

［176］WIEDMANN K-P，HENNIGS N，SIEBELS A. Value-based segmentation of luxury consumption behavior［J］. Psychology & Marketing，2009，26（7）：625–651.

［177］WIEDMANN K-P，HENNIGS N，SIEBELS A. Measuring consumers' luxury value perception：A cross-cultural framework［J］. Academy of Marketing Science Review，2007，7（7）：1–21.

［178］WILLEMS K，JANSSENS W，SWINNEN G，et al. From Armani to Zara：Impression formation based on fashion store patronage［J］. Journal of Business Research，2012，65（10）：1487–1494.

［179］WILLIAMS A. Conspicuous consumption goes out of style［M/OL］. http//：www.nytimes.com/2008/11/16/style/16iht-16consumption.17856408.html，2008.08.21/2012-11-07.

［180］WONG N Y，AHUVIA A C. Personal taste and family face：Luxury consumption in Confucian and western societies［J］. Psychology & Marketing，1998，15（5）：423–441.

［181］XIA L，MONROE K B，COX J L. The price is unfair! A conceptual framework of price fairness perceptions［J］. Journal of Marketing，2004，68（4）：1–15.

[182] YE S, LI J, ZENG Z, et al. The research of status's influence on consumers' self-brand connection with luxury brands: Moderating role of self-esteem and vanity [J]. Open Journal of Business & Management, 2015, 3 (1): 11-19.

[183] YEN N S, CHEN K H, LIU E H. Emotional modulation of the late positive potential (LPP) generalizes to Chinese individuals [J]. International Journal of Psychophysiology, 2010, 75 (3): 319-325.

[184] ZEITHAML, V. A. Consumer perceptions of price, quality, and value: A means-end model and synthesis of evidence [J]. The Journal of Marketing, 1988, 52 (3): 2-22.

[185] ZHAN L, Y HE. Understanding luxury consumption in China: Consumer perceptions of best-known brands [J]. Journal of Business Research, 2012, 65 (10): 1452-1460.

[186] ZHU Y, ZHANG L, FAN J, et al. Neural basis of cultural influence on self-representation [J]. Neuroimage, 2007, 34 (3): 1310-1316.

[187] ZHU X, LIU C. A brief review of conflict monitoring theory [J]. Advances in Psychological Science, 2005, 13 (6): 767-773.

[188] LUCK S J. 事件相关电位基础 [M]. 上海：华东师范大学出版社，2009.

[189] 曹子夏 . 中国人的"面子"与奢侈品消费 [J]. 经营与管理，2006 (08): 20-21.

[190] 付世平 . 中学生与大学生奢侈品消费动机差异研究 [J]. 中国青年研究，2010 (02): 10-15.

[191] 高萌萌 . 中产阶级新奢侈品消费动机分析 [J]. 商业时代，2009 (12): 24-35.

[192] 龚振，李菡 . 中国奢侈品消费的参照群体效应研究 [J]. 商业时代，2007 (11): 20-21.

[193] 江红艳，王海忠 . 原产国刻板印象逆转研究前沿探析 [J]. 外国经济与管理，2011，33 (07): 34-40.

[194] 江红艳，王海忠，陈增祥. 心理加工模式对品牌原产国刻板印象逆转的影响——如何看待新兴国家的新线索 [J]. 中山大学学报（社会科学

版），2013，53（4）：189-200.

［195］姜凌，周庭锐，王成璋．奢侈品牌消费中参照群体影响研究［J］．管理科学，2009，22（5）：81-91.

［196］李琴．奢侈品消费“年轻化”趋势及其原因探究［J］．消费导刊，2008（01）：2-19.

［197］李小平，葛明贵，李菲菲，等．表象—认知吝啬原则：MHD 问题另释［J］．心理科学进展，2009，17（5）：893-900.

［198］李晓慧．透视中国的奢侈品消费［J］．华东经济管理，2005，19（10）：118-121.

［199］廖成林，周婷婷．女性消费者奢侈品消费动机研究［J］．商业时代，2009（19）：35-37.

［200］刘晓刚．奢侈品学［M］．上海：东华大学出版社，2009.

［201］刘昱涛．基于消费动机分析的中国奢侈品消费相关问题探析［J］．商场现代化，2011（21）：34-36.

［202］陆文军，俞丽虹．中国奢侈品消费年轻化及时行乐观念复苏［M/OL］．http：//news.xinhuanet.com/focus/2005-11/18/content_3792413.htm，2015.08. 16/ 2016 -03 -03.

［203］罗震雷，张厚粲，黎岳庭．从刻板印象到类属性思维［J］．心理科学，2005，28（3）：636-638.

［204］盛亚军，包薇，孙丽辉．国外原产国效应理论研究的新进展［J］．当代经济研究，2014（06）：85-91.

［205］孙丽辉，郑瑜．西方原产国效应理论研究回顾及其评价［J］．财贸经济，2009（05）：79-84.

［206］王迩淞．奢侈态度［M］．杭州：浙江大学出版社，2011.

［207］王海忠．国际市场产品来源地形象及其规避策略［J］．中国工业经济，2002（05）：91-96.

［208］王静．新奢侈品的消费动机与消费模式探析［J］．中国市场，2007（39）：172-173.

［209］王沛，杨亚平，赵仑．刻板印象的激活效应：行为和 ERPs 证据［J］．心理学报，2010，42（05）：607-617.

［210］吴邦刚，陈美，周清，等．从物质主义价值观角度看大学生的奢侈

品消费动机［J］. 企业导报，2011（09）：250–251.

［211］吴坚，符国群. 品牌来源国和产品制造国对消费者购买行为的影响［J］. 管理学报，2007，4（5）：593–601.

［212］邢唯. 中国消费者奢侈品消费心理及营销策略研究［J］. 市场论坛，2009（12）：57–59.

［213］徐进亮，康玉燕. 原产地效应［J］. 中国海关，2002（04）：28–32.

［214］颜爱民，陈思，程园园. 传统价值观对奢侈品购买动机的影响研究［J］. 管理学报，2009，6（6）：812–817.

［215］杨先顺，郝晟. 奢侈品品牌符号价值生产的深层动因与形成机制［J］. 新闻界，2014（02）：45–50.

［216］杨亚平，王沛，尹志慧，等. 刻板印象激活的无意图性及其大脑神经活动特征［J］. 心理学报，2015，47（04）：488–502.

［217］姚登权. 炫耀性消费的社会本质［J］. 湖南师范大学社会科学学报，2010，39（06）：82–85.

［218］张梦霞，王斯洋. 中国城市 80 后人群奢侈品消费动机维度族的实证研究［J］. 首都经济贸易大学学报，2010，12（3）：62–67.

［219］张梦霞. 奢侈品消费动机解构的实证研究［J］. 中国零售研究，2010，2（01）：73–87.

［220］张新安. 中国人的面子观与炫耀性奢侈品消费行为［J］. 营销科学学报，2012（08）：76–94.

［221］赵忠秀. 奢侈品管理概论［M］. 北京：对外经济贸易大学出版社，2010.

［222］郑喆. 中国消费者的服饰类奢侈品消费动机研究［J］. 浙江理工大学学报，2010，27（2）：228–232.

［223］周颖，吕巍，连莲. 基于决策风格细分的独生代奢侈品购买动机研究［J］. 工业工程与管理，2010，15（6）：123–130.

［224］朱晓辉. 中国消费者奢侈品消费动机的实证研究［J］. 商业经济与管理，2006（7）：42–48.

附录 1　实验情景说明（实验一、实验二）

尊敬的同学，您好！

感谢您参与本次实验。实验前，请仔细阅读以下实验有关说明：

1. 实验中，屏幕上出现的是我们从网上获得的一些奢侈品手表的价格和原产地信息。原产地信息包括品牌地和生产地两个维度。呈现方式如下图：

¥价格
品牌国——国家名称
生产国——国家名称

2. 当商品的价格和原产地信息呈现后，您需要根据呈现的信息做出是否接受该价格的决策，决策中请注意：

a. 您的每一次决策是独立的，只考虑单独试次呈现的商品价格接受与否，之前或之后的试次不影响该次决策。

b. 接受价格请按“1”键，不接受价格请按“3”键。

c. 原则上每个商品都要求做出选择。如果漏选或选错，请不要在意，将注意力放在下次选择中。

实验注意事项：

• 请把您的手机关机。

• 身体坐正，实验过程中尽量保持不移动身体，不晃动头部，直视屏幕，眼睛不要上下、左右随意移动，适当减少眨眼次数，但不需要太刻意。

• 所有数据都仅用于实验研究，将严格保密，请您放心。请您按照真实自然的想法，认真作答。

最后，再次感谢您对本次实验的支持！

附录 2　实验情景说明（实验三、实验四）

尊敬的同学，您好！

感谢您参与本次实验。实验前，请仔细阅读以下实验有关说明：

1. 实验中，屏幕上出现的是我们从网上获得的奢侈品品牌 COACH 的商品图片和价格信息。呈现方式如下图：

具体价格

2. 当商品的图片和价格信息呈现后，您需要根据呈现的信息做出是否接受该价格的决策，决策中请注意：

a. 您的每一次决策是独立的，只考虑单独试次呈现的商品价格接受与否，之前或之后的试次不影响该次决策。

b. 接受价格请按“1”键，不接受价格请按“3”键。

c. 原则上每个商品都要求做出选择。如果漏选或选错，请不要在意，将注意力放在下次选择中。

实验注意事项：

• 请把您的手机关机。

• 身体坐正，实验过程中尽量保持不移动身体，不晃动头部，直视屏幕，眼睛不要上下、左右随意移动，适当减少眨眼次数，但不需要太刻意。

• 所有数据都仅用于实验研究，将严格保密，请您放心。请您按照真实自然的想法，认真作答。

最后，再次感谢您对本次实验的支持！

附录 3　实验一问卷调查

尊敬的实验参与者，您好！

感谢您在实验中的配合！为了进一步数据处理的需要，我们还有一些问题很想知道您的想法，请根据您的真实情况作答。答案无所谓对错，您的问卷也将仅用于本次研究，我们会对您的问卷信息进行严格保密，请放心作答。

再次衷心感谢您对本研究的支持！

第一部分

<table>
<tr><td>性别</td><td></td><td>年龄</td><td></td></tr>
<tr><td>专业</td><td></td><td>学历</td><td></td></tr>
<tr><td>家庭来自</td><td colspan="3">农村（　　）城市（　　）</td></tr>
<tr><td>（如果您是学生请回答此问题）您的家庭年收入大约为</td><td colspan="3">A. 小于等于 15 万元　B. 大于 15 万元小于 30 万元
C. 大于等于 30 万元小于等于 90 万元　D. 大于 90 万元</td></tr>
<tr><td>（如果您是学生请回答此问题）您的家庭成员数量</td><td colspan="3">A.1 人　B.2 人　C.3 人
D.4 人　E.5 人　F.6 人以上</td></tr>
<tr><td>（如果您是社会人员请回答此问题）您的年收入大约为</td><td colspan="3">A. 小于等于 10 万元　B. 大于 10 万元小于 30 万元
C. 大于等于 30 万元小于等于 100 万元　D. 大于 100 万元</td></tr>
</table>

第二部分

1. 请观察以下您在刚才实验中见到的图片，回忆您实验中的想法并根据描述进行打分（1. 完全不同意；2. 有些不同意；3. 中立；4. 有些同意；5. 完全同意）。

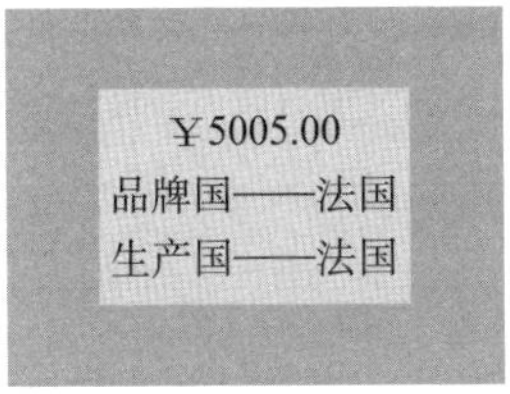

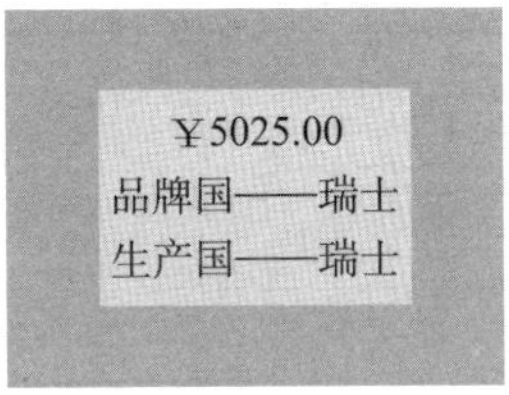

想法	完全 不同意	有些 不同意	中立	有些 同意	完全 同意
总体来说，我能从这些商品中获得很高的商品价值					
穿戴这些商品能够显示富有或地位，会提升我在他人眼中的形象					
这些商品能够增加我的快乐，使我忘记烦恼					
这些商品不是所有人都买得起，拥有这些商品能让我感到满足					
这些商品极具个性，与众不同					
这些商品质量卓越，经久耐用					

2. 请观察以下您在刚才实验中见到的图片，回忆您实验中的想法并根据描述进行打分（1. 完全不同意；2. 有些不同意；3. 中立；4. 有些同意；5. 完全同意）。

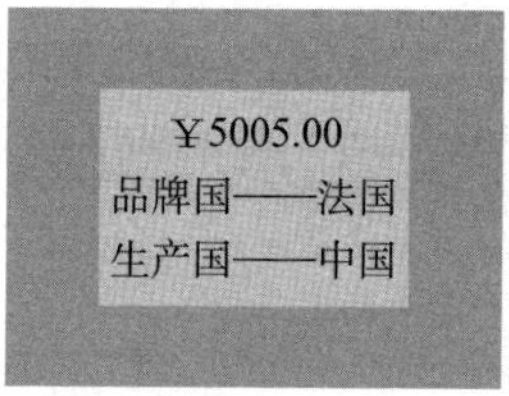

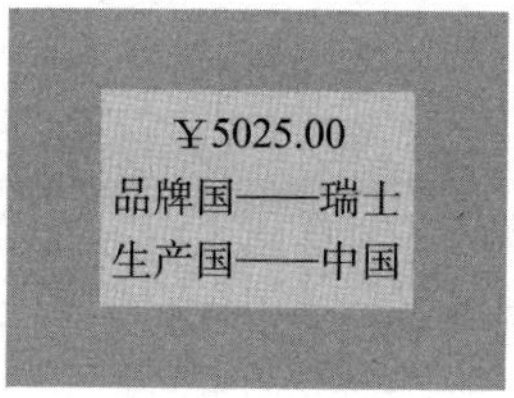

想法	完全 不同意	有些 不同意	中立	有些 同意	完全 同意
总体来说，我能从这些商品中获得很高的商品价值					
穿戴这些商品能够显示富有或地位，会提升我在他人眼中的形象					
这些商品能够增加我的快乐，使我忘记烦恼					
这些商品不是所有人都买得起，拥有这些商品能让我感到满足					
这些商品极具个性，与众不同					
这些商品质量卓越，经久耐用					

附录4　实验二问卷调查

尊敬的实验参与者，您好！

感谢您在实验中的配合！为了进一步数据处理的需要，我们还有一些问题很想知道您的想法，请根据您的真实情况作答。答案无所谓对错，您的问卷也将仅用于本次研究，我们会对您的问卷信息进行严格保密，请放心作答。

再次衷心感谢您对本研究的支持！

第一部分

性别		年龄	
专业		学历	
家庭来自	农村（　　）　城市（　　）		
（如果您是学生请回答此问题）您的家庭年收入大约为	A. 小于等于 15 万元　B. 大于 15 万元小于 30 万元 C. 大于等于 30 万元小于等于 90 万元　D. 大于 90 万元		
（如果您是学生请回答此问题）您的家庭成员数量	A.1 人　B.2 人　C.3 人 D.4 人　E.5 人　F.6 人以上		
（如果您是社会人员请回答此问题）您的年收入大约为	A. 小于等于 10 万元　B. 大于 10 万元小于 30 万元 C. 大于等于 30 万元小于等于 100 万元　D. 大于 100 万元		

第二部分

1. 请观察以下您在刚才实验中见到的图片，回忆您实验中的想法并根据描述进行打分（1. 完全不同意；2. 有些不同意；3. 中立；4. 有些同意；5. 完全同意）。

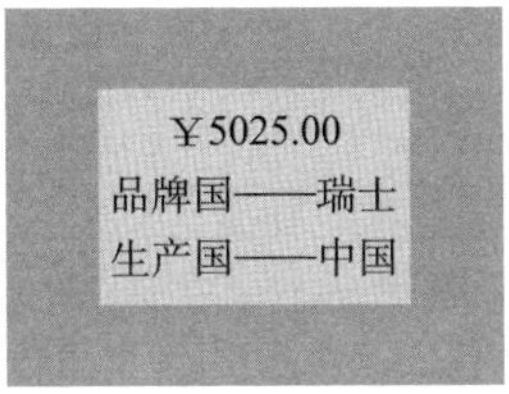

想法	完全不同意	有些不同意	中立	有些同意	完全同意
总体来说，我能从这些商品中获得很高的商品价值					
穿戴这些商品能够显示富有或地位，会提升我在他人眼中的形象					
这些商品能够增加我的快乐，使我忘记烦恼					
这些商品不是所有人都买得起，拥有这些商品能让我感到满足					
这些商品极具个性，与众不同					
这些商品质量卓越，经久耐用					

2. 请观察以下您在刚才实验中见到的图片，回忆您实验中的想法并根据描述进行打分（1. 完全不同意；2. 有些不同意；3. 中立；4. 有些同意；5. 完全同意）。

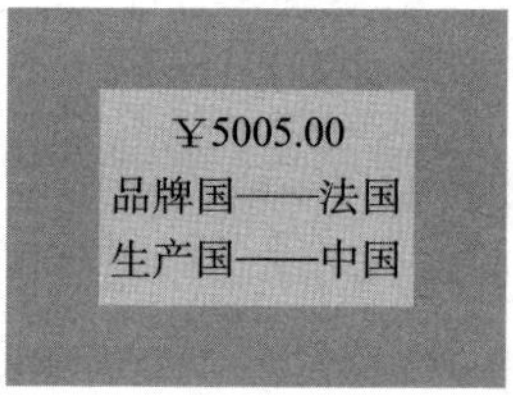

想法	完全不同意	有些不同意	中立	有些同意	完全同意
总体来说，我能从这些商品中获得很高的商品价值					
穿戴这些商品能够显示富有或地位，会提升我在他人眼中的形象					
这些商品能够增加我的快乐，使我忘记烦恼					
这些商品不是所有人都买得起，拥有这些商品能让我感到满足					
这些商品极具个性，与众不同					
这些商品质量卓越，经久耐用					

附录 5　实验三问卷调查

尊敬的实验参与者，您好！

感谢您在实验中的配合！为了进一步数据处理的需要，我们还有一些问题很想知道您的想法，请根据您的真实情况作答。答案无所谓对错，您的问卷也将仅用于本次研究，我们会对您的问卷信息进行严格保密，请放心作答。

再次衷心感谢您对本研究的支持！

第一部分

性别		年龄	
专业		学历	
家庭来自	农村（　　）　城市（　　）		
（如果您是学生请回答此问题）您的家庭年收入大约为	A. 小于等于 15 万元　B. 大于 15 万元小于 30 万元 C. 大于等于 30 万元小于等于 90 万元　D. 大于 90 万元		
（如果您是学生请回答此问题）您的家庭成员数量	A.1 人　B.2 人　C.3 人 D.4 人　E.5 人　F.6 人以上		
（如果您是社会人员请回答此问题）您的年收入大约为	A. 小于等于 10 万元　B. 大于 10 万元小于 30 万元 C. 大于等于 30 万元小于等于 100 万元　D. 大于 100 万元		

第二部分

1. 请观察以下您在刚才实验中见到的图片，回忆您实验中的想法并根据描述进行打分（1. 完全不同意；2. 有些不同意；3. 中立；4. 有些同意；5. 完全同意）。

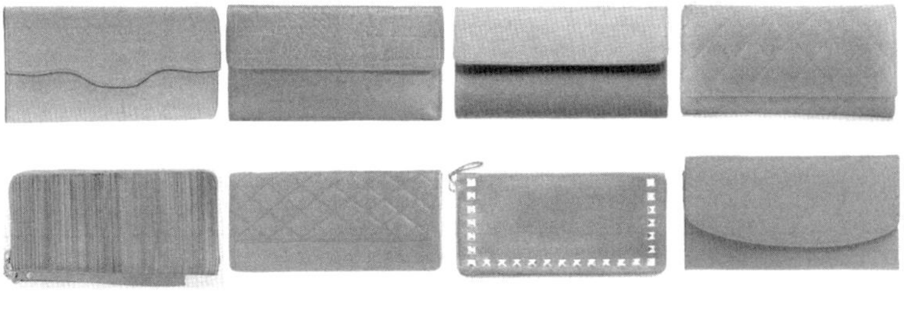

想法	完全不同意	有些不同意	中立	有些同意	完全同意
总体来说，我能从这些商品中获得很高的商品价值					
穿戴这些商品能够显示富有或地位，会提升我在他人眼中的形象					
这些商品能够增加我的快乐，使我忘记烦恼					
这些商品不是所有人都买得起，拥有这些商品能让我感到满足					
这些商品极具个性，与众不同					
这些商品质量卓越，经久耐用					

2. 请观察以下您在刚才实验中见到的图片，回忆您实验中的想法并根据描述进行打分（1. 完全不同意；2. 有些不同意；3. 中立；4. 有些同意；5. 完全同意）。

想法	完全不同意	有些不同意	中立	有些同意	完全同意
总体来说，我能从这些商品中获得很高的商品价值					
穿戴这些商品能够显示富有或地位，会提升我在他人眼中的形象					
这些商品能够增加我的快乐，使我忘记烦恼					
这些商品不是所有人都买得起，拥有这些商品能让我感到满足					
这些商品极具个性，与众不同					
这些商品质量卓越，经久耐用					

附录 6　实验四问卷调查

尊敬的实验参与者，您好！

感谢您在实验中的配合！为了进一步数据处理的需要，我们还有一些问题很想知道您的想法，请根据您的真实情况作答。答案无所谓对错，您的问卷也将仅用于本次研究，我们会对您的问卷信息进行严格保密，请放心作答。

再次衷心感谢您对本研究的支持！

第一部分

性别		年龄	
专业		学历	
家庭来自	农村（　　）　城市（　　）		
（如果您是学生请回答此问题）您的家庭年收入大约为	A. 小于等于 15 万元　B. 大于 15 万元小于 30 万元 C. 大于等于 30 万元小于等于 90 万元　D. 大于 90 万元		
（如果您是学生请回答此问题）您的家庭成员数量	A. 1 人　B. 2 人　C. 3 人 D. 4 人　E. 5 人　F. 6 人以上		
（如果您是社会人员请回答此问题）您的年收入大约为	A. 小于等于 10 万元　B. 大于 10 万元小于 30 万元 C. 大于等于 30 万元小于等于 100 万元　D. 大于 100 万元		

第二部分

1. 请观察以下您在刚才实验中见到的图片，回忆您实验中的想法并根据描述进行打分（1. 完全不同意；2. 有些不同意；3. 中立；4. 有些同意；5. 完全同意）。

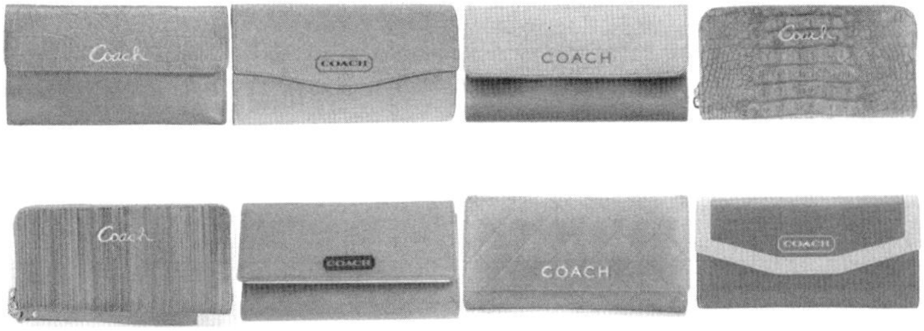

想法	完全不同意	有些不同意	中立	有些同意	完全同意
总体来说，我能从这些商品中获得很高的商品价值					
穿戴这些商品能够显示富有或地位，会提升我在他人眼中的形象					
这些商品能够增加我的快乐，使我忘记烦恼					
这些商品不是所有人都买得起，拥有这些商品能让我感到满足					
这些商品极具个性，与众不同					
这些商品质量卓越，经久耐用					

2. 请观察以下您在刚才实验中见到的图片，回忆您实验中的想法并根据描述进行打分（1. 完全不同意；2. 有些不同意；3. 中立；4. 有些同意；5. 完全同意）。

想法	完全不同意	有些不同意	中立	有些同意	完全同意
总体来说，我能从这些商品中获得很高的商品价值					
穿戴这些商品能够显示富有或地位，会提升我在他人眼中的形象					
这些商品能够增加我的快乐，使我忘记烦恼					
这些商品不是所有人都买得起，拥有这些商品能让我感到满足					
这些商品极具个性，与众不同					
这些商品质量卓越，经久耐用					